Memoirs of
Abdolmadjid Madjidi

Harvard Iranian Oral History Series
V

Memoirs of Abdolmadjid Madjidi

Director of the Plan & Budget Organization (1973-77)

Editor
Habib Ladjevardi

Iranian Oral History Project
Center for Middle Eastern Studies
Harvard University
1998

ISBN 0-932885-18-7

Library of Congress Catalog Card Number 98-070949

Printed in the United States of America

Published by the
Center for Middle Eastern Studies
of Harvard University
and distributed by
Ibex (IranBooks,) Inc.
8014 Old Georgetown Road
Bethesda, MD 20814 USA
Telephone: 301-718-8188
Fax: 301-907-8707

Contents

Page numbers refer to the Persian text

Preface

Biography of Abdolmadjid Madjidi

As the director of the Plan and Budget Organization during the last five years of the Shah's rule, Abdolmadjid Madjidi was one of the more significant ministers in the cabinet of Mohammad Reza Shah Pahlavi. His position put him in daily contact with the prime minister and enabled him to have frequent audiences with the Shah. He was not only an *ex officio* member of most of the important high councils of state, but his close friendship with Prime Minister Hoveida helped keep him informed of other events in which he was not directly a participant.

In short, Madjidi's position gave him a wide perspective and awareness of the political, economic and social events of Iran, broader than that of most of his colleagues. His recollections of the period offer us a unique perspective to events and decisions that led to the downfall of the monarchy.

Madjidi grew up in a political setting. Born in Tehran in 1928, he was the son of a lawyer who had been politically active in his early years and who had been imprisoned twice as a consequence. Although he had withdrawn from politics to protect his family, Madjidi's father nevertheless maintained his interest in public policy and influenced his children likewise.

Madjidi's teenage years also coincided with a politically turbulent period in Iran, when politics permeated the life of the people, particularly the youth. During high school he became familiar with the main political philosophies of the day, especially that of the left.

As a university student in the 1940s, he participated in political debates and mass demonstrations. In his own words, "While we studied and school was our major endeavor, we engaged in political activity both in and out of school. We attended meetings and discussion groups with our friends."

Upon receiving a bachelor's degree from the Tehran University Faculty of Law, Madjidi, then twenty-one years old, left for Paris where he continued his political activism in the Iranian Student Association and became familiar with the leftist ideologies popular in Europe.

After earning a doctorate from the University of Paris, Madjidi returned to Iran in the winter of 1953, only five months before the overthrow of Dr. Mossadegh. The coup of August 1953 made a deep impression on Madjidi who states,"At that time I thought Mossadegh was doing the right thing and moving in the right direction. Today, however, I see that Mossadegh should have adopted a more long-term perspective. For example, Mossadegh was partly—in large part—responsible for the rift that developed between him and the Shah. If at the time the sovereign of the country and Mossadegh, who enjoyed the support of the majority of people, had sat together and thought of the nation and its future, our country would not have fallen into its present predicament."

After a short period spent as a trainee in his father's law firm, Madjidi joined the Export Promotion Bank and when Abolhassan Ebtehaj activated the Plan Organization, he joined that institution as an assistant economist in 1956. Four years later, Madjidi was sent to Harvard University in the United Sates, where he earned a masters degree in public administration.

Soon after his return to Iran, Madjidi was appointed assistant to the prime minister and head of the Budget Bureau in 1965. Two years later he joined the cabinet of Amir Abbas Hoveida as minister of agricultural products and consumer goods. In 1968 he was appointed minister of labor and social services and served in this position for four and a half years. In January 1973, he returned to the Plan and Budget Organization as its director. There, he took charge of revising the Fifth Development Plan—a responsibility that grew in complexity as the problems arising from the increases in oil prices rapidly surfaced.

Inflation, decreasing oil revenues, shortages of manpower, goods and services, power blackouts, political turmoil including assassinations and executions, led to vocal public dissatisfaction with the status quo. In August 1977 the cabinet of Amir Abbas Hoveida was forced to resign, foreshadowing the Islamic Revolution. Subsequently, Madjidi was appointed director general of the Queen Farah Foundation.

On February 2, 1979, the day after the arrival of Ayatollah Khomeini in Tehran, Madjidi was arrested on the orders of Prime Minister Shapour Bakhtiar, the Shah's last prime minister, and detained for nine days. On the eve of the Revolution, when prisons were stormed, Madjidi escaped and after three and a half months of hiding made his way to Paris, where he now lives in exile.

As is evident from his memoirs, Madjidi speaks frankly of the last decade of the Shah's reign. He speaks with pride of the successes achieved, while noting the mistakes that eventually led to the demise of the government and the monarchy. Madjidi believes strongly that the Hoveida era accomplished remarkable feats. "I believe that Iran's economic miracle occurred between 1963 and 1973—in fact before the increase in oil revenues. We achieved extraordinary growth." According to Madjidi, Iran's annual rate of growth during this period was 11.2 percent, while inflation was only 1.25 percent.

Madjidi speaks openly both of the Shah's attributes and weaknesses. "His Majesty had a comprehensive vision for the future of Iran which he wanted to be realized at any price and at great speed ..... His Majesty wished very much for the country to be renewed, modernized, industrialized and mechanized. Projects that incorporated these features were very much favored by him and were naturally assigned the highest priority. At the same time, he attended to social issues—the basic needs of the people. But, principally he wanted Iran to become modernized quickly, for Iran to become industrialized, for everything to become mechanized and computerized."

Madjidi asserts, "His Majesty was generally a very logical decision-maker. But sometimes he tended to quickly pass over critical issues exclaiming, 'No. My decision is final.'"

Moreover, the Shah had a tendency to keep information from key people in responsible positions, resulting in chaotic and haphazard decision-making. For example, even though Madjidi was positioned at the highest level of government, he was not always given the information to make informed decisions. He describes his experience as the director of the Plan and Budget Organization, "We often worked, developed plans, and prepared budgets in the dark and with guesswork. Before we knew that oil revenues were going up, we were told to factor in large numbers of major financial commitments, such as the purchase of the Concord airplanes and military hardware. These were all decisions that had already been made. [Later on] we would be instructed to include these commitments in the budget. This was [the pattern] in the military sector. In the nonmilitary area it worked the same way, like commitments for the steel mill and the petrochemical expansion. Unfortunately, we were not involved in the decision-making [process]. These [decisions] would normally be passed down to us as orders for implementation."

In 1962 the Shah launched a six-point program of reforms referred to as the "White Revolution." During the next fifteen years additional "principles" were added the initial set. Madjidi, though minister of labor at the time, had no role or knowledge of a major initiative, the sale of stock of private industrial enterprises to the workers. When asked his opinion on the program, Madjidi responded, "Unfortunately I was not involved in that decision. I was not even consulted on the subject. When [the program] was approved, it was announced as one of the principles of the Revolution. I was, of course, involved in its implementation."

Madjidi's explanation of why he and his colleagues were not informed or involved in certain decisions relating to their duties follows: "[His Majesty] basically did not like to discuss his fundamental ideas and programs, although on other issues he had the necessary flexibility. But, on issues that were very fundamental to him, he did not allow discussion or expression of doubt. Now, how did he come up with this idea? Who was working for him? [I don't know], for example, the idea of the formation of the Rastakhiz Party. Where did such an idea suddenly come from? Who had suggested it? It is really a big question for me."

Obviously, when a cabinet minister (or any other executive] has to operate without information or participation in decisions relating to his duties, disorder ensues. Madjidi considers this question and says, "The other problem was lack of coordination at cabinet level.... If the prime minister, who was the head of the executive branch, had been allowed to coordinate among the various ministries and agencies then decisions would have been implemented in an organized manner. Instead the prime minister was prime minister in name only and in practice all critical decisions were made at a higher level [when] that higher level had no official responsibility. You see, it can't be, in other words we had a fundamental problem."

In Madjidi's view, another problem of the former regime was the way it related to the people. "You see, the problem is that you can [only] have a sensible policy and make proper, correct and logical decisions when you have the power to tell the people the truth and [to tell them that they] have no other choice than to accept [the one offered by the government]. We would neither go to the people and tell them the truth, nor did we risk putting them under pressure. All we wanted was that they be content.

Moreover, in the eyes of the people, the government grew increasingly incompatible with them culturally during the last years of the monarchy. From the perspective of many people, says Madjidi, "All of a sudden the government fell into the hands of a group that was 'Westoxicated.' [This] created a chasm that became wider each day. By the end [of the former regime], the majority of the people believed that this governing group was composed of individuals who neither understood religion, nor the people's problems. They paid no attention to the poverty of the people. Those who had come to govern over us were either usurpers, or I don't know—Western agents."

Following on the same theme, Madjidi asserts that the Islamic Revolution succeeded because people had lost faith in their government. "During the whole period, all [our] efforts were directed toward improving the material conditions and the welfare of the people. In these areas, we achieved extraordinary success from the point of view of material gains, changes in the form of living and expansion of modern education. From the perspective of welfare, people's conditions got much better. They ate better food, had a better life and better housing. However, that which was needed to unite them and give them the [sense of] obligation to support the government, defend their regime, their country and their system was not there, because they did not believe [in the system]. In other words, the middle class—which had reaped the greatest benefit from Iran's progress and should have stood firm, should have defended itself and its own interest, defended the country's interest and maintained the system—let go. They gave up and ran off, or stayed in Iran and joined the mullahs and the opposition."

On the issue of the multiparty system, Madjidi states that the establishment of a government based on political parties was impossible in Iran at the time because the demands of the people and the country's interests were at odds. "The problem is that in Iran, political action could take place with great difficulty because if you really wanted to rely on the masses of the people, you were obliged to talk according to their sentiments and to fulfill their needs. Their needs, expectations and demands, [however,] were in total contradiction with the fundamental economic and social goals of the country. In other words, if you wished to attract more votes from the people, you had to forego much of the economic ambitions and material changes that needed to be made in the country."

Madjidi is openly critical of the arrest of his colleagues during the last months of the monarchy. On this point he states, "In that system and in that way of doing things, the group that was imprisoned was composed of the best servants. These were individuals who in all respects had done their best and with good intentions and honor. I admit that they were not all on the same level. It is possible that criticism applied to some of them. Some were at fault from the financial point of view. However, [to arrest members of the cabinet] in the way that was done was paramount to self-indictment by the regime. [This] was a very big mistake."

Note on the Interview

Madjidi's memoirs were recorded during three sessions lasting seven hours on May 24 and October 21 and 24, 1985 at his office in Paris. The interviews were conducted by the late Zia Sedghi and myself. While Zia met Dr. Madjidi for the first time during the interview, I had known him for nearly twenty years.

The interviews took place in a small suite of offices which Dr. Madjidi shared with an Iranian associate. During the interview no one else was present in the room.

Since Dr. Madjidi is the first narrator whose memoir is being published during his lifetime, we sent a copy of the transcript to him to correct factual errors and provide missing data and add new information or comments. The additions are included in footnotes, marked with the narrator's initials.

Editor's Notes

Zia Sedghi died in Washington, D.C. on October 15, 1997 under tragic circumstances. I invited Zia to join the staff of the Iranian Oral History Project in 1982. He was in fact the first recruit and served on the staff until the first phase of the project ended in 1986.

In his youth, Zia had been a member of the Association of Socialists of Iran (جامعه سوسیالیستهای ایران) founded by Khalil Maleki. He thus had first hand knowledge of contemporary Iraniam history and politics. At the same time, he was personally acquainted with many leading members of the Iranian National Movement and was able to interest many of them to participate in the project. Zia conducted approximately half of the interviews. In addition, he supervised the transcription of all tape recordings, personally verified the accuracy of the transcripts, and prepared the index of the collection.

Zia had a wide range of interests and was passionate about Iran and his own beliefs. As a colleague he was dedicated and responsible. It is no exageration to say that without his collaboration, the Iranian Oral History Project would not have achived its goals. He will be missed.

In closing once again I thank Ms. Parnaz Azima who read the final manuscript and suggested many changes that improved the final outcome.

About the Project

The Iranian Oral History Project was launched at the Harvard Center for Middle Eastern Studies in the autumn of 1981. The Project provides scholars endeavoring to study the contemporary political history of Iran with primary source material, consisting of personal accounts of individuals who either played major roles in important political events and decisions from the 1920s to the 1970s, or witnessed these events and decisions from close range.

Since its inception the project has recorded the memoirs of 132 key political figures, comprising approximately 900 hours of tape and 18,000 pages of transcript, at a cost of over $800,000. The Project was funded by a large number of supporters including the National Endowment for the Humanities ($300,000) and the Ford Foundation ($50,000). The collection embodies the most comprehensive chronicle of eye—witness reports of modern Iran by key figures who defined its history. Microfiche of the collection has been purchased

by libraries of major universities in Canada, England, Germany, France, as well as in the United States. A more complete description of the project can be found in *The Reference Guide to the Iranian Oral History Collection* (Cambridge, MA: Harvard Center for Middle Eastern Studies, 1993).

In the fall of 1995, the Steering Committee of the Center for Middle Eastern Studies decided that a number of memoirs should be edited and published in order to make them more readily available to the academic community. During the last three years, five volumes have been published. They are listed inside the back-cover.

HL

خاطرات عبدالمجید مجیدی

مجموعه تاریخ شفاهی ایران

۵

خاطرات عبدالمجید مجیدی

وزیر مشاور و رئیس سازمان برنامه و بودجه (۱۳۵۱-۱۳۵۶)

ویراستار

حبیب لاجوردی

طرح تاریخ شفاهی ایران
مرکز مطالعات خاورمیانه
دانشگاه هاروارد
۱۹۹۸

این کتاب توسط مرکز مطالعات خاورمیانه دانشگاه هاروارد
منتشر و به وسیله کتابفروشی ایران

8014 Georgetown Road

Bethesda, MD 20814 USA

تلفن ۸۱۸۸-۷۱۸-۳۰۱ فاکس ۸۷۰۷-۹۰۷-۳۰۱

توزیع می شود.

فهرست مطالب

مقدمه

خاطرات عبدالمجید مجیدی

پیوست‌ها

مقدمه

سرگذشت عبدالمجید مجیدی

عبدالمجید مجیدی یکی از وزیران برجسته دهه آخر سلطنت محمد رضا شاه است که بیش از بیست سال مداوم عهده دار مقام های بالای برنامه ریزی و اجرائی کشور بوده است. مجیدی در پنج سال آخر سلطنت محمد رضا شاه در مقام رئیس سازمان برنامه و بودجه، نه تنها با نخست وزیر و کلیه وزیران تماس روزمره و مستمر داشت، بلکه به طور منظم برای دادن گزارش و دریافت دستور با شاه دیدار می کرد. او در بیشتر جلسات مهم تصمیم گیری حضور داشت و یا از طریق روابط نزدیکش با امیر عباس هویدا از نتایج آنها آگاه می شد. از این رو بر خلاف اغلب وزیران که تنها از امور مربوط به وزارت خانه خود آگاه بودند، مجیدی نسبت به مسائل مملکت دید وسیع تری داشت و از بیشتر وقایع سیاسی و به ویژه اقتصادی و اجتماعی آگاهی داشت. از آنجا که مجیدی تا آخرین لحظه های پیش از غرق کشتی مملکت در عرشه آن حضور داشته، شاهد وقایعی بوده است که به سرنگونی سلطنت خاندان پهلوی منجر گردید.

زمینه و محیط سیاسی خانوادگی و دوران دانشجویی مجیدی او را یاری داد تا آگاهانه شاهد رویدادهای سیاسی دوران زندگی خود باشد. مجیدی، متولد سال ۱۳۰۷، فرزند پدری است که در اوایل زندگیش در امور سیاسی فعال و در دوران بعدی به آن علاقه مند بود. پدر مجیدی در خانه، تجربه ها و دانسته های خود را با همسر و فرزندانش در میان می گذاشت و از این راه آنان را به امور سیاسی علاقه مند و هشیار

می ساخت. او خود در این باره می گوید، از دوران دبستان «بنده کله ام بوی قرمه سبزی می داد.»[1]

علاقه مجیدی به امور سیاسی در دوران دبیرستان و دانشگاه افزایش یافت. در دوران دبیرستان با فلسفه و ایدئولوژی های گوناگون سیاسی به ویژه مباحث ماتریالیسم آشنا شد. در سالهای پس از شهریور ۱۳۲۰ که آکنده از تظاهرات سیاسی و کشمکش های احزاب بود، مجیدی هم به خیابانها و تظاهرات کشیده شد. «در عین حال که درس می خواندیم و مدرسه کار اصلی مان بود، کار سیاسی را چه در مدرسه، چه در خارج از مدرسه ادامه می دادیم. محافل و مجالسی داشتیم با دوستانمان.»[2]

مجیدی پس از پایان دوره لیسانس در دانشکده حقوق دانشگاه تهران، در سن ۲۱ سالگی برای ادامه تحصیل روانه پاریس شد و در آن جا در جلسات انجمن دانشجویان ایرانی شرکت کرد و با افکار نهضت چپ اروپا آشنا شد.[3]

مجیدی پس از اخذ درجه دکترا در زمستان سال ۱۳۳۱ به ایران بازگشت. براندازی کابینه محمد مصدق که پنج ماه بعد روی داد، بر مجیدی تاثیر سخت نهاد. او در این باره می گوید، «در آن موقع فکر می کردم که مصدق دارد کار درستی می کند و دارد درست می رود، ولی امروز می بینم که مصدق بایست دید بلند مدت تری می داشت. از جمله این که شکافی که بین مصدق و شاه در آن موقع پیش آمد، یك مقداریش مسؤولش مصدق است - یك مقدار زیادش. اگر در آن موقع شاه

[1] نگاه کنید به: ص ۲۱.

[2] نگاه کنید به: ص ۲۹.

[3] نگاه کنید به: ص ۳۳.

مملکت و مصدق که نخست وزیر و مورد تأیید اکثریت قاطع مردم بود، با هم نشسته بودند و به مملکت فکر می کردند و به آینده مملکت فکر می کردند، امروز مملکت ما به این روز نمی افتاد.»[۴]

مجیدی پس از بازگشت به ایران، یك، دو سال زیر نظر پدرش در رشته وکالت دادگستری کارآموزی کرد. سپس در بانك توسعه صادرات به کار پرداخت. وی در سال ۱۳۳۵ با سمت کمك کارشناس اقتصادی در سازمان برنامه که ریاست آن را ابوالحسن ابتهاج بر عهده داشت استخدام شد. چهار سال بعد به آمریکا اعزام شد و از دانشگاه هاروارد درجه فوق لیسانس در رشته مدیریت دولتی گرفت. چندی پس از بازگشت به ایران، در سال ۱۳۴۴ به سمت معاون نخست وزیر (هویدا) و رئیس دفتر بودجه منصوب شد. دو سال بعد به وزارت تولیدات کشاورزی و مواد مصرفی گمارده شد. در سال ۱۳۴۷ وزارت کار و امور اجتماعی را به دست گرفت و مدت چهار سال و نیم در این سمت باقی ماند. در دی ماه ۱۳۵۱ (ژانویه ۱۹۷۳) در مقام وزیر مشاور و رئیس به سازمان برنامه و بودجه برگشت و مسؤولیت تجدید نظر در برنامه پنجم و حل و فصل مسائل ناشی از افزایش بهای نفت را به عهده گرفت. مجیدی تا مرداد ۱۳۵۶ (اوت ۱۹۷۷) یعنی یك سال و نیم قبل از انقلاب در سمت خود باقی ماند و پس از استعفای کابینه هویدا تا آغاز انقلاب دبیر کل بنیاد شهبانو فرح بود. در دوران حکومت بختیار بازداشت شد، در نخستین روزهای انقلاب از زندان گریخت و پس از سه ماه و نیم زندگی در خفا به فرانسه رفت.

---

[۴] نگاه کنید به: ص ۳۶.

همان گونه که از خاطرات مجیدی بر می آید، او از تجربه های خود به صراحت سخن می گوید. به موفقیت های دوران شاه افتخار می کند و اشتباه های خود و دیگران را نیز می پذیرد. مجیدی سالهای نخست وزیری امیر عباس هویدا را دوران درخشانی می داند و باور دارد که در آن دوره کارهای فوق العاده انجام شد. «من معتقدم که معجزه اقتصادی ایران بین سال ۱۹۶۳ و ۱۹۷۳ [۱۳۴۲و ۱۳۵۲شمسی[5]] صورت گرفت - یعنی قبل از بالا رفتن درآمد نفت که ما واقعاً یك رشد فوق العاده ای کردیم.» به گفته مجیدی، رشد سالانه در ظرف این دوره ۱۱/۲ درصد و نرخ تورم ۱/۲۵ در صد بود.[۶]

مجیدی از شاه به تحسین سخن می گوید، «اعلیحضرت یك دید کاملی داشتند نسبت به آینده. دلشان می خواست به هر قیمتی شده، با هر سرعتی شده این عملی بشود.»[۷] «اعلیحضرت خیلی دلشان می خواست که مملکت نو بشود، مدرن بشود، صنعتی بشود و مکانیزه بشود. طبعاً طرحهایی که این جنبه ها در آنها رعایت می شد خیلی مورد علاقه ایشان بود و ایشان به آن اولویت لازم را می دادند. اما در عین حال هم، خوب، به مسائل اجتماعی می پرداختند - آن چه احتیاجات عمومی مردم است. ولی اصولاً دلشان می خواست زودتر ایران مدرن بشود، زودتر ایران صنعتی بشود، زودتر همه چیز مکانیزه بشود و انفورماتیزه بشود و کامپیوترایزد بشود.»[۸]

مجیدی در دنباله سخنان خود می گوید، اعلیحضرت «خیلی

---

[5] از این پس «ش.»

[۶] نگاه کنید به: ص ۱۹۹.

[۷] نگاه کنید به: ص ۱۳۵.

[۸] نگاه کنید به: ص ۱۷۵.

خوب تصمیم می گرفتند و خیلی منطقی مطالبی را که به عرضشان رسانده می شد قبول می کردند. در بعضی موارد، برعکس، خیلی سریع از رویش رد می شدند. می گفتند، نخیر. این است و جز این نیست.»[9]

با آن که مجیدی در بالاترین سطح دولت قرار داشت، گاه بود که اطلاعات لازم برای انجام وظائف خود را در اختیار نداشت. برای مثال، مجیدی می گوید، در زمانی که مسؤولیت سازمان برنامه را به عهده گرفت، «ما همه اش یك مقدار در تاریکی و با حدس و پیش بینی کار می کردیم و برنامه ریزی می کردیم و تنظیم بودجه می کردیم. لذا قبل از این که ما اصلاً مطلع بشویم که درآمد نفت دارد بالا می رود، مقدار زیادی تعهدات شده بود. خوب، از قبیل همین که می گویید، مسئله خرید [هواپیمای] کنکورد، مسئله خریدهای نظامی که تعهدات خیلی عمده ای بود.... اینها همه یك اطلاعاتی بود و برنامه هایی بود که تصمیماتش گرفته شده بود. [بعداً] به ما ابلاغ می شد که باید برای اینها اعتبار بگذارید. حالا این در زمینه نظامی بود. در زمینه غیر نظامی هم همین طور [بود]. تعهداتی که شده بود روی مثلاً ذوب آهن، تعهداتی که می شد از نظر پتروشیمی، تصمیماتی که روی توسعه صنعت پتروشیمی گرفته می شد .... ولی ما در جریان تکوینش نبودیم. متأسفانه در جریان گسترش و تصمیم گیریش نبودیم. اینها معمولاً به ما ابلاغ می شد....»[10]

در مورد یکی از اصول انقلاب شاه و مردم که به موجب آن سهام کارخانجات خصوصی به کارگران فروخته می شد، مجیدی،

---

[9] نگاه کنید به: ص ۱۹۲.

[10] نگاه کنید به: ص ۱۶۱.

وزیر کار وقت، اظهار می دارد، « نه، متأسفانه من در آن تصمیم مؤثر قرار نگرفتم. اصلاً مورد مشورت هم قرار نگرفتم. قانون اصلش وقتی که گذشت، اعلام شد که یکی از اصول انقلاب است. در اجرایش البته من وارد بودم. »[۱۱]

مجیدی این را که چگونه او و همکارانش از بعضی از تصمیم گیری ها که به وظائف وزارت خانه آنها مربوط می شد بی اطلاع و یا در آنها بی اثر بودند، این گونه توضیح می دهد که اعلیحضرت، « اصولاً خوششان نمی آمد که روی این فکرهای اصلی که دارند و این برنامه هایی که دارند بحث بشود. ولی خوب، البته در خیلی مسائل دیگر انعطاف لازم را داشتند. ولی روی بعضی مسائل که برایشان جنبه خیلی اساسی داشت، قبول نداشتند که در اصلش کسی شك و تردید بکند. حالا چه جوری این فکر را پیدا می کردند ؟ کی برایشان کار می کرد؟ مثلاً مسئله تشکیل حزب رستاخیز، از کجا یك دفعه چنین فکری پیش آمد ؟ کی این ایده را داد؟ واقعاً برای من سؤالی است بزرگ. »[۱۲]

شك نیست که هر گاه وزیر (یا مدیر یك سازمان) در تصمیم گیری های مربوط به وظایف سازمانی خود شرکت نداشته و یا از آنها بی اطلاع باشد، در کار خود دچار عدم هم آهنگی می شود. مجیدی این واقعیت را چنین تحلیل می کند: « مسئله دیگر هم مسئله عدم هماهنگی در سطح دولت و دستگاه اجرایی بود. اگر، فرض کنید، نخست وزیر مملکت - کسی که، به حساب، رئیس قوه مجریه است - مسؤولیت داشت و جوابگو بود که این کارها باید

---

[۱۱] نگاه کنید به: ص ۱۳۳.

[۱۲] نگاه کنید به: ص ۱۳۸.

هماهنگ بشود و حرفش را دستگاه ها می خواندند، خیلی کارها منظم تر انجام می شد. تا این که نخست وزیر اسماً نخست وزیر باشد، [و] عملاً تمام تصمیمات در سطح بالاتری گرفته بشود و عملاً سطح بالاتر غیر مسؤول باشد. می بینید نمی شود - یعنی ما یك گرفتاریِ، به حساب، بنیادی داشتیم.»[۱۳]

به نظر مجیدی یکی دیگر از مشکلات رژیم سابق، شیوه برخورد دولت با مردم بود. «ببینید، مسئله این است که شما در صورتی می توانید یك سیاست منطقی داشته باشید و تصمیمات درست و صحیح و منطقی بگیرید که این قدرت را هم داشته باشید که به مردم بگویید که حقیقت این است و چاره ندارید جز این که این را قبول بکنید. ما نه به مردم آن طوری که باید و شاید می رفتیم حقیقت را می گفتیم، نه این که به خودمان اجازه می دادیم که به مردم فشار بیاوریم. همه اش دلمان می خواست مردم راضی باشند. تأمین رضایت روزمره مردم لازمه اش یك مقدار کارهای بی معنی کردن بود که می کردیم.»[۱۴]

به گفته مجیدی، عدم تجانس مقامات دولتی و مردم کوچه و بازار طی سالهای آخر سلطنت شاه عامل دیگر انقلاب بود. مجیدی می گوید، «یك دفعه حکومت افتاد دست عده ای که از دید اکثریت غرب زده بودند و ایجاد شکاف کرد و این شکاف روز به روز بیشتر شد. تا به آخر [اکثریت مردم باور داشتند] که این گروهی که حکومت می کنند یك عده آدمهایی هستند که نه مذهب می فهمند، نه مسائل مردم را می فهمند ، نه به فقر مردم

[۱۳] نگاه کنید به: ص ۱۹۰.

[۱۴] نگاه کنید به: ص ۱۹۰.

توجهی دارند، نه به مشکلات مردم توجه دارند. اینها آدم هایی هستند که آمده اند بر ما حکومت کنند. غاصب هستند، یا نمی دانم، مأمور غربی ها هستند.»[۱۵]

به نظر مجیدی، انقلاب اسلامی پیروز شد چون مردم اعتقاد خود را نسبت به دولت از دست داده بودند. «در طول زمان، تمام کوشش در این بود که از نظر مادی و از نظر رفاهی وضع مردم بهتر بشود و بهتر هم شد. موفقیت فوق العاده ای هم در این زمینه داشتیم که از نظر تغییر مادی، از نظر تغییر شکل زندگی، از نظر مدرنیزه شدن، از نظر توسعه آموزش مدرن خیلی پیش برویم. وضع زندگی مردم از نظر رفاهی خیلی بهتر شد. غذای بهتری می خوردند، زندگی بهتری داشتند، خانه های بهتری داشتند. ولیکن آن چه می بایست اینها را به هم متحد کند و به آنها این تکلیف را بدهد که از دستگاه حمایت بکنند، از رژیمشان، از مملکتشان، از سیستمشان دفاع بکنند -به علت این که آن اعتقاد در آنها وجود نداشت - نکردند. یعنی در جایی که می بایست آن گروه - به خصوص طبقه متوسط که از تمام این پیشرفت ها بهره گیری حداکثر کرد، می ایستاد هم از خودش دفاع می کرد، هم از منافع خودش دفاع می کرد، هم از منافع مملکت، هم سیستم را حفظ می کرد، وا زد. گذاشتند و در رفتند. یا این که آن جا [در ایران] همراه آخوندها شدند. همراه مخالفین شدند.»[۱۶]

یکی از نقطه نظرهای بحث انگیز مجیدی این است که استقرار حکومت حزبی در ایران مقدور نبود چون خواست های مردم با نیازهای مملکت در تضاد بود. مجیدی می گوید، «مسئله

[۱۵] نگاه کنید به: ص ۵۱.

[۱۶] نگاه کنید به: ص ۲۰۱.

این است که در ایران آن زمان، به نظر من، کار سیاسی خیلی مشکل می توانست انجام بشود. برای این که شما اگر واقعاً می خواستید روی توده های مردم، روی اجتماعات بزرگ تکیه بکنید، می بایست مطابق میل آنها حرف می زدید و احتیاجات آنها را برآورده می کردید. احتیاجات آنها و انتظاراتشان و خواست هایشان هم کاملاً در تضاد خیلی فاحشی بود با خطوط اصلی توسعه اقتصادی و اجتماعی و لزوم ساختن زیر بنای مملکت. یعنی شما اگر می خواستید بروید به طرف این که آرای عمومی را بیشتر به طرف خود بکشید و رأی بیشتری از مردم بیاورید، می بایست یك مقدار زیادی از جاه طلبی های اقتصادی و تغییرات مادی که می بایست در مملکت داده بشود صرفنظر می کردید.»[۱۷]

مجیدی آشکارا از بازداشت همکارانش که در اواخر سلطنت محمد رضا شاه با اجازه شاه صورت گرفت گله مند است. در این زمینه می گوید، «ولی در آن سیستم، در آن شکل کار، در آن ترتیباتی که آن موقع بود، این عده ای که آن جا توی زندان بودند، بهترین خادمین بودند. آدمهایی بودند که همه جور سعی شان را کرده بودند و با شرافت و با حسن نیت. می گویم همه شان در یك سطح نبودند. بالاخره بعضی هایشان ممکن است یك ایراداتی به آنها وارد بود. بعضی ها ممکن است اشتباهاتی کرده بودند. [به] بعضی ها از نظر مالی ممکن است ایراداتی وارد بود. ولیکن در مجموع این جور محکوم کردن رژیم به دست خودش کار بسیار غلطی بود.»[۱۸]

---

[۱۷] نگاه کنید به: ص ۵۵

[۱۸] نگاه کنید به: ص ۲۱۶

فضای گفت و گو

خاطرات عبدالمجید مجیدی طی هفت ساعت در سه جلسه در تاریخ های ۳ خرداد ۱۳۶۴ (۲۴ مه ۱۹۸۵)، ۲۹ مهر ۱۳۶۴ (۲۱ اکتبر ۱۹۸۵) و ۲ آبان ۱۳۶۴ (۲۴ اکتبر ۱۹۸۵) در دفتر کار ایشان در پاریس توسط شادروان ضیاء صدقی و من ضبط گردید.

این مصاحبه در آغاز پنجمین سال اجرای طرح تاریخ شفاهی انجام شد. در آن زمان شیوه کار ما این بود که مصاحبه ها را در دو مرحله انجام دهیم. در مرحله اول روایت کننده نکات مهم داستان زندگی خود را تعریف می کرد. در مرحله دوم مصاحبه کننده - بر اساس مطالب اظهار شده در مرحله اول و نکات و وقایع مهم تاریخی که روایت کننده از آن اطلاع داشت - از روایت کننده سؤال می کرد. مرحله اول این خاطرات توسط ضیاء صدقی انجام شد. مرحله دوم پنج ماه بعد توسط اینجانب صورت گرفت. در حالی که ضیاء آشنایی قبلی با عبدالمجید مجیدی نداشت، من ایشان را از حدود بیست سال پیش می شناختم.

دفتر کار عبدالمجید مجیدی که با یکی از همکاران ایرانیش مشترك بود، دو یا سه اطاق داشت. در موقع مصاحبه کس دیگری در دفتر ایشان حضور نداشت.

از آنجا که عبدالمجید مجیدی اولین روایت کننده ای ست که خاطراتش در زمان حیاتش منتشر می شود، تصمیم گرفتیم که از این فرصت استفاده کرده خاطرات کاملتری منتشر کنیم. به این منظور از ایشان دعوت کردیم که متن ماشین شده خاطرات را مطالعه کند. عبارات نامفهوم را روشن سازد، تاریخ ها و نام های ناقص را تکمیل کند و اشتباه های ماشین نویسی را

گوشزد نماید. در ضمن در صورتی که مطالبی برای تکمیل خاطرات خود به نظرش می رسد، در یادداشتی جداگانه بنویسد تا ویراستار آنها را در پانویس ها بیاورد. این افزودگی ها که توسط روایت کننده انجام گرفته با حروف «ع م» در آخر پانویسها مشخص شده است.

یادداشت ویراستار

ضیاء صدقی در ۲۳ مهر ماه ۱۳۷۶ (۱۵ اکتبر ۱۹۶۶) به نحو دلخراشی در شهر واشنگتن در گذشت. ضیاء از اولین روزهای اجرای طرح تاریخ شفاهی ایران با من همکاری داشت. از آنجا که در دوران جوانی در جامعه سوسیالیستهای ایران که توسط خلیل ملکی تأسیس شده بود فعال بود، از تاریخ معاصر و امور سیاسی ایران اطلاعات دست اول داشت. علاوه بر آن، با بسیاری از رهبران نهضت ملی ایران آشنایی شخصی داشت و همین سبب شد که بتواند همکاری بسیاری از آنان را با طرح تاریخ شفاهی میسر سازد. به طور تقریب، نیمی از مصاحبه ها توسط او انجام شد. علاوه بر آن، سرپرستی ماشین کردن نوار صوتی مصاحبه ها، تطبیق متون ماشین شده با متن نوارها و تهیه فهرست مطالب با او بود. ضیاء همکاری مطلع، فعال و دلسوز بود. از صمیم قلب باور دارم که بدون همکاری او طرح تاریخ شفاهی به نتایج کنونی نمی رسید. یادش به خیر و روحش شاد باد.

در پایان بار دیگر از نازی عظیما که زحمت بررسی و اصلاح متن نهایی این کتاب را به عهده گرفت صمیمانه سپاسگزاری می کنم.

ح ل

خاطرات عبدالمجید مجیدی

جلسه اول: ۳ خرداد ۱۳۶۴ برابر با ۲۴ مه ۱۹۸۵

ضیاء صدقی:[۱۹] آقای دکتر مجیدی، بخش اول مصاحبه را به ضبط شرح حال خانوادگی، سیاسی و خدمات اجتماعی شما اختصاص می دهیم . تقاضا می کنم که اول برای ما توضیح بفرمایید که کجا و در چه تاریخی به دنیا آمدید و سوابق خانوادگی شما چگونه بوده است.

خانواده پدری

عبدالمجید مجیدی:[۲۰] خیلی متشکرم از این که اولاً لطف کرده اید و این مصاحبه را با من می فرمایید . برای این که به اولین سؤال شما پاسخ بدهم [باید بگویم که] من در ساعت هشت بعد از ظهر روز جمعه ۲۱ دی ماه ۱۳۰۷ در تهران به دنیا آمده ام. پدرم قوام الدین مجیدی وکیل دادگستری و از پایه گذاران حرفه وکالت در ایران بود - یعنی از ابتدای شروع این حرفه او به این کار پرداخت و تا پایان عمرش هم در همین شغل و در همین رشته کار و فعالیت می کرد. آدمی بود راضی از زندگی خودش و در کار خودش موفق. ابتدا تحصیلاتش را در سیستم

[۱۹] از این پس «ض ص.»

[۲۰] از این پس: «ع م.»

قدیمی ایران کرده بود. موقعی که ناصرالدین شاه[۲۱] را کشتند، پدر من ده ساله بود و طبعاً شروع تحصیلش و ابتدای کارش در دوره قاجاریه بود. آن موقع هنوز سیستم آموزشی [جدید] در ایران به وجود نیامده بود و طبعاً توی آن سیستم قبلی [اول به] مکتب [خانه می ر فتند] و بعداً نزد معلمین و علما و غیره درس می خواندند. پدر من در مازندران در دهی به اسم کلا در شهرستان نور به دنیا آمده بود. کلا ده کوچکی است نزدیک بلده - که بلده درواقع مرکز ناحیه ییلاقی شهرستان نور است. علت این هم که پدر من در کلا به دنیا آمد این است که در آن جا امام زاده ای هست به نام بکربن علی که یك معصومی بوده و آن جا به خاك سپرده شده - گویا پسر امام زین العابدین بوده است. بدین جهت، جد اندر جد پدران و اجداد من از قدیم الایام متولی این امام زاده بوده اند و فرمانی هست به امضای شاه صفی که این فرمان فکر می کنم هنوز در تهران باشد. موقعی که پدرم در سال ۱۳۴۵ [ش] فوت کردند، جزو وصیتشان این بود که تولیت این امام زاده در خانواده باقی باشد. چون برادر بزرگ من این مسؤولیت را قبول نکرد، من از طرف شورای مربوطه در سازمان اوقاف به عنوان متولی این امام زاده تعیین شدم و تمام وظائفم را به عنوان متولی تا روزی

---

[۲۱] ناصرالدین شاه قاجار، پسر محمد شاه و چهارمین پادشاه از سلسله قاجاریه در سال ۱۲۱۰ ش (۱۸۳۱ م) تولد یافت و بعد از وفات محمد شاه، در سال ۱۲۲۷ ش (۱۸۴۸ م) در تبریز به جای پدر نشست. او که حدود پنجاه سال سلطنت کرد، در سن ۶۶ سالگی در ۹ خرداد ۱۲۷۵ (۳۰ مه ۱۸۹۶) در مرقد حضرت عبدالعظیم به دست میرزا رضا کرمانی به ضرب طپانچه مقتول گردید و در همانجا به خاك سپرده شد. نگاه کنید به: محمد معین، فرهنگ فارسی (تهران: موسسه انتشارات امیر کبیر، ۱۳۶۳)، ص ۲۰۹۳-۲۰۹۴.

که از ایران بیرون آمدم انجام دادم .

به هرصورت، پدر من در آن جا به دنیا آمد و بعد از این که تعلیمات اولیه اش را در محل و بعداً در شهر آمل دید، در سن ۱۷ سالگی به تهران آمد و به مدرسه مروی رفت. در مدرسه مروی تحصیلات فقهی کرد و آماده شد که بتواند حرفه قضایی داشته باشد. آن موقع هنوز حرفه قضاوت یا حرفه وکالت به وجود نیامده بود، ولی به هرصورت [پدرم] در آن سیستم قدیمی ایران قصد داشت به کار قضاوت یا وکالت بپردازد. در ابتدا، هم کار می کرد و هم به تحصیلش ادامه می داد و هم کارآموزی های لازم را می کرد.

در آن سالهای پر واقعه - مثلاً دوره ای که مؤتمن الملك پیرنیا[۲۲] رئیس مجلس شورای ملی بود - پدر من در آن موقع جوانی بود [که] کار تندنویسی مجلس را می کرد و شاهد تمام مذاکرات و تحولات سیاسی آن زمان بود. به این جهت آدمی بود که از مازندران آمده بود به تهران و تحصیلاتش را کرده بود و وارد جریانات سیاسی جالبی شد[ه بود]. این موضوع خیلی در او اثر گذاشته بود. [به طوری که] در ابتدای جوانیش فعالیتهای سیاسی را شروع کرد و [مانند] خیلی کسان دیگری که در این دوره مشغول فعالیت سیاسی بودند، او هم کار سیاسی می کرد.

خوب، طبعاً دنبال این فکر بود که در ایران بایست یك نوع حکومت مدرن به وجود بیاید، یك دموکراسی باید به وجود بیاید

---

[۲۲] حسین پیرنیا (مؤتمن الملك)، نماینده دوره های ۲-۶ و رئیس دوره های ۲-۴ مجلس شورای ملی، طی سالهای ۱۲۸۶ تا ۱۲۹۹ ش (۱۹۰۷-۱۹۲۰ م) چند بار وزیر تجارت، وزیر فوائد عامه و تجارت، وزیر علوم، وزیر معارف و اوقاف و صنایع مستظرفه و وزیر مشاور بود.

و بایست به مردم حق اظهار عقیده سیاسی داده بشود و در این زمینه کار می کرد و فعالیت می کرد. هم رزمانش از همه جوری بودند - یعنی بعداً در زندگی نشان دادند که آدمهایی بودند در زمینه های مختلف و در رشته های مختلف که فعالیت سیاسی و ایدئولوژیهای سیاسی داشتند. کار می کردند و فکر می کردند و رشد می کردند. مثلاً از کسانی که با گروه ایشان در آن موقع - الان اسم گروه سیاسیش یادم نیست - خیلی نزدیك کار می کردند یکی شیخ محمد یزدی بود که عموی دکتر [مرتضی] یزدی از رهبران حزب توده و وزیر بهداری کابینه قوام السلطنه[۲۳] بود که او هم مثل پدر من تحصیلات قدیمه و مذهبی کرده بود، ولی عملاً آدم روشنفکری بود و دنبال فکرهای مدرن و [به] نوعی متجدد بود. مثلاً دو تا از عموهای دکتر سنجابی،[۲۴] سالار ناصر و سردار ناصر سنجابی، از جمله کسانی بودند که جزو گروه اینها بودند که بعداً فرار کردند. یکی از دو برادر مثل این که کشته شد و آن یکی هم که فرار کرد و رفت به شوروی (بعد از انقلاب بلشویکی)، دیگر هیچ کسی از او خبری نداشت. کسان دیگری هم بودند. مثل علی اصغر زرین کفش[۲۵] که بعداً در دستگاه رضا شاه خیلی خوب

[۲۳] احمد قوام (قوام السلطنه)، وزیر جنگ (۱۲۸۹)، وزیر دادگستری (۱۲۹۰)، وزیر داخله (۱۲۹۰و ۱۲۹۶)، وزیر دارایی (۱۲۹۶)، والی خراسان (۱۲۹۶-۱۲۹۹)، نخست وزیر (۱۳۰۱)، (۱۳۲۱-۱۳۲۲)، (۱۳۲۴-۱۳۲۶) و (۱۳۳۱).

[۲۴] کریم سنجابی، استاد دانشگاه تهران، وزیر فرهنگ کابینه مصدق و وکیل دوره ۱۷ مجلس شورای ملی از کرمانشاه، از رهبران جبهه ملی ایران و وزیر امور خارجه جمهوری اسلامی ایران (۱۳۵۷). نگاه کنید به خاطرات او در مجموعه تاریخ شفاهی ایران.

[۲۵] علی اصغر زرین کفش، سرپرست وزارت کشور (۱۳۱۰-۱۳۱۲)، معاون وزارت دادگستری (۱۳۲۲) و وزیر دارایی (۱۳۲۳).

پیشرفت کرد و حتی به معاونت وزارت دادگستری هم رسید. یا نمی دانم کسانی [که] در وزارت دارایی مقام داشتند، در دادگستری همین طور. به هرصورت، گروهی بود مرکب از یك عده روشنفکر، یك عده کسانی که در زمینه سیاسی در ایران نوآور بودند. دلشان یك نوع سوسیال دموکراسی می خواست، یك نوع حکومتی که بر اساس عدالت اجتماعی باشد، تقسیم عادلانه ثروت باشد. اساس فکریشان این بود و در عین حال البته احترام برای مذهب [قائل بودند] چون پدر من معتقد به مذهب بود. شخص مؤمنی بود. ایمان داشت و در تمام مراحل [زندگیش] بدون این که هیچ نوع تظاهر خاص مذهبی بکند، فرد مسلمان و مؤمن و بااعتقاد و با ایمانی بود.

به هرصورت، [همفکران پدرم به] جنبه مذهبی هم خیلی توجه داشتند و [به آن] معتقد بودند. موقعی که وقایع سوم اسفند ۱۲۹۹ [۲۶] پیش آمد و دارای حکومت خیلی سختگیر و منضبطی [شدیم] و [این حکومت] براساس نوسازی ایرانی مدرن بود [که] براساس یك دید معین و تقریباً هیچ نوع جریان ناموافق [را تحمل نمی کرد]. پدر من دو بار به زندان

[۲۶] در نخستین دقایق سوم اسفند ۱۲۹۹ قوای قزاق به فرماندهی میر پنج (سرتیپ) رضا خان، فرمانده تیپ همدان، وارد تهران شدند و کلانتری ها، وزارت خانه ها، پست خانه، تلگرافخانه و ادارات و مراکز حساس شهر را تصرف کردند. بلا فاصله از طرف میر پنج رضا خان اعلامیه ای در نه ماده تحت عنوان «حکم می کنم» صادر و توسط قزاقان به در و دیوار شهر الصاق گردید. دستجات قزاق طبق صورتی که در دست داشتند به توقیف مقامات مملکتی پرداختند. در همان روز میر پنج رضا خان از طرف احمد شاه به منصب سرداری و لقب سردار سپه مفتخر شد و فرماندهی قزاقان به او سپرده شد. هم زمان فرمان رئیس الوزرایی سید ضیاء الدین طباطبایی، مدیر روزنامه رعد صادر گردید. نگاه کنید به باقر عاقلی، روزشمار تاریخ ایران از مشروطه تا انقلاب اسلامی (تهران: نشر گفتار، ۱۳۶۹) ج ۱، ص ۹۹-۱۰۱.

افتاد، [چون] گروهشان شب نامه توزیع می کرد، فعالیت سیاسی می کرد برای این که بتواند یك نوع دموکراسی - تا حدی شبیه غربی - را در ایران به وجود بیاورد. [این فعالیت ها] مخالف سلیقه و تشخیص مقامات مسؤول در آن موقع بود و [در نتیجه پدرم] دو بار به زندان افتاد که اولین بار در سال ۱۲۹۹ و دفعه دوم در سال، گمان می کنم، ۱۳۰۸ بود.

ض ص: شما آن موقع خیلی کوچك بودید. اگر سال ۱۳۰۸ بود، شما یك ساله بودید.

ع م: من یك ساله بودم. چون تاریخ دقیق را نمی دانم، می دانم که پدر من در سال ۱۳۰۴ - بعد از دفعه اولی که از زندان آمد بیرون - ازدواج کرد و بعداً دو تا فرزند پیدا کرد. فرزند اولش که محمد برادر بزرگم است در سال ۱۳۰۶ به دنیا آمد. من در سال ۱۳۰۷ به دنیا آمدم. بعد از این که ما دو تا به دنیا آمدیم، پدر من دو ماه زندان رفت. دفعه دوم که از زندان آمد بیرون، مادر من خیلی ناراحت شده بود. پدرم به او قول داد که دیگر کار سیاسی نکند که تقریباً از سال ۱۳۰۸ یا ۱۳۰۹ به بعد کار سیاسی نکرد. ولیکن، هیچ وقت هم در ته دل با رژیم [موافق نبود]. رژیم نگویم چون رژیم را قبول داشت. هیچ وقت تردید در این که ایران بایست یك رژیم سلطنتی داشته باشد [نداشت] و هیچ نوع بحث بر سر آن نمی کرد. [فقط] به روش حکومتی ایران خیلی ایراد داشت.

ض ص: مدافع قانون اساسی بودند؟

ع م: بله، مسلماً. مسلماً قانون اساسی را - اصلاً مشروطه را - کار خیلی صحیحی می دانست و یکی از نکته های تکیه و رفرانسش (referance) در واقع آن بود. همیشه مشروطیت را یك ساختار صحیح می دانست چون با سیستم حکومتی ایران در

زمان قاجاریه موافق نبود و به خصوص آن سالهای خیلی پرتلاطم و ناپایدار و متزلزلِ آخر قاجاریه را هیچ مناسب مملکت نمی دانست و موافقش نبود. مسلماً خیلی طرفدار مشروطه بود. خیلی انقلاب مشروطه و حکومت براساس مشروطیت را قبول داشت، ولیکن به شرطی که قانون اساسی کامل اجرا بشود. در آن جهت بود که این عده تلاش می کردند. خوب، طبعاً هم در مملکتی که وضع ایران را در آن سالهای انتهای دوره قاجاریه و ابتدای حکومت پهلوی داشت، کسانی که می خواستند مملکت یك نظم و نسقی بگیرد و نظم و آرامشی در آن به وجود بیاید طبعاً حاضر نبودند هیچ نوع ریسکی بکنند که رشته حکومتی از دستشان خارج بشود و دو مرتبه تزلزل در مملکت بیاید. اما خوب، یك عده جوان روشنفکر با ایده های خیلی آزادمنش نسبت به آینده فکر می کردند که می شود آزادی بیشتری به مردم داد و به تمایلات اکثریت توجه بیشتری کرد.

خوب، در این شرایط بود که پدر من زندگیش را شروع کرد. به علت این که بعد از دفعه دومی که بازداشت شده بود، قول داده بود که دیگر فعالیت سیاسی نکند، تقریباً معاشرتهایش را هم خیلی محدود کرده بود. مثلاً کسی که خیلی در زندگیش در آن دوره اثر داشت و جزو همان گروه هم بود، فرخی یزدی[27] بود که روزنامه طوفان را داشت و بعداً به زندان افتاد - یعنی از آلمان [که] برگشت [به] ایران به زندان افتاد و در زندان فوت کرد. او کسی بود که خیلی در روحیه پدرم و در طرز دیدش و

[27] محمد فرخی یزدی، مؤسس روزنامه طوفان (۱۳۰۰)، نماینده دوره ۷ مجلس شورای ملی، به خاطر افکار سوسیالیستی محکوم به حبس گردید و در زندان قصر تهران به قتل رسید.

برداشتش اثر گذاشت و کسی بود که[پدرم] همیشه راجع به او با ما صحبت می کرد و کسی بود که به او علاقه داشت. این جور وقایع هم، خوب، در زندگیش اتفاق افتاده بود و به همین جهت خیلی آدم محتاطی شده بود. معاشرتهایش خیلی محدود بود و فقط کسانی را که صد در صد به آنها اعتماد داشت - به عقایدشان و به خصوص به سلامت فکر و سلامت عملشان و صداقتشان اعتقاد داشت - با آنان دوستی می کرد. لذا، در بقیه دوره زندگیش یك گروه شاید مثلاً کمتر از بیست نفر بودند که شبهای جمعه همیشه مرتب جمع می شدند منزل ما و با هم معاشرت می کردند و بحثهای سیاسی و غیر سیاسی و گفتگو می کردند - ولی در همان محیط محدود خانه و در آن، به حساب، کانون دوستی که برای خودشان به وجود آورده بودند. همه هم کسانی بودند که خیلی آدمهای درست، شریف و خوش فکری بودند. برای دوره خودشان و برای جامعه و مملکتشان مفید بودند و همه شان هم در رشته هایی که کار می کردند و مسؤولیت داشتند با صداقت کار می کردند و موفق بودند.

دوران دبستان و دبیرستان

به هرصورت، به این علت محیط خانوادگی ما محیطی بود که از موقعی که من فهمیدم که دنیایی هست و زندگی هست و روابطی بین افراد هست و روابطی بین افراد و دولت هست و روابطی بین دولتها هست و یك صحنه سیاسی بین المللی وجود دارد، ما با این وقایع بزرگ شدیم. یعنی خوب خاطرم هست که - فرض کنید [در] کلاس پنجم ابتدایی که مثلاً نُه یا ده سالم بود - توی مدرسه تمام وقایع سیاسی اروپا را بحث

می کردیم. به طوری که روزی من رفتم منزل، پدرم مهمان داشت. بعد از این که مهمان رفت، آمدیم سر شام نشسته بودیم. پدرم خیلی گرفته بود و مادرم از او سؤال کرد که چرا ناراحت هستی؟ گفت برای این که رئیس دبستانی که من [مجیدی] در آن جا بودم آمده بود ببیندش و [به او] گفته بود پسر شما در [دبستان] صحبت [از] مسائل سیاسی می کند. از حزب نازی و جریانات جنگ اروپا صحبت می کند. بحثهایی می کند. حتی یك حرفی زده (گویا در روزنامه خوانده بودم) یك کسی را در کرمانشاه دستگیر کرده اند. این کسی بوده که می خواسته حزب نازی را در ایران به وجود بیاورد که این مدیر خیلی ناراحت شده بود و آمده بود به پدر من گفته بود که به پسرتان بگویید که بحثهای سیاسی در مدرسه نکنند. یعنی در آن سال، در سال مثلاً ۱۳۱۸، بنده کله ام بوی قرمه سبزی می داد و از این بحثها می کردم با بچه ها.

علتش این بود که پدر من چون وقت زیادی را با ما در منزل صرف می کرد، تمام داستان جنگ بین الملل اول را [برای ما تعریف می کرد]: چه طور شد جنگ بین الملل اول به وجود آمد، دسته بندیهای مختلف چه جور بود، متفقین کدام ها بودند، متحدین کدام بودند. بعداً [که] جنگ دوم داشت راه می افتاد، تمام این بحثها و این حرفها توی خانه [زده] می شد. وقایع ایران چه طور [واقع] شد، چرا ناصرالدین شاه را کشتند، چه ضعفی یا نقاط قوتی مظفرالدین شاه[۲۸] داشت، محمد علی شاه[۲۹] چه

---

[۲۸] مظفرالدین شاه قاجار، از سال ۱۲۷۵تا ۱۲۸۵ش (۱۸۹۶ تا ۱۹۰۷م) سلطنت کرد.

[۲۹] محمد علی شاه بزرگ ترین فرزند مظفرالدین شاه در سال ۱۲۵۱ش (۱۸۷۲ م) متولد شد و در سال ۱۲۷۵ش (۱۸۹۶ م) به سمت ولیعهد تعیین

کارهایی کرد، چه خطاهایی کرد، چه قدر خودش را تو دامان روسها انداخت، [یا] نمی دانم، احمد شاه [30] چه قدر ضعیف بود، یا چه اشتباهاتی کرد، مسئله رضا شاه [ناتمام]. تمام شب [که] ما دور هم جمع می شدیم، بحثها این بود. پس طبعاً ما از بچگی یك آموزش سیاسی پیدا کردیم، به علت این که خوب، پدرم یك اندوه (nostalgie) برای گذشته داشت - نسبت به آن دورانی که فعالیت سیاسی کرده بود و خاطراتی داشت و از این خاطرات نتیجه گیری هایی کرده بود که این را به عنوان درس به ما می خواست یاد بدهد.

خوب، یك خرده گذشت. دوران دبیرستان شد و خوب، آشنایی با فلسفه هایی و با ایدئولوژی هایی [پیدا شد] و با خواندن کتابهایی و بحث کردن با دوستان و رفقا یواش یواش بحث مسئله ماتریالیسم [پیش آمد] و عرض کنم، [این سؤال که] تا چه حد مذهب به عنوان یك ایدئولوژی، به عنوان یك فلسفه زندگی و تفکر و غیره درست است یا نیست. این جور بحثها هم خیلی زیاد می شد.

گردید. در شرایطی که حال مزاجی مظفرالدین شاه رو به وخامت می رفت، محمد علی میرزا، در ۲۵ آذر ۱۲۸۵ از تبریز به تهران آمد و زمام امور را در دست گرفت. وی در ۲۹ دی ماه ۱۲۸۵(۱۹ ژانویه ۱۹۰۷) تاجگذاری کرد. به دستور پادشاه جدید در جشن تاجگذاری از نمایندگان مجلس دعوت به عمل نیامد. در ۲۶ تیر ماه ۱۲۸۸ (۱۷ ژوئیه ۱۹۰۷) کمیسیون عالی از مشروطه خواهان در اولین جلسه خود محمد علی شاه را به علت پناهندگی به سفارت روس از سلطنت خلع کرد و ولیعهد سیزده ساله او احمد میرزا را به سلطنت برگزید. نگاه کنید به: روز شمار تاریخ ایران، ص ۱۱-۴۰.

[30] احمد شاه قاجار در ۳۰ تیر ماه ۱۲۹۳ (۲۱ژوئیه ۱۹۱۴) که به سن بلوغ قانونی (۱۶ سال) رسیده بود، تاجگذاری کرد. نگاه کنید به: روز شمار تاریخ ایران، ج ۱ ، ص ۷۱.

خانواده مادری

ض ص: می خواهم از حضورتان تقاضا کنم که مقداری هم راجع به سوابق مادرتان صحبت بفرمایید.

ع م: مادر من اسمشان فاطمه مقصودی است که دختر حاج محمد یوسف مقصودی است که عنوانش بود «ملك التجار آملی» و به همین علت است که پسرهایش اسم ملك زاده آملی را به روی خودشان گذاشتند. مادر من و سه برادر دیگرش که از یك مادر دیگری بودند آنها اسم خودشان را مقصودی گذاشتند چون جدشان اسمش حاج مقصود بود. به هر صورت، حاج ملك التجار آملی مالك بود. برای زمان خودش او هم در کار تجارت و کارهای به اصطلاح بیزنس (business) و غیره خیلی فعال بود و بعداً ما فهمیدیم که جزو اولین فراماسون های ایران بوده و با کسانی که در آن موقع در فراماسونری در واقع مرکز قدرتی برای خودشان به وجود آوردند، تماس داشت و کار می کرد.

آدمی بود که خیلی در منطقه، در مازندران، همه جا شناخته شده بود. خیلی محترم بود در ایران. در تهران هم خیلی وضع خوبی داشت. با مثلاً برادران تومانیانس، که آن موقع جزو تجار نمره یك ایران بودند، کار می کرد و به آنها نزدیك بود. با مرحوم عدل الملك دادگر[31] که سالها رئیس مجلس بود، خیلی نزدیك بود. خلاصه در یك محیط هم تجارتی، هم فعالیت، هم کار سیاسی و این حرفها وارد بود. چون آدم متمولی بود و کار ملك

---

[31] حسین دادگر (عدل الملك)، کفیل وزارت کشور (۱۲۹۹-۱۳۰۰)، کفیل وزارت فوائد عامه و تجارت (۱۳۰۲)، معاون نخست وزیر (۱۳۰۲)، وزیر کشور (۱۳۰۴)، نایب رئیس مجلس مؤسسان (۱۳۰۴)، نماینده دوره های ۳، ۵-۹ مجلس شورای ملی، رئیس مجلس دوره های ۷-۹، تبعید از ایران (۱۳۱۴) و نماینده دوره های ۱-۳ مجلس سنا.

داری و تجارت و غیره می کرد، خیلی شناخته شده بود و آدم ذی نفوذی بود در حد خودش.

مادر من در سن شانزده سالگی به ازدواج پدرم در آمد. مادر من هم مثل ما خیلی تحت تأثیر شخصیت پدرم قرار گرفت - یعنی کاملاً افتاد توی دیسیپلین فکری پدرم: هم ایمان به مذهب و یك زندگی خیلی سالم [و] ساده و در عین حال از نظر دید نسبت به مسائل اجتماعی تقریباً همان دید را دنبال کرد. یعنی در واقع یك نوع وحدت دیدی به وجود آمد در خانواده ما به علت نفوذ و وزنی که پدرم داشت.

پدرم همان طور که گفتم بعد از این که کار شیوه نو دادگستری در ایران به راه افتاد، جزو اولین وکلایی بود که به اسم وکیل دادگستری شروع کرد به کار. بعداً هم که در زمان رضا شاه دادگستری مدرنیزه شد و متحول شد، با همکارانش کانون وکلای دادگستری را به وجود آورد و همیشه در کانون وکلای دادگستری نقش خیلی مؤثری داشت. این به طور کلی وضع خانوادگی ما بود. ما هفت برادر هستیم و یك خواهر و همه برادرها تقریباً تحصیلات خوبی کردند. همه در رشته های خودشان موفق بودند و [قطع کلام].

ض ص: شما، آقا، کجا قرار دارید؟

ع م: من نفر دومم. برادر بزرگم، محمد مجیدی [است] که آخرین سمتش مدیر عامل بانك رفاه کارگران بود. قبلش سالها معاون سازمان بیمه های اجتماعی بود. اصلاً تحصیلاتش را در سویس کرد - در رشته حقوق کار و بیمه های اجتماعی. بعد از این که برگشت به ایران به علت این که تخصصش در آن رشته بود، در سازمان بیمه های اجتماعی شروع کرد به کار و تا آخر هم در آن جا بود - به جز دو سال آخر یا سه سال آخر

که به علت این که بانک رفاه کارگران اداره کننده ذخایر بیمه های اجتماعی بود، مدیر عامل بانک رفاه کارگران شد - تا زمان ماه های آخر حکومت سلطنتی ایران که بعداً خودش را بازنشسته کرد. از ایران رفت و مقیم آمریکا شد. چون پنج تا فرزند [داشت] که درس می خواندند و نابسامانیها و اعتصابات ایران مقداری ایجاد ناراحتی کرده بود رفتند آن جا و الان در آن جا زندگی می کنند.

ض ص: شما مقداری صحبت فرمودید راجع به شرایط و محیط خانوادگی تان و این که مسائل سیاسی همیشه در خانواده شما نقش عمده ای بازی می کرده و مورد بحث و مداقه قرار می گرفته. می خواستم از حضورتان سؤال بکنم که با علاقه و احترامی که پدرتان نسبت به مذهب قائل بود، آیا شرایط مذهبی هم در خانواده شما حکمفرما بود؟ یعنی شما را تشویق می کردند به نماز خواندن و روزه گرفتن و رعایت امور مذهبی؟

ع م: بله. بنده از سن شاید دوازده سالگی تا سن شانزده سالگی نماز خواندم و سه یا چهار سال هم یادم هست که ماه رمضان روزه گرفتم. ولی، خوب، این به علت این بود که پدرم این چنین انتظاری از همه مان داشت -از من به خصوص- و تشویقمان می کرد که به تکالیف مذهبی عمل بکنیم. ولیکن بعد از سن شانزده سالگی، به علت وقایعی که در ایران اتفاق افتاد، یك مقدار تماسهایی که در ایران به وجود آمد، توی جریاناتی افتادم. یك مقدار به ادبیات فلسفی، سیاسی و غیره از خارج [دسترسی] پیدا کردم. با دیدها و برداشتها و فلسفه هایی [آشنا] شدم که یك مقدار در آن برداشت اولیه که به من تدریس شده بود و تعلیم داده شده بود تجدید نظر کردم.

فعالیت های سیاسی در دوران دبیرستان

ض ص: این فعالیتها حتماً مقارن با همان زمانی است که داشتید صحبت می فرمودید، راجع به دوره دبیرستانتان. می خواهم از حضورتان تقاضا بکنم که صحبت را بنابر این از همانجا ادامه بدهید.

ع م: والله در دوره دبیرستان من [قطع کلام].

ض ص: دقیقاً چه سالی بود، آقا، آن دوره؟

ع م: از بعد از اشغال ایران دیگر. برای این که موقعی که ایران اشغال شد، من کلاس هفتم یعنی اول دبیرستان را تمام کرده بودم [و] به سال دوم می رفتم.

ض ص: هزار و سیصد و بیست و چهار، بیست و سه، این موقع ها باید باشد؟

ع م: هزار و سیصد و بیست و یك به بعد یعنی اولین جریانات سیاسی که شخصاً شرکت کردم انتخابات دوره سیزدهم[۳۲] مجلس شورای ملی بود به علت این که ما می خواستیم که یك تعداد اشخاصی که خوشنام بودند و ما طرفدارشان بودیم [انتخاب شوند].

ض ص: چه کسانی بودند آن افراد؟

ع م: مثلاً یادم هست که من رفتم توی مسجد سپهسالار - در سال شاید ۱۳۲۱ بود - که تلاش بکنیم که مثلاً مردم به مؤتمن الملك رأی بدهند، مردم به مصدق رأی بدهند و از این قبیل. یك عده از اسمها یادم نیست ولی یادم هست که آن دو نفر اولی که در صدر لیست بودند مؤتمن الملك بود و دکتر مصدق. آن موقع اینها جزو کسانی بودند که به نظر ما می آمد

---

[۳۲] ظاهراً منظور مجلس چهاردهم است که ۱۲ شهریور ۱۳۲۲ آغاز به کار کرد.

که نوآور هستند، وجیه الله هستند و آدمهایی هستند که می شود به آنها از نظر کار سیاسی در مملکت اعتماد کرد. در آن سن که من شاید دوازده یا سیزده سالم بود، یادم هست که مقدار زیادی کاغذ را بریده بودیم و اسم های هفت یا هشت نفر [را روی آنها نوشته بودیم]. البته آن موقع نمایندگان تهران، فکر می کنم، سیزده نفر یا چهارده نفر بودند. اما فقط پنج، شش نفر [بودند که ما] خیلی اصرار داشتیم که حتماً به آنها رأی داده بشود. اتفاقاً جزء نتایج اولیه انتخابات هم همین طور [شد] وقتی که قرائت آراء شروع شد. ولی بعداً البته شلوغ کاری هایی شد و مقدار زیادی تغییر در نتیجه حاصل شد.

ض ص: این بایست دوره چهاردهم مجلس باشد که دکتر مصدق [قطع کلام].

ع م: بله، بله. معذرت می خواهم. اشتباه کردم. دوره سیزدهم تمام شد و برای انتخابات دوره چهاردهم - چون دایی من که علی اکبر ملك زاده باشد در دوره سیزدهم وکیل بود، ولی در دوره چهاردهم وکیل نشد به علت این که، خوب، محیط عوض شده بود. شرایط عوض شده بود. یك مقدار زیادی تغییرات به وجود آمد. نخیر، انتخابات دوره چهاردهم بود. معذرت می خواهم. بعداً مثلاً وقایع ۱۷ آذر آن سال [قطع کلام].

ض ص: زمان قوام السلطنه؟

ع م: بله، [وقایع ۱۷ آذر سال ۱۳۲۱] را خوب به [خاطر دارم].[۳۳] ما از مدرسه آمدیم بیرون به طرف مجلس و توی

[۳۳] در ۱۷ آذر ۱۳۲۱بلوایی به خاطر کمبود و نامرغوبی مواد غذایی در تهران رخ داد و مردم خانه نخست وزیر (قوام السلطنه) را به آتش کشیدند و اثاثیه او را به غارت بردند. نگاه کنید به: روز شمار تاریخ ایران، ۱، ص ۲۵۰.

خیابانها غارتها و درگیریها و این حرفها را خیلی به رأی العین دیدیم. بعد واقعه دیگری بود در روز ۱۵ اسفند.[۳۴] فکر می کنم که باز جلوی مجلس شلوغ شد که [در] آن هم من بودم[و دیدم] که در اثر تیراندازی جوانی از خانواده خواجه نوری [که] توی بالکن عمارتی [بود] که روبروی مجلس بود کشته شد. به هرصورت، [ما در] این نوع وقایع هم شرکت می کردیم - یعنی یواش یواش.

مثلاً یادم هست یك روزی علیه حکومت ساعد[۳۵] تظاهرات خیلی [شدیدی] راه انداخته بودند - به خصوص توده ایها، کارگرها. از این مهاجرین قفقازی[۳۶] زیاد بودند. خوب، ما

---

[۳۴] در جلسه ۱۳ اسفند ۱۳۲۳ مجلس شورای ملی، محمد مصدق پیرامون اعلام جرم ها مذاکراتی نمود و درخواست کرد پرونده محمد تدین (وزیر خواربار سابق) را به مدت ۱۵ روز در اختیار او قرار دهند تا گزارش امر را به مجلس بدهد. نمایندگان این پیشنهاد را نپذیرفتند و مصدق به تعرض از مجلس خارج شد و مصمم شد دیگر به مجلس باز نگردد. روز ۱۵ اسفند عده ای از دانشجویان دانشکده حقوق به منزل ایشان رفتند و او را به مجلس بردند. در نتیجه ازدحام محصلین و مردم، نظامیان به تفرقه جمعیت اقدام کردند و منجر به تیراندازی شد که یك نفر کشته و عده ای زخمی شدند. در همان روز جمال امامی، نماینده مجلس، در این زمینه از سرتیپ گلشائیان، فرماندار نظامی تهران، توضیح خواست. چون جواب نشنید به صورت او سیلی نواخت. سپس سرتیپ گلشائیان برکنار شد و به جای وی سرتیپ عبدالعلی اعتماد مقدم فرماندار نظامی تهران گردید. (نگاه کنید به: روز شمار تاریخ ایران، ج ۱، ص ۲۶۵-۲۶۶.) هفته بعد مجلس شورای ملی با تشکیل کمیسیون هفت نفری برای رسیدگی به این واقعه موافقت کرد. نگاه کنید به: گاهنامه پنجاه سال شاهنشاهی پهلوی (پاریس: انتشارات سهیل، ۱۳۶۴)، ج ۱، ص ۳۲۰.

[۳۵] محمد ساعد مراغه ای، سفیر ایران در اتحاد جماهیر شوروی، وزیر خارجه (۱۳۲۱-۱۳۲۳)، نخست وزیر (۱۳۲۳) و (۱۳۲۷-۱۳۲۹)، نماینده دوره ۱۵ مجلس شورای ملی و نماینده دوره های ۱-۲ و ۴-۶ مجلس سنا.

[۳۶] مهاجرین قفقازی ایرانیانی بودند که پس از انقلاب اکتبر ۱۹۱۷ از شوروی به ایران مهاجرت کردند.

می رفتیم ببینیم داستان چیه؟ – یعنی می خواهم بگویم که در یك چنین وضعیت و روزگاری بود که طبعاً کشیده می شدیم به خیابانها و محل تظاهرات. طبعاً یك چیزهایی بود توی آن دوران. در عین حال که درس می خواندیم و مدرسه کار اصلی مان بود، کار سیاسی را چه در مدرسه، چه در خارج از مدرسه ادامه می دادیم. محافل و مجالسی داشتیم با دوستانمان. دوستانی که من با آنها معاشرت می کردم از من اقلاً سه سال، چهار سال بزرگتر بودند و طبعاً آنها خیلی از من پیشرفته تر بودند. بعضی هایشان مثلاً وارد احزاب شده بودند. مثلاً یکی دو نفرشان وارد حزب توده شده بودند. یکی دیگر بود که خیلی حاد و داغ بود [و او] وارد آن حزب سید ضیاءالدین[۳۷] شده بود.

ض ص: اراده ملی.

ع م: اراده ملی. بله. طبعاً در جلساتی که ما داشتیم – برای همین طور دور هم جمع شدن و چای خوردن و همدیگر را دیدن – بحثهای خیلی حادی می شد از تمام جریانات فکری و فلسفی و غیره. تمام جریانات سیاسی مورد بحث و تجزیه و تحلیل قرار می گرفت. یعنی درواقع یك نوع خودآموزی سیاسی – فلسفی من داشتم به علت این که با دوستانی معاشرت می کردم که خیلی توی این زمینه ها پیشرفته بودند و به خصوص خیلی چیز خوانده بودند و خیلی ایده های جالبی را مطرح می کردند. به این جهت من در واقع در محیطی بزرگ شدم که هم توی جریانات روز و زندگی و تظاهرات سیاسی و، به حساب، جنبش های سیاسی و هم در محیط دوستی و مدرسه ای [آگاهی می یافتیم] و در منزل هم

---

[۳۷] سید ضیاء الدین طباطبایی، روزنامه نگار، نماینده دوره ۱۴ مجلس شورای ملی، نخست وزیر (۱۲۹۹-۱۳۰۰).

پدرم تعالیم و آگاهی هایی به ما می داد: که مواظب این اشتباهات باشید. مواظب این جریانات باشید. مثلاً، از جمله چیزهایی که همیشه به ما نصیحت می کرد - که متأسفانه گوش ندادیم - این بود که هیچ وقت نوکر دولت نشوید که متأسفانه رفتیم و نوکر دولت شدیم و الان چوبش را داریم می خوریم. از این جور چیزها هم بالاخره بود دیگر توی زندگی. به این جهت من درواقع در سه صحنه مختلف و در سه کلاس مختلف درس می دیدم: یکی مدرسه و محیط دوستان، یکی کوچه و خیابان و روزنامه و وقایعی که در مملکت و در شهرمان می گذشت، یکی هم در خانواده که پدرم معلم خیلی خوبی بود. بااطلاع و جدی بود.

این همین جور کشیده شد تا البته برحسب اتفاق در جلسات مختلف سیاسی هم شرکت می کردیم. مثلاً احزاب مختلف جلسه درست می کردند. [ما هم] می رفتیم ببینیم چه می گویند، حالا چه توده ایش باشد و چه غیرتوده ایش باشد. توی این جریانها می رفتیم از نظر این که ببینیم چه می گویند و یک نوع کنجکاوی داشتیم از نظر تجزیه و تحلیل، آشنایی با مکاتب فکری و فلسفی مختلفی که در آن موقع رایج بود و در ایران جریان داشت.

فعالیت های سیاسی در دوران دانشگاه

تا رسیدیم به دانشگاه. در دانشگاه، خوب، البته، مسائل خیلی جدی تر شد، تظاهرات خیلی شدیدتر شد. آن موقع یادم هست مرتب گروه هایی راه می افتاد از دانشگاه به طرف

مجلس برای حزب دکتر متین دفتری،[38] اتحاد ملی. [در این راه پیمایی] مثل این که حزب اتحاد ملی بود. حزب توده بود. احزاب دیگر هم بودند. به هرصورت، اینها در دانشگاه یا در خارج دستجات را داشتند. دو سه بار گروه هایی آمدند و شدیداً حمله کردند به دانشجویان و بعضی هایشان را شدیداً کتك زدند.

حتی یادم هست روزی که از طرف دولت و به خصوص نظامی ها و پلیس حمله شده بود به دانشگاه، ما خیلی ناراحت شدیم واعتصاب کردیم و سر کلاس نمی رفتیم در دانشکده حقوق. یادم هست دکتر شایگان[39] آن موقع وزیر فرهنگ بود - خوب، دکتر شایگانی که بعداً، خوب، خیلی مصدقی شد و خیلی جبهه ملی شد و این حرفها. ولی آن موقع که وزیر کابینه قوام السلطنه بود، آمد توی دانشگاه. به هرحال، من یادم هست که توی دانشکده حقوق نرفته بودیم چون اعتصاب کرده بودیم. بیرون در دانشگاه ایستاده بودیم که دکتر شایگان با اتومبیلش آمد آن جا، ایستاد و شروع کرد به صحبت کردن که بروید سر کلاس تان و دولت احترام دانشگاه را دارد. استقلال دانشگاه را محترم می شمارد. ملت شروع کردند گفتند، «آقا، این چه طور محترم شمردن و استقلال دانشگاه است که ریختند این جا و کتك زدند و دو سه نفر را مجروح کردند؟»

کسی که خیلی شدیداً اعتراض داشت اردشیر استوانی بود که الان شنیدم متأسفانه فوت کرده. او بلند به دکتر

[38] احمد متین دفتری، وزیر دادگستری (۱۳۱۵-۱۳۱۸)، نخست وزیر (۱۳۱۸-۱۳۱۹)، نماینده دوره ۱۵ مجلس شورای ملی و نماینده دوره های ۱-۵ مجلس سنا.

[39] علی شایگان، معاون دانشکده حقوق، وزیر فرهنگ (۱۳۲۵-۱۳۲۶)، وزیر مشاور (۱۳۲۶)، نماینده دوره های ۱۶-۱۷ مجلس شورای ملی و از رهبران جبهه ملی ایران.

شایگان اعتراض کرد و دکتر شایگان پلیسی [را] که اتفاقاً آن جا ایستاده بود صدا کرد و گفت، «پلیس، این شخص را دستگیر کنید. این شخص را بگیرید.» یك چنین واکنشی که [ناتمام]. من این منظره را خوب یادم هست. کسی که، خوب، بالاخره استاد ما بود و خیلی هم استاد محبوبی بود، [و] دانشجویان خیلی به او علاقه داشتند. چنین عکس العملی از خودش نشان داد چون وزیر فرهنگ بود. برای من خیلی جالب بود که چنین چیزی دیدم.

در دوره دانشگاهی از این نوع وقایع جسته و گریخته زیاد اتفاق می افتاد. تا این که داستان ۱۵ بهمن ۱۳۲۷ پیش آمد که از آن روز یك دفعه دیگر همه چیز عوض شد.[۴۰]

ض ص: شما تا آن زمان همکاری با حزبی یا سازمان سیاسی داشتید؟

ع م: هیچ چیز، نه، نه. در حالتِ، به حساب، نظاره بودم. در حالتی بودم که دلم می خواست همه را ببینم، همه چیز را - بدون این که به هیچ کدامشان اعتماد بکنم - به علت همان تعلیماتی که پدرم به من داده بود. من هیچ وقت عضویت هیچ حزب سیاسی را قبول نکردم تا سالهای آخری که حالا بعداً به آن می رسیم.[۴۱]

ض ص: بله، داشتید صحبت می فرمودید راجع به سوء قصد به شاه در ۱۵ بهمن ۱۳۲۷.

ع م: از آن وقت، خوب، [وضع سیاسی] یك دفعه عوض شد. کنترل پلیس و کنترل دستگاه های امنیتی که آن موقع وجود

---

[۴۰] در ۱۵ بهمن ۱۳۲۷ محمد رضا شاه در جلوی دانشکده حقوق دانشگاه تهران هدف چند گلوله قرار گرفت و زخمی شد. نگاه کنید به: روز شمار تاریخ ایران، ج ۱، ص ۲۹۹.

[۴۱] نگاه کنید به: ص ۵۴

داشت خیلی زیاد شد. جلوی هر نوع کار سیاسی گرفته شد. حتی در شروع اسم نویسی سال تحصیلی از ما تعهد می گرفتند که کار سیاسی نکنیم. محیط دانشگاه تقریباً آرام شد تا این که دیگر ما لیسانس را گرفتیم و آمدیم به خارج و دیگر این جا [فرانسه] [بودیم] که دو مرتبه این صحبتها پیش آمد.

ض ص: بله. شما چه سالی تشریف آوردید به خارج؟

ع م: بنده در ۲۹ اکتبر ۱۹۴۹ [۷ آبان ماه ۱۳۲۸].

ادامه تحصیل و فعالیت های خارج از کشور

ض ص: خوب حالا ممکن است ادامه بدهید راجع به تحصیلات و فعالیتهای سیاسی و اجتماعی خارج از کشورتان؟

ع م: من بعد از این که از دانشگاه تهران لیسانسیه حقوق شدم، آمدم به فرانسه و در دانشگاه پاریس برای گرفتن دیپلم دکترا اسم نوشتم.

ض ص: شما در چه رشته ای از دانشکده حقوق لیسانس گرفتید؟ قضایی یا سیاسی؟

ع م: قضایی. چون قصدم این بود که اصلاً وکالت دادگستری بکنم چون پدر من وکیل دادگستری بود. برنامه زندگیم این بود که بیایم فرانسه و بعد از این که تحصیلات قضایی ام را آن جا تکمیل کردم، برگردم [به] ایران و کار وکالت بکنم. به این جهت آمدم فرانسه و دکترایم را هم در رشته حقوق قضایی گرفتم. در این جا هم آن موقع دانشجویان انجمن داشتند. در جلسات [آنان] شرکت می کردیم. البته، در مدتی که من این جا بودم به علت وضعیتی که در اروپا وجود داشت - می دانید بعد از جنگ دوم جهانی - هنوز مسئله سیاست و طرز عمل اتحاد شوروی شناخته شده نبود. نسبت به سوسیالیسم، نسبت به رویه

حکومت شوروی، پیشرفت اقتصادی، یا پیشرفت مادی که در این کشورها می شد و از این که افراد از عدالت اجتماعی بیشتری برخوردار هستند و رفاه مادیشان بیشتر است، خیلی صحبتها می شد. خیلی اشخاص بودند که فکر می کردند راه آینده زندگی را شوروی و کشورهایی که به دنبالش راه سوسیالیسم را پیش گرفته اند پیدا کرده اند. طبعاً یك جوی بود، چه در فرانسه، چه در آلمان، چه در ایتالیا و چه در سویس. [به این کشورها که می رفتیم که حول و حوش این جا [فرانسه] بودند، می دیدیم [در آنها] هم حزب کمونیست خیلی رأی می آورد و هم سوسیالیستها وضع بهتری دارند. موضع قویتری دارند. کاپیتالیسم اصولاً دارد محکوم می شود و محکوم شده و آینده ای ندارد.

طبعاً ما یك مقداری چنین افکاری در این جا پیدا کردیم و طبعاً یك مقداری با گروه هایی که آن موقع گروه های چپ رو بودند بیشتر محشور شدیم و تماس داشتیم - چه ایرانی و چه فرانسوی. طبعاً در آن دوره یك مقداری - به قول آن زمان صحبت این بود که می گفتند که باید پیشرو بود و مترقی بود و ترقیخواه بود - ما ترقیخواه شده بودیم و پروگرسیست (progressiste). طبعاً بیشتر حرفمان با آنهایی می گرفت که صحبت از مارکسیسم و ماتریالیسم می کردند تا کسانی که صحبت از آدام اسمیت (Adam Smith) و اقتصاد آزاد و کاپیتالیسم می کردند. بدین طریق در چنین شرایطی بود که این جا ما درس خواندیم و فعالیتهای سیاسی کردیم، ولی من هیچ وقت عضویت هیچ حزبی را قبول نکردم و برگشتم تهران. تهران که برگشتم هنوز مصدق سر کار بود.

بازگشت به ایران و دوران مصدق

ض ص: چه سالی بود آقا؟ ۱۹۵۱؟

ع م: نخیر، ۱۹۵۳ - یعنی من وقتی برگشتم تهران شش ماه بعدش یا کمتر [قطع کلام].

ض ص: یعنی در حدود مارچ ۱۹۵۳ [اسفند ۱۳۳۱]، آن موقع آمدید؟

ع م: بله. [سال] ۱۹۵۳ که پنج ماه بعدش حکومت مصدق تمام شد. موقعی که تهران رفتم، خوب، پدر من شخصاً دوست مصدق بود و سالها وکیل مصدق بود و کارهای وکالت مصدق را [او] می کرد. در آن موقع هم که مصدق نخست وزیر بود، چند تا پرونده خاصی را که خودش دلش می خواست که دست شخص مطمئنی بدهد و تویش نادرستی نباشد، [از] پدرم می خواست که دنبال کند. مثلاً فرض کنید، [پدرم] ماهی یك یا دو بار به ملاقات [مصدق] می رفت. بدین جهت طبعاً به علت نزدیکی و دوستی و اعتماد و اعتقادی که پدرم به مصدق داشت، ما هم، خوب، دلمان می خواست مصدق در برنامه هایی که داشت موفق باشد.

تا این که جریان ۲۸ مرداد [۱۳۳۲] پیش آمد که اوضاع عوض شد. برای یك سالی، دو سالی، تقریباً هیچ نوع کار سیاسی و حتی هیچ نوع تظاهر به این که چه به صلاح مملکت است، چه به صلاح مردم است [نمی شد]. هیچ. ما به این مسائل دیگر کار نداشتیم. یك دفعه یك افاقه ای حاصل شده بود. یك تغییری حاصل شده بود. یك جریانی به وجود آمده بود که می بایست درکش کرد و هضمش کرد و فهمید که مصلحت مملکت و مردم در چه جهتی است.

در آن موقع من فکر می کردم که مصدق دارد کار درستی می کند و دارد درست می رود، ولی امروز می بینم که مصدق می بایست دید بلند مدت تری می داشت. می بایست درک صحیح تری از مسائل می داشت و به خصوص با توجه به این که می دید که چه گروه هایی توی مردم نفوذ دارند و سعی می کنند که مردم را به راه خاص خودشان بکشند. می بایست خیلی بیشتر آگاهانه کار می کرد و عمل می کرد. از جمله این که شکافی که بین مصدق و شاه در آن موقع پیش آمد، یك مقداریش مسؤولش مصدق است - یك مقدار زیادش. برای این که مصدق به خاطر این که سر کار باشد، به خاطر این که قدرت را از دست ندهد، یك کارهایی کرد که به ضرر مملکت شد. الان می بینیم که چه شانسی در آن موقع داشت. اگر در آن موقع شاه مملکت و مصدق که نخست وزیر و مورد تأیید اکثریت قاطع مردم بود، با هم نشسته بودند و به مملکت فکر می کردند و به آینده مملکت فکر می کردند، امروز مملکت ما به این روز نمی افتاد.

چون من معتقد هستم که [اگر] امروز مملکت ما به این سرازیری و به این ورطه مهلك افتاده - چه بگویم کلمه اش را پیدا نمی توانم بکنم - در این چاه افتاده به خاطر این [است] که در آن روز آن شکاف بین رئیس دولت و شخص شاه به وجود آمد. اگر آن شکاف آن روز به وجود نیامده بود، ما امروز در این وضع نبودیم.

ض ص: آن پرونده هایی که اشاره کردید، شما هیچ اطلاعی ندارید که آن پرونده ها مربوط به چه مسائلی بود که دکتر مصدق برای مطالعه و احیاناً رسیدگی آنها را در اختیار پدر شما گذاشته بود؟

ع م: چرا اطلاع دارم. پرونده های جاری دولت بود که مثلاً این جا یك معامله خرید برنج شده بود و در آن یك سوء استفاده هایی شده بود. لازم بود کسی از حقوق دولت دفاع بکند. پدر من وکیل دولت بود. زمانی که می خواستند برای تهران شرکت واحد اتوبوسرانی درست بکنند (شرکتهای اتوبوسرانی تهران آن وقت دست افراد خصوصی بود) می خواستند از دست افراد خصوصی بگیرند و شرکت دولتی یا عمومی به جایش به وجود بیاورند، مصدق پدر مرا مأمور کرده بود که این را بررسی کند و اساسنامه اش را تهیه کند و منظم بکند - به حساب ایجاد چنین شرکت واحد اتوبوسرانی را.

علاوه بر اینها، وزارت کشور مسائلی داشت که به پدر من محول شده بود. از این نوع مسائل. اینها جنبه سیاسی به هیچ وجه نداشت - یعنی کارهای فقط حقوقی و قضایی [بود] که از نظر دولت مهم بود و مصدق می خواست شخصی که مورد اعتمادش باشد این کارها را انجام بدهد.

دوران تحصیل در فرانسه

ض ص: آقای دکتر، شما چند سال برای تحصیلاتتان در فرانسه تشریف داشتید؟

ع م: نزدیك چهار سال، سه سال و هفت هشت ماه.

ض ص: آیا شما در این دوره در فعالیتهای دانشجویی - مثلاً اتحادیه دانشجویان و اینها - عضویت و مشارکت داشتید؟

ع م: بله، در انتخاباتش شرکت می کردیم.

ض ص: کدام اتحادیه، آقا؟

ع م: آن موقع یك اتحادیه که بیشتر نبود. آن موقع یك انجمن دانشجویان ایرانی در فرانسه بود و سالی یك مرتبه انتخابات داشت [که] هیئت مدیره [را] انتخاب می کردند. زمانی که ابتهاج[42] سفیر ایران در پاریس‌بود، برای مهمانی نوروز انجمن قرار بود دانشجویان پول جمع بکنند. چون آن موقع سفارت با این کار موافق نبود، به پلیس دستور داد و پلیس جلوی این مهمانی دانشجویان را گرفت. در نتیجه دانشجویان خیلی ناراحت شدند. البته در آن موقع بین دانشجویان هم دو دستگی بود. یك دسته طرفدار سفارت بودند. یك دسته مخالف بودند. به همین جهت هم یك چنین وضعی به وجود آمد. آنهایی که طرفدار سفارت بودند -یعنی کاملاً طرفدار رویه و روش سفیر بودند -رفتند متوسل شدند و او جلوی جشن نوروزی دانشجویان را گرفت. در نتیجه انجمن را منحل کردند و درواقع زد و خورد سیاسی بین دانشجویان درگرفت. [در بین دانشجویان] یك دسته طرفدار حکومت [بودند] چون آن موقع حکومت مصدق بود. اکثریت دانشجویان آن اواخر دانشجویانی بودند که تمایلات چپی داشتند. یك دسته نیروی سوم هم بود که این وسط دو دوزه بازی می کرد. بعداً جلوی این فعالیتها گرفته شد و انجمن را منحل کردند. یك سال، یك سال و نیم آخر دیگر انجمنی وجود نداشت. انجمن به صورت غیررسمی کار می کرد.

ض ص: منظور شما از دو دوزه چیست، آقا؟ ممکن است یك

---

[42] ابوالحسن ابتهاج در سال ۱۲۷۸شمسی در رشت متولد شد. او خدمت خود را در بانك شاهی آغاز کرد. در دهه ۱۳۲۰ ریاست بانك ملی را به عهده داشت و در دهه ۱۳۳۰ مدیرعامل مقتدر سازمان برنامه بود. نگاه کنید به خاطرات او در مجموعه تاریخ شفاهی ایران.

خرده این را توضیح بفرمایید که [دسته نیروی سوم] چه نقشی داشتند و چه کار می کردند؟

ع م: خوب می دانید، آن موقع نیروی سومی بود که از حزب توده منشعب شده بود، لذا در زمینه فلسفی و در زمینه بحثهای ایدئولوژیکی همان استدلال و همان زمینه بحث و جدل مارکسیستها و سوسیالیستها و توده ایها را داشتند. ولی در آن موقع نیروی سوم گاه طرف دولت مصدق را می گرفت که پوزیسیون (position) [موضع] ضد چپی ها را داشت، ضد توده ای [بود] و بعضی وقتها هم [دسته نیروی سوم] توی بحثها می آمد. آن حرفها[ی توده ایها] را می زد. [اما] در هر حال نهایتاً (position) دولت را می گرفت. به این ترتیب بود که اینها اعتماد نداشتند و با هم دعوایشان می شد - سر این که توده ایها این حرف را می زدند، نیروی سومیها این حرف را می زدند. علت این که می گویم دو دوزه بازی می کردند، از این جهت بود.

ض ص: شما [از] اشخاصی که آن موقع با شما همدوره بودند و بعد در ایران یا به مناسبت فعالیتهای سیاسی یا به مناسبت سمتهایی که عهده دار شدند معروف شدند، چه کسانی را بیاد دارید؟

ع م: خیلی ها هستند. خیلی ها. از گروه ما در فرانسه خیلی ها بعداً در ایران سر کار بودند و پست های بالایی داشتند.

ض ص: چند تایی را ممکن است، آقا، نام ببرید؟

ع م: خیلی [هستند]. در سطح وزرا بخواهم بگویم مثلاً

علینقی عالیخانی،[43] ناصر یگانه،[44] هوشنگ نهاوندی،[45] احمد هوشنگ شریفی،[46] عبدالعلی جهانشاهی،[47] محمود کشفیان،[48] هادی هدایتی،[49] فرهنگ شفیعی[50] بود که زمان کابینه حسنعلی منصور[51] وزیر پست و تلگراف، وزارت شد.

---

[43] علینقی عالیخانی، وزیر اقتصاد (۱۳۴۱-۱۳۴۸) و رئیس دانشگاه تهران (۱۳۴۸-۱۳۵۰). نگاه کنید به خاطرات او در مجموعه تاریخ شفاهی ایران.

[44] ناصر یگانه، نماینده دوره ۲۱ مجلس شورای ملی، وزیر مشاور و معاون پارلمانی (۱۳۴۳-۱۳۵۰)، نماینده دوره ۶ مجلس سنا و رئیس دیوان عالی کشور (۱۳۵۳-۱۳۵۷).

[45] هوشنگ نهاوندی، وزیر آبادانی و مسکن (۱۳۴۲-۴۷)، رئیس دانشگاه پهلوی شیراز (۱۳۴۷-۵۰)، رئیس دانشگاه تهران (۱۳۵۰-۱۳۵۵) و وزیر علوم و آموزش عالی (۱۳۵۷). نگاه کنید به خاطرات او در مجموعه تاریخ شفاهی ایران.

[46] احمد هوشنگ شریفی، رئیس دانشسرای عالی (۱۳۴۷-۱۳۵۲)، رئیس دانشگاه ملی (۱۳۵۲-۱۳۵۳)، وزیر آموزش و پرورش (۱۳۵۳-۱۳۵۵) و رئیس دانشگاه تهران (۱۳۵۵-۱۳۵۶).

[47] عبدالعلی جهانشاهی، استاد دانشکده حقوق، دانشگاه تهران، قائم مقام بانک مرکزی (۱۳۴۱)، وزیر فرهنگ (۱۳۴۲-۱۳۴۳)، وزیر مشاور (۱۳۴۳-۱۳۴۴)، رئیس دانشگاه ملی (۱۳۴۴-۱۳۴۵)، نماینده ایران در بانک جهانی (۱۳۴۵-۱۳۵۰)، رئیس بانک مرکزی (۱۳۵۰-۱۳۵۲) و سفیر اقتصادی ایران در اروپای غربی (۱۳۵۲-؟).

[48] محمود کشفیان، وزیر راه (۱۳۴۲-۱۳۴۳)، وزیر مشاور (۱۳۴۳-۱۳۵۰) و وزیر مشاور و رئیس سازمان امور اداری و استخدامی کشور (۱۳۵۰-؟).

[49] هادی هدایتی، وزیر مشاور (۱۳۴۲-۱۳۴۳)، وزیر آموزش و پرورش (۱۳۴۳-۱۳۴۷)، وزیر مشاور (۱۳۴۷-۱۳۵۳) و وزیر مشاور و معاون اجرایی نخست وزیر (۱۳۵۳-۱۳۵۶).

[50] فرهنگ شفیعی، وزیر پست و تلگراف و تلفن (۱۳۴۲-۱۳۴۳).

[51] حسنعلی منصور، فرزند علی منصور (منصور السلطنه، نخست وزیر پیشین)، مدیر عامل شرکت بیمه ایران، وزیر کار (۱۳۳۸-۱۳۲۹)، وزیر بازرگانی (۱۳۳۹)، بنیان گذار کانون مترقی (حزب ایران نوین)،

دیگر توی مجلس شورای ملی که خیلی ها [بودند]، از سید ضیاءالدین شادمان[52] گرفته تا [محمد حسین] موسوی وکیل آذربایجان که بعداً قائم مقام حزب رستاخیز شد و عبدالرضا عدل طباطبایی،[53] خیلی ها بودند. [در میان] گروهی که در این سالهای اخیر در ایران نقش مؤثر داشتند - مثلاً [حبیب] دادفر[54] که سالها رئیس کمیسیون بودجه مجلس بود، از همدوره های ما بود در این جا. خیلی بودند. اگر لیستش را بخواهم بگویم، خیلی دراز [می شود].

استخدام در بانک توسعه صادرات

ض ص: خوب، آقا!، رسیده بودیم به دوران بعد از ۲۸ مرداد و وقفه ای که ایجاد شده بود در فعالیتهای سیاسی. می خواهم از حضورتان تقاضا کنم که برای ما توضیح بفرمایید که آن اوقات چگونه گذشت و چگونه شد که شما وارد خدمات اداری شدید؟

ع م: والله من بعد از این که به ایران برگشتم از اروپا، شروع کردم به کارآموزی وکالت با پدرم. تقریباً یك سال و نیم، دو سالی با پدرم کار وکالتی کردم. چون در آن موقع تصمیم گرفته بودند که دیگر در تهران جواز وکالت جدید داده نشود. تعداد وکلای تهران آن موقع -الان رقم دقیقش یادم نیست.

نماینده دوره ۲۱ مجلس شورای ملی و نخست وزیر (۱۳۴۳). وی در اول بهمن ۱۳۴۳ مورد سوء قصد قرار گرفت و چند روز بعد در گذشت.

[52] سید ضیاءالدین شادمان، مدیر عامل فروشگاه فردوسی، نماینده دوره ۲۱ مجلس شورای ملی، استاندار استان مرکزی و وزیر مشاور (۱۳۵۴-۱۳۵۶).

[53] عبدالرضا عدل طباطبایی، نماینده دوره های ۲۱ و ۲۲ مجلس شورای ملی.

[54] حبیب دادفر، نماینده دوره های ۱۹ و ۲۰-۲۴ مجلس شورای ملی.

گمان می کنم چهار صد تا بود. ما کارآموزی مان را تمام کردیم، ولیکن چون با یک چنین تصمیمی مواجه شده بودیم، منتظر بودیم که این تصمیم شکسته بشود و تغییر پیدا کند تا این که بتوانیم کار وکالت دادگستری بکنیم. در این حین به علت این که احتیاج داشتم که درآمدی داشته باشم، به بانک توسعه صادرات وارد شدم و در آن جا کار بانکی را شروع کردم.

ض ص: بانک توسعه صادرات که آقای مصطفی مقدم در رأسش بودند؟

ع م: آقای مصطفی مقدم که یکی از دوستهای پدر من بود به من پیشنهاد کرد که بروم آن جا. رفتم به بانک توسعه صادرات و ابتدا در قسمت امور بانکی یک سالی کار کردم. بعداً رفتم به قسمت حقوقی، تا جایی که شدم رئیس قسمت حقوقی آن بانک. بعد از دو سال و نیمی در بانک، کار سازمان برنامه رونق گرفته بود چون قرارداد کنسرسیوم نفت امضا شده بود و درآمد نفت شروع کرده بود به سرازیر شدن به خزانه دولت.

ض ص: می خواهم از حضورتان تقاضا کنم که یک مختصری اشاره بفرمایید به این موضوع که چگونه شد که بانک توسعه صادرات ورشکست شد؟

ع م: تا آن موقعی که من بودم ورشکست نشده بود، ولیکن امکاناتش محدود بود. چند نفر از تجار یا کسانی که نفوذ داشتند و نزدیک بودند به مصطفی مقدم، اعتبارات زیادی گرفته بودند. بانک هم به یک حالت سکونی در آمده بود، یک حالتی شده بود که امکاناتش را داده بود به اینها و اینها نمی توانستند برگردانند. درواقع بانک بعد از سه سال که از تأسیسش می گذشت، تقریباً شده بود یک دستگاهی که امکان مالی نداشت. سرمایه ای نداشت و آن چه نقدینگی هم داشت،

رفته بود در دست این عده. ورشکست نبود، ولی عملاً دیگر نمی توانست کار بکند. لذا بانک ملی ایران آن را در دست گرفت چون سه پنجم سرمایه بانک توسعه صادرات را بانک ملی گذاشته بود. یك پنجم را شرکت بیمه ایران گذاشته بود و یك پنجم آن را سازمان برنامه - یعنی یك بانکی بود که از مجموع این سه مؤسسه به عنوان سهامدار به وجود آمده بود. بانك ملی آمد طبق تصمیم دولت آن دو قسمت دیگر را هم گرفت. بانك ملی شد تنها سهامدار بانك توسعه صادرات و تغییراتی [در آن] داد. از یك طرف تزریق مالی کرد. از یك طرف مدیرانش را عوض کرد. در نتیجه شد بانکی که بیشتر در جهت و زیر سایه بانك ملی شروع کرد [به] کار کردن. بعداً سرمایه گذاریهای خارجی را هم تشویق کردند. گمان می کنم [مکث].

ض ص: بانك آو آمریکا (Bank of America).

ع م: بله، بانك آو آمریکا.

ض ص: پس در این مرحله شما دارید راجع به آن بانك تجارت خارجی صحبت می کنید.

ع م: دیگر آن موقع من آمدم بیرون. بعد از این که من آمدم بیرون از بانك، آمدم به سازمان برنامه. آقای آشوت ساقاتلیان از بانك ملی آمد آن جا را در دست گرفت. بانك آو آمریکا و گمان می کنم دویچه بانك (Deutsche Bank) و بانکا دی روما (Banca di Roma)، این سه تا بانك، آمدند در آن جا وارد شدند به عنوان سهامدار. در نتیجه بانك تجارت خارجی ایران [تاسیس] شد و دیگر کارش عوض شد. چون آن بانك اولیه، بانك توسعه صادرات، زمان مصدق به وجود آمد و قصدش این بود که (چون درآمد نفت قطع شده بود) بپردازد به تشویق صادرات غیر نفتی

که در نتیجه ارز مورد نیاز مملکت از طریق صادرات مواد غیر نفتی به دست بیاید. تمام هدفش به اصطلاح این بود.

بعد از جریان ۲۸ مرداد که مصطفی مقدم آمد همان طوری که گفتم، منابع بانک را در جهت دیگری به کار انداخت. در نتیجه بانک فلج شد. بعداً بانک ملی که آمد بانک [توسعه] صادرات را در دست گرفت، همان صحبتی که کردیم شد.

ض ص: آقای دکتر مجیدی، آن طور که روزنامه ها در آن زمان نوشتند، موضوع از این قرار بود که چون آقای مصطفی مقدم در دورانی که سپهبد زاهدی[55] مخفی بود، کمك عمده ای به ایشان کرده بود، به این دلیل ایشان بعد از ۲۸ مرداد به مدیر عاملی بانك توسعه صادرات منصوب شد. انگار این جریاناتی که اتفاق افتاد، در واقع پاداشی بود که به آقای مصطفی مقدم داده شده بود. خاطرات شما آیا این جریان را تأیید می کند؟

ع م: مصطفی مقدم به علتی که کاریرش (career) اصلاً سابقه کارش - در بانك ملی بود، در واقع کسی بود که می شد عنوان بانکی رویش گذاشت. به امور بانکی وارد بود. البته صحیح است که سپهبد زاهدی روزهای قبل از ۲۸ مرداد در منزل [مقدم] در اختیاریه بود و از آن جا عملیات را اداره می کرد و هدایت می کرد. لذا طبعاً نسبت به او یك بدهی داشت و در نتیجه ریاست بانك را به عنوان یك نوع حق شناسی به او داد.

---

[55] سپهبد فضل الله زاهدی، داماد حسین پیرنیا (مؤتمن الملك)، فرمانده ژاندارمری (۱۳۲۱)، فرمانده لشکر اصفهان (۱۳۲۱)، بازداشت و تبعید به فلسطین توسط قوای انگلستان (۱۳۲۱)، بازگشت به ایران (۱۳۲۴)، فرمانده لشکر جنوب (۱۳۲۵)، وزیر کشور کابینه های علاء و مصدق (۱۳۳۰)، سرپرست شهربانی کل کشور (۱۳۳۰). نخست وزیر (۱۳۳۲-۱۳۳۴). سپهبد زاهدی در ۱۲ شهریور ۱۳۴۲ در شهر ژنو در گذشت.

مصطفی مقدم هم شخصاً از خانواده خوبی بود. پسر مرحوم میرشکار بود. به علت این که پدر من وکیل خانواده میرشکار بود و تمام خانواده و فرزندانش را می شناخت، من می توانم بگویم که آدم سالمی بود. حالت سخاوتمندی خانی را داشت. این خانواده جزو ملاکین عمده زنجان بودند. در زنجان املاک خیلی مفصل داشتند -در قسمت چرگر. در آن جا اینها ارباب بودند و خان بودند. لذا از سخاوتمندی و این حالت آقایی مصطفی مقدم یك عده سوء استفاده کردند. سوء استفاده شاید کردند.

یادم هست رومان عیسایان اعتبارات عمده ای گرفته بود. نمی توانست بپردازد. بیچارچی گرفته بود که نمی توانست بپردازد. دو سه نفر دیگر باید اسامیشان را به یاد بیاورم. قضیه مال بیش از سی سال پیش است که درست یادم نمی آید، ولیکن اینها بودند که اعتبارات از بانك به مبلغ زیادی گرفته بودند و نمی توانستند بپردازند. در مقابلش زمین و ملك گرو گذاشته بودند که اینها برای بانك جنبه نقدینگی نداشت. لذا بیچاره مقدم گرفتاری جزایی پیدا کرد - یعنی بازداشت شد. دیوان کیفر رفت. چند سالی در گرفتاری بود و حبس بود تا این که نجات پیدا کرد و آمد بیرون.

مسئله هم سیاسی بود - نقشی که مصطفی مقدم در جریان ۲۸ مرداد و همکاری با سپهبد زاهدی داشت - و هم به نظر من ضعف مدیریت و نداشتن دقت در توزیع منابع مالی بانك. این بود واقعیت.

خدمت در سازمان برنامه

ض ص: شما داشتید صحبت می فرمودید راجع به سازمان برنامه [قطع کلام].

ع م: بعد از این که بانک [توسعه صادرات] دست بانک ملی افتاد و شروع کردند تغییر شکل دادن و یک مقدار جمع و جور کردن، من دیدم دیگر آن ایده که این بانک بشود یک بانکی که صادرات ایران را تشویق بکند و ارتباط پیدا بکند با تولید کنندگان صنعتی و کشاورزی و تجار و غیره وجود ندارد و به علتی که منابع مالی ندارد دائم کوچکش می کنند، [لذا من] دنبال این بودم که کار بهتری انجام بدهم.

در این موقع ابتهاج در سازمان برنامه شروع کرده بود به نوسازی سازمان برنامه ای که پشت سرش درآمد نفت است و برنامه عمرانی هفت ساله دوم را در دست اجرا دارد و شروع کرده به استخدام و انتقال افرادی که صلاحیت داشته باشند. لذا من [به] آن جا تقاضا دادم. دو آزمایش کتبی و شفاهی از من کردند و چون احتیاج داشتند، مرا به سمت کمک کارشناس اقتصادی گرفتند.

در آن موقع بانک بین الملل از نظر مالی کمک کرده بود که ایران بتواند قبل از این که درآمد نفت به دستش برسد، برنامه هایی را شروع کند. منتها شرط گذاشته بود که سازمان برنامه تشکیلاتش را مجهز بکند و افرادی بیاورد که بتوانند این برنامه را درست اجرا بکنند و درست طرح ریزی بکنند و بر اجرایش نظارت داشته باشند. لذا ابتهاج احتیاج داشت به آدمهایی که بتوانند این کار را شروع بکنند و طبعاً من رفتم آن جا.

بنیاد فورد (Ford Foundation) دو کارشناس در اختیار سازمان برنامه گذاشته بود: یک بلژیکی برای امور مالی و اقتصادی، یک آمریکایی برای کارهای طرح های عمرانی. [از] این دو نفر یکی فرانسه زبان بود و یکی انگلیسی زبان. سازمان

برنامه احتیاج به یك نفر داشت که هم فرانسه بداند و هم انگلیسی و به مسائل اقتصادی هم کم و بیش وارد باشد - که من رفتم، امتحان دادم و مرا قبول کردند. دیگر افتادم تو کار عمرانی. از اوایل سال ۱۳۳۵ که می شد جون ۱۹۵۶ دیگر افتادم تو کار سازمان برنامه تا به آخر.

ض ص: شما تمام این مدت را فقط در سازمان برنامه بودید؟

ع م: به جز نزدیك شش سالی که وزیر تولیدات کشاورزی و وزیر کار و امور اجتماعی شدم و پس از استعفای دولت هویدا در سال ۱۳۵۶ تا زمان انقلاب اسلامی هم دبیر کل بنیاد شهبانو فرح بودم.

ض ص: از چه سالی تا چه سالی، آقا؟

ع م: من از سال ۱۳۳۵ - یعنی ۱۹۵۶ - رفتم به سازمان برنامه تا سال ۱۳۴۶ - یعنی آخرهای ۱۹۶۷ - که رفتم به وزارت تولیدات کشاورزی و مواد مصرفی. تا سال ۱۳۴۷ - یعنی تا آذر ۱۳۴۷ [در آن جا بودم]. از آن جا [به] وزارت کار رفتم. چهار سال و نیم [در] وزارت کار بودم - یعنی تا دی ماه ۱۳۵۱ که می شود ژانویه ۱۹۷۳. بعد رفتم به سازمان برنامه تا اوت ۱۹۷۷ یعنی ۱۵ مرداد ۱۳۵۶. بعد هم رفتم [به] بنیاد شهبانو فرح با سمت دبیر کل بنیاد شهبانو فرح که تا مراجعت آقای خمینی [در آن پست بودم].

ض ص: حالا می خواهم از حضورتان تقاضا کنم که با توجه به سمتهایی که داشتید به خاطرات مهمی که به نظرتان برای ضبط در تاریخ دارای اهمیت زیاد است اشاره بفرمایید.

ع م: خوب خیلی [هستند]. می دانید من از سال ۱۳۳۲ - یعنی از ابتدای ۱۹۵۴ تا بهمن ۱۳۵۷ یعنی فوریه ۱۹۷۹

می شود بیست و پنج سال - بیشتر این مدت را در سازمان برنامه بودم.

ض ص: لا اقل آن مهم هایش را فهرست وار بفرمایید که بعد در مرحله دوم [مصاحبه] ما راجع به جزئیاتش سؤال خواهیم کرد.

ع م: در این بیست و پنج سال خیلی وقایع اتفاق افتاد. خیلی جریانات وجود داشت. خیلی بالا و پایین ها داشتیم که بایست منظم شروع کنم بیایم به جلو که چیزی از قلم نیفتد، یا از نظر نظم کرونولوژیك (chronologique) [تاریخ حوادث] زیاد اشتباه نشود.

ض ص: آن چنان اهمیتی ندارد. برای این که ما تمام اینها را فهرست بندی می کنیم و این اشکال برطرف می شود.

درباره وقایع ۲۸ مرداد ۱۳۳۲

ع م: ببینید [یکی از] وقایع مهمی که در این دوران جلب توجه مرا می کند، همان مسئله جریان ۲۸ مرداد است. جریان ۲۸ مرداد واقعاً یك تغییر و تحولی بود که هنوز [که هنوز] است برای من [این مسئله] حل نشده که چرا چنین جریانی باید اتفاق می افتاد که پایه های سیستم سیاسی - اجتماعی مملکت این طور لق بشود و زیرش خالی بشود - چون تا آن موقع واقعاً کسی ایرادی نمی توانست بگیرد. از نظر شکل حکومت و محترم شمردن قانون اساسی [همه] مسائلی که به عنوان پایه و اساس یك سیستم حکومتی می بایست محترم شمرده بشود کمابیش وجود داشت. ولی بعد از ۲۸ مرداد، خوب، یك گروهی از جامعه ولو این که یواشکی این حرف را می زدند تردید می کردند در، عرض کنم که[مکث].

ض ص: مشروعیت رژیم؟

ع م: مشروعیت حکومت. حالا رژیم را [مکث] خیر. از حکومت من صحبت می کنم - یعنی می گفتند که مصدق قانوناً نخست وزیر است و سپهبد زاهدی این حکومت را غصب کرده و به زور گرفته و این طبق قانون اساسی نیست، در نتیجه این دولت دولت مشروعی نیست. این وجود داشت تا این اواخر که یك عده هنوز چنین برداشتی دارند. همین طور که الان آقای شاپور بختیار[۵۶] می گوید، «من نخست وزیر قانونی ایران هستم. اینها غاصب هستند.» بالاخره هر کسی سعی می کند که به یك نقطه ای بچسبد و یك جنبه ای را به آن اهمیت بدهد و رویش تکیه بکند که به نفعش است و از آن می تواند نتیجه گیری مطابق میلش [را] بکند. به هر صورت، به نظر من جریان ۲۸ مرداد مسئله ای است که هیچ وقت در خاطر من به عنوان یك مسئله حل شده وجود نداشته و هنوز هم وجود ندارد.

کابینه علی امینی

از آن که بگذریم، بیاییم جلوتر. به نظر من در دوران حکومت امینی[۵۷] یك اشتباهاتی از طرف - هم امینی شد - هم از طرف مخالفینش - یعنی کسانی که می خواستند امینی

---

[۵۶] شاپور بختیار، از رهبران جبهه ملی ایران و نخست وزیر (۱۳۵۷). نگاه کنید به خاطرات او در مجموعه تاریخ شفاهی ایران.

[۵۷] علی امینی، معاون نخست وزیر (۱۳۲۱-۱۳۲۲)، وزیر اقتصاد ملی (۱۳۲۹-۱۳۲۹) و (۱۳۳۰-۱۳۳۱)، وزیر دارایی (۱۳۳۲-۱۳۳۴)، وزیر دادگستری(۱۳۳۴)، و سفیر ایران در آمریکا (۱۳۳۴-۱۳۳۶)، از ۱۹ اردیبهشت ۱۳۴۰ تا ۳۰ تیرماه ۱۳۴۱ نخست وزیر ایران بود.. نگاه کنید به خاطرات او در مجموعه تاریخ شفاهی ایران.

سر کار نباشد یا این که این سیستم ادامه نداشته باشد که باز می شد از آن به نحوی احتراز کرد. مثلاً، آن تکیه ای که امینی به آمریکایی ها کرد و به خصوص این که سعی کرد بگوید گذشته خیلی خراب بوده، مملکت را ورشکست کرده اند. او احتیاج نداشت این کارها را بکند. یعنی هر کس سعی کرد که آنهایی که قبل از خودش بودند را خراب کند، برای این که خودش را بزرگ بکند. در حالی که ممکن است به دیگران لطمه زد و آنها راخراب کرد، ولی به مملکت و به سیستم و به رژیم و به اساس حکومتی نباید لطمه زد. خوب، این هم یك چیزی بود که [مکث].

امینی عکس العمل حکومت اقبال[58] بود. حکومت اقبال حکومت زیاده از حد مجری دستورات شاه بود. به نظر من اشتباهات عمده ای کرد. بیش از حد سعی کرد که تمام بارها و تمام تقصیرها را و تمام چیزها را بیندازد روی دوش شاه. این غلط بود. [حکومت] امینی عکس العمل آن [بود]. [در دوران کابینه امینی] یك اپوزیسیون دیگری شکل گرفت که آن هم در جهت خودش غلط رفت. تمام اینها موجب شد که رجالی که می توانستند در مملکت نقشی داشته باشند - یك به حساب سهمی را بدوش بگیرند - هم به عنوان مسؤولین، هم به صورت افتخارات و موفقیتها - خودشان را بی حیثیت

[58] دکتر منوچهر اقبال، وزیر بهداری (۱۳۲۴-۱۳۲۵)، وزیرپست و تلگراف و تلفن (۱۳۲۵)، وزیر بهداری (۱۳۲۶)، وزیر فرهنگ (۱۳۲۷)، وزیر راه (۱۳۲۷)، وزیر بهداری (۱۳۲۷)، وزیر کشور (۱۳۲۷-۱۳۲۸)، وزیر راه (۱۳۲۸-۱۳۲۹)، ریاست دانشگاه تهران (۱۳۳۳-۱۳۳۵)، وزیر دربار (۱۳۳۵-۱۳۳۶)، نخست وزیر (۱۳۳۶-۱۳۳۹)، نماینده دوره ۲۰ مجلس شورای ملی، نماینده دوره ۲ مجلس سنا و رئیس هیئت مدیره و مدیر عامل شرکت ملی نفت ایران (۱۳۴۲-۱۳۵۶).

کردند.

تمایل شاه به انتصاب جوانان به مقام وزارت

در نتیجه راه حل برای شاه این شد که برود به طرف جوانها. یك دفعه از قدیمی ها و از آن رجال گذشته دل بکند و روی بیاورد به یك عده جوان. این هم به عنوان یك راه حل، شاید راه حل خوبی بود. عده ای که واقعاً شناخته شده بودند، تربیت شده بودند، آماده شده بودند برای این که به مملکت خدمت کنند، می بایست پیش می رفتند و جلو می آمدند. می بایست نقش مؤثری در کار حکومت و مملکت داشته باشند، ولی نه [این که] یك دفعه جهش های فوق العاده ای بکنند. اینها آمدند و یك دفعه شدند وزیر و وکیل و غیره. این عکس العملی به وجود آورد در گروه دیگر که [یا] از این صحنه کنار رفته بودند یا این که اصلاً توی صحنه نبودند - یعنی نمی خواستند تو صحنه بیایند - و اعتماد زیادی به [جوانانی] که در خارج تحصیل کرده بودند نداشتند.

یك دفعه حکومت افتاد دست عده ای که از دید اکثریت غرب زده بودند و ایجاد شکاف کرد و این شکاف روز به روز بیشتر شد. تا به آخر [اکثریت مردم باور داشتند] که این گروهی که حکومت می کنند یك عده آدمهایی هستند که نه مذهب می فهمند، نه مسائل مردم را می فهمند، نه به فقر مردم توجهی دارند، نه به مشکلات مردم توجه دارند. اینها آدم هایی هستند که آمده اند بر ما حکومت می کنند. غاصب هستند، یا نمی دانم، مأمور غربی ها هستند.[۵۹]

---

[۵۹] محمد ابراهیم امیرتیمور کلالی نظرات مشابهی اظهار داشته است. نگاه کنید به: حبیب لاجوردی، _خاطرات محمد ابراهیم امیرتیمور کلالی_

یعنی درست همان طوری که قبل از استقلال هند به انگلیسها نگاه می کردند در هندوستان. این اکثریت مردم هم به این اقلیتی که حکومت می کرد به دیده استعمارگر - یعنی کسانی که آمده اند و استعمار به وجود آورده اند - نگاه کردند. این عیب شد. لذا این تغییر ناگهانی که گروهی از کار بروند کنار و گروه دیگری بیایند سر کار - که در اصل کار صحیحی بود - به نظر من، می توانست تدریجی انجام بشود. بدون این که یك چنین شوکی را به وجود بیاورد.

خوب، این چیزی است که در این دوره ای که من در ایران کار می کردم روی من اثر گذاشت. خوب یادم هست روزی که مرحوم منصور در منزلش به من گفت، «شما بیا با سمت همکار نزدیك نخست وزیر در نخست وزیری با شخص من کار بکن.»[60] من به او گفتم، «آقا، بنده این سمت برایم خیلی زود است. در سازمان برنامه کارم را می کنم ولی اگر بیایم این جا آن حمایتی را که [باید بتوانم] از همکارانم، از دوستانم، از کسانی که با آنها کار می کنم بگیرم، نمی توانم بگیرم. خودم هم یك آدم عاطل و باطل می شوم. در حالی که در سازمان برنامه نشسته ام، کار فنی ام را می کنم. آن چه را هم که شما می خواهید برایتان انجام می دهم، لازم نیست که من عنوان سیاسی داشته باشم.»

یعنی می خواهم بگویم این قدر در آن موقع شعور من می رسید، در حالی که قاعدتاً [اگر] به یك کسی که در سازمان

(کمبریج: دانشگاه هاروارد، ۱۹۹۷)، ص ۹۲-۹۳ و ۱۰۹-۱۱۰.

[60] منظور ایشان این بود که سمت معاون نخست وزیر را داشته باشم. وقتی از منزل شادروان حسنعلی منصور بیرون آمدیم، منوچهر گودرزی به من گفت، «بی عقل، به تو می خواست سمت معاونت نخست وزیر را بدهد. چرا جواب منفی دادی؟» [ع م].

برنامه نشسته [و با] سمت معاون سازمان برنامه دارد کار می کند، بگویند بیا معاون نخست وزیر بشو باید خوشحال بشود. من ته دلم این حس را داشتم که این زود است و قانعش کردم که از این صرفنظر کند و همین طور هم شد تا این که بعداً سمت معاون نخست وزیر را در سنا برای من تصویب کردند. برای این که دکتر محمد سجادی،[۶۱] نایب رئیس سنا و رئیس کمیسیون دارایی سنا، اصرار داشت که من سمت معاون نخست وزیر را داشته باشم که بتوانم بیایم در مجلس و از بودجه دفاع بکنم. این هم قضیه مثلاً دو سال، دو سال و نیم بعد از آن صحبتی است که منصور با من کرد. من الان این حرف را نمی زنم. آن موقع هم که در کار بودم معتقد بودم که نبایست کسی که درجات اداری را درست طی نکرده، یك دفعه بیاید -به قول آن موقع مقامات خیلی معتبر - تو خیابان، دستش را بگیرند، بشود وزیر.[۶۲] این کار شد و این از نظر تحول و پیشرفت کار یك حکومت، یك دستگاه، کار نپخته ای بود - یا این که کاملاً سنجیده نشده بود و عکس العمل هایی برای خودش داشت.[۶۳]

---

[۶۱] محمد سجادی، وزیر راه (۱۳۱۸-۱۳۲۰)، شهردار تهران (۱۳۲۱-۱۳۲۲) معاون نخست وزیر (۱۳۲۲)، مدیر عامل بانك رهنی (۱۳۲۲)، بازداشت و تبعید به اراك توسط قوای انگلستان (۱۳۲۲)، وزیر اقتصاد ملی (۱۳۲۶-۲۷)، وزیر فرهنگ (۱۳۲۷)، وزیر راه (۱۳۲۷)، وزیر دادگستری (۱۳۲۷-۱۳۲۹)، وزیر دارایی (۱۳۲۹)، وزیر مشاور (۱۳۳۲-۱۳۳۳)، وزیر دارایی (۱۳۳۴-۱۳۳۵)، وزیر مشاور و معاون نخست وزیر (۱۳۳۹-۱۳۴۰)، نماینده دوره های ۲-۷ مجلس سنا، رئیس مجلس سنا (۱۳۵۷) و عضو شورای سلطنتی (۱۳۵۷).

[۶۲] اشاره به اظهارات شاه به یك خبرنگار خارجی است.

[۶۳] علی امینی نظرات مشابهی اظهار داشته است. نگاه کنید به: حبیب لاجوردی، خاطرات علی امینی (کمبریج: دانشگاه هاروارد، ۱۹۹۵)،

حزب ایران نوین

ض ص: شما در کانون مترقی آقای حسنعلی منصور هم مشارکتی داشتید؟

ع م: نخیر. مرحوم منصور به من چند بار پیشنهاد کرد ولی من زیاد اعتقاد نداشتم به کار سیاسی. همان طوری که قبلاً گفتم من هیچ وقت عضو یك حزب نشدم،[کانون مترقی هم] اگر چه اسمش کانون مترقی [بود] و به حساب، یك عده روشنفکر و مسؤولین دولتی و گردانندگان بخش خصوصی بود ولی چون به آن به دید یك حزب سیاسی نگاه می کردم، نرفتم. تا این که حزب ایران نوین به وجود آمد. روزی ما جلسه ای داشتیم در حزب ایران نوین. برای نمایندگان عضو ایران نوین خطوط اصلی بودجه و سیاست مالی دولت را می بایست توضیح می دادیم برای این که در مجلس از بودجه دولت حمایت بکنند.

آن جا یك تقاضای عضویت حزب ایران نوین را آوردند و اسم مرا روی آن نوشتند. چون هر کس دو معرف می خواست، مرحوم هویدا به عنوان معرف [اول]، امضا کرد و آقای عطاءالله خسروانی،[۶۴] وزیر کار و امور اجتماعی و دبیر کل حزب ایران نوین، هم امضای دوم را کرد. این دو نفر [تقاضای عضویت را] آوردند جلوی من گذاشتند که شما امضا کن. نخست وزیر مملکت و دبیر کل حزب جلوی حضار در جلسه تقاضای عضویت را آوردند و بنده را در موقعیت [بدی] گذاشتند. دیگر جای مقاومت نبود. یك مقداری مقاومت کردم ولی همه به من گفتند

ص ۴۷-۴۸.

[۶۴] عطاءالله خسروانی (برادر شهاب الدین، سپهبف مرتضی، سپهبد پرویز و دکتر خسرو خسروانی)، وزیر کار و امور اجتماعی (۱۳۴۰-۱۳۴۷)، دبیر کل حزب ایران نوین (۱۳۴۳-۱۳۴۸) و وزیر کشور (۱۳۴۷-۱۳۴۸). نگاه کنید به خاطرات او در مجموعه تاریخ شفاهی ایران.

[مقاومت تو] صحیح نیست. امضا کردم و بنده شدم عضو حزب ایران نوین، تنها عضویت حزبی که بنده قبول کردم. در شرایطی که نخست وزیر مملکت و دبیر کل حزب در یک جلسه ای که اقلاً بیست، سی نفر حضور دارند [آن را] به من پیشنهاد می کنند. [واضح است که اگر] امضا نمی کردم دیگر خیلی بد می شد. اصرار کردند امضا بکن و من هم امضا کردم. این هم داستان عضویت حزب بنده است.

ض ص: از حزب ایران نوین چه خاطراتی دارید، آقای دکتر مجیدی؟

ع م: حزب ایران نوین [مکث].

ض ص: تا زمان انحلالش.

ع م: تا زمان انحلالش حزبی بود که می خواست یک نقش انقلابی بازی کند در حالی که اعضایش همه یا کارمند دولت بودند، یا مسؤولین وزارت خانه ها یا نماینده مجلس یا سناتور. بیشتر جنبه یک اجتماع کارمندی داشت تا یک اجتماع سیاسی به معنایی که در مردم ریشه داشته باشد. البته مسؤولین سندیکاهای کارگری هم عضو حزب بودند.

تضاد بین خواست های مردم و منافع مملکت

مسئله این است که در ایران آن زمان، به نظر من، کار سیاسی خیلی مشکل می توانست انجام بشود. برای این که شما اگر واقعاً می خواستید روی توده های مردم، روی اجتماعات بزرگ تکیه بکنید، می بایست مطابق میل آنها حرف می زدید و احتیاجات آنها را برآورده می کردید. احتیاجات آنها و انتظاراتشان و خواست هایشان هم کاملاً در تضاد خیلی فاحشی بود با خطوط اصلی توسعه اقتصادی و

اجتماعی و لزوم ساختن زیر بنای مملکت. یعنی شما اگر می خواهید بروید به طرف این که آرای عمومی را بیشتر به طرف خود بکشید و رأی بیشتری از مردم بیاورید، می بایست یك مقدار زیادی از جاه طلبی های اقتصادی و تغییرات مادی که می بایست در مملکت داده بشود صرفنظر می کردید. مسئله مهم تر، [این که] شما اگر به طرف خواست های مردم می رفتید، از نظر تربیت نیروی انسانی لازم برای ایران مدرن و پیشرفته، به اشکالات عظیم بر می خوردید. لذا، اگر به آن چه تنگناهای اقتصادی و اجتماعی مملکت بود، توجه می کردید، طبعاً یك مقداری می بایست آن تقاضاهای عمومی و آن خواست های توده ها را ندیده می گرفتید. در نتیجه، اگر می خواستید اولویت به ساختن زیربنای اقتصادی بدهید، دموکراسی یك دموکراسی نیم بندی می شد که نتیجه هم همین بود که بین دید دولت و انتظارات مردم تفاوت فاحشی پیدا شد.

یعنی ما تشکیلات سیاسی مان برای این بود که نماد و ظاهر این ساختمان قابل قبول و قابل پسند باشد و در داخلش آن چه برای مملکت مفید است انجام بدهیم. این در مملکت پیشرفته ای که مردم می فهمند احتیاجات بلند مدتشان چیست، قابل درك و یا قابل عمل است. ولی در جامعه ای که اکثریت دنبال چیزهای دیگری است، شما مرتب با تمایلات مردم برخورد و اصطکاك پیدا می کنید. - به خصوص که مردم همه چیز را از دولت می خواستند.

به عنوان مثال برایتان می گویم. من به خصوص در این سالهایی که در سازمان برنامه بودم، خیلی تو مردم می رفتم و خیلی سعی می کردم در شهرهای کوچك، حتی مناطق روستایی،

ببینم تقاضاهای مردم چیست. به طرف این تقاضاها بیشتر برویم و جواب اینها را بدهیم. اینها بیشتر تقاضاهایشان در حد ساخت و ایجاد یك قبرستان، ایجاد یك درمانگاه، ایجاد یك فرض کنید [مکث].

ض ص: مدرسه.

ع م: فاضلاب، مدرسه و این قبیل چیزها بود. در حالی که [پاسخ گویی به] این احتیاجات، منابع مملکت را بیشتر به طرف چیزهایی می کشید که بازده اقتصادی میان مدت یا کوتاه مدت نمی داشت. برای این که دلاری که شما از نفت می گیرید، سرمایه گذاری بشود - به عنوان سرمایه اصلی مملکت - و بعداً برای بهتر شدن شرایط زندگی مردم از آن بهره بگیرید، فرصت و زمانی می خواست که مردم حوصله بکنند و صبر بکنند که شما بتوانید جواب احتیاجات فوریشان را بدهید. این مسئله ای بود که هیچ وقت قابل فهم برای مردم نبود و مسؤولین دولتی هم به خودشان خیلی زحمت نمی دادند که این توضیح را بدهند یا تفهیم بکنند. یا اگر می خواستند تفهیم بکنند، کسی به آنها گوش نمی کرد. در نتیجه، این طرف یك عده مشغول ساختن بناهایی بودند که برای آینده مملکت مفید بود، [و] آن طرف گروه کثیری [بود] که نتیجه فوری و روزمره و درآمد نفتش را می خواست.

به عنوان مثال باز برایتان می گویم. با مرحوم هویدا رفته بودیم به کاشان برای این که یك طرحی بود به نتیجه رسیده بود که افتتاح بشود. گمان می کنم یك کارخانه ای بود. ضمناً هم تو شهر گشتیم که ببینیم مردم احتیاجاتشان چیست و [هم] یك جلسه ای کردیم با نمایندگان انجمن شهرستان و انجمن شهر و غیره. با وجودی که شهر کاشان از نظر تأسیسات درمانی

یکی از شهرهای خیلی خوب ایران بود - یعنی سه بیمارستان واقعاً مجهز و خوب داشت، حتی بیمارستانی که از نظر کارهای تخصصی خیلی خوب و مجهز بود و دو سه تا متخصص آمریکا تحصیل کرده و تخصص آمریکا گرفته آن جا کار می کردند و خیلی خوب بود، معذلك مردم شکایت داشتند از چه؟ شکایت از این داشتند که مثلاً آب تصفیه اش آن طور کامل نیست که [داخل] لوله های آب رسوب و املاحش نشست نکند [و] آن لوله ها نگیرد. یا نمی دانم برق ولتاژش طوری نیست که خیلی بشود به آن اعتماد کرد. حرفهایشان درست است. نمی گویم حرفهایشان غلط است، اما می گویم احتیاجات مردم، تمام [از این] صحبتها بود. از همه مهم تر، گفتند تمام اینها هم به کنار. ما آب مشروب را حاضریم تحمل بکنیم، برق هم این نوساناتش را - شما قول بدهید که درست می شود - ما قبول می کنیم. اما چیزی که ما در کاشان می خواهیم یك قبرستان خوب است.

البته یك عده زن هم آن جا بودند - همه با چادر. خیلی هم سخت صورتشان را گرفته بودند. نخست وزیر از آنها سؤال کرد که شما کی هستید؟ گفتند، ما دبیر هستیم و معلم هستیم. جزو کادر آموزشی بودند. هویدا به آنها گفت، «پس چرا این چادر و این روگرفتن و این حرفها. شما باید به جوانها یاد بدهید که چه طور لباس بپوشند. تمیز باشند.» آنان سکوت کردند. جواب ندادند. خوب، معلوم بود دیگر. جنبه مذهبی در شهر آن قدر قوی بود که معلمینی که می بایست جوانها را تربیت بکنند در زمان شاه خودشان هزار جور چادر، چاقچور کرده بودند.

ض ص: چه سالی بود این، آقای دکتر، حدوداً؟

ع م: ۱۳۵۵ یعنی ۱۹۷۶. از این داستانی که گفتم نتیجه ای که می خواهم بگیرم این است که ما رفتیم در شهر کاشان که یك واحد صنعتی [را که] راه افتاده بود نخست وزیر افتتاح بکند. کارهایی [را] که انجام شده بود و بیمارستانها را ببینیم [و تلاش کنیم که] همه چیز درست باشد و این حرفها. خوب، مسلماً [در] هر شهری در هر موقعی - همین امروز در هر شهر اروپا هم شما بروید، مردم مقداری تقاضا دارند ولیکن یك نوع حق شناسی هم نسبت به کاری که انجام شده دارند. آن روز با وجودی که خیلی هوا گرم بود و با شرایط خیلی سختی ما رفتیم آن جا که قاعدتاً مردم بایست خوشحال باشند، یك کنتراست (contraste) [فرق نمایان] بود بین آن کارهایی که دولت می کند که کارهای اساسی است و کارهایی است که اثر دارد بر زندگی مردم - در مقابل تقاضاهایی که مردم دارند که تقاضاهایی است که همان طوری که گفتم مسلماً تقاضاهای درستی است ولی حوصله می خواهد که به موقعش انجام بشود. شهر کاشان که ده سال قبلش حتی آب قابل اطمینان نداشت که [مردم] بخورند، یا نمی دانم پانزده سال قبلش بیمارستان نداشت، یا نمی دانم مواد غذاییش درست نمی رسید، نمی دانم فلان عیب را داشت، امنیت نداشت و غیره، یك شهری شده امن. سه تا بیمارستان مجهز دارد. لوله کشی آب دارد. نمی دانم برق دارد. حالا تقاضا آن قدر سریع می رود بالا که جوابگوییش مشکل است. واحدهای صنعتی که آن جا به وجود آمده، اقلاً مردم این را قبول داشته باشند که یك پیشرفت هایی حاصل شده. یك نتایجی حاصل شده است. اما یك نقص هایی هم وجود دارد. بگویند این عیوب هم هست. این تقاضاها هم هست که بایست

مرتفع بشود. ولی به هیچ وجه این احساس وجود نداشت. ما که رفتیم آن جا از یك طرف با این خانم هایی که دبیر بودند و آموزگار بودند، همه چادر سیاه و صورت بسته و این حرفها [مواجه شدیم]. از طرف دیگر تقاضای قبرستان، از طرف دیگر این که چرا برق مثلاً مرتب سر ۲۲۰ [ولت] نیست. گاهی وقتها می افتد به مثلاً ۱۸۰ یا ۲۰۰ [ولت]. خوب، صحیح است ایرادش، ولی دیگر این یك مسئله روزمره و جاری است که باید بنشینید در محل با تمام تشکیلاتی که دارید، با مسؤولین محلی حل بکنید. دیگر این به صورت یك نوع اعتراض و یك نوع تظاهر شدیدی در آن موقع نمی بایست صورت می گرفت.

در هر صورت می خواهم بگویم که مردم این جوری بودند. انتظار داشتند که همه چیز در اقل مدت در بهترین شکل برایشان فراهم بشود. آنها هم کارهای خودشان را بکنند. هم چادرشان را سر بکنند و هم سینه زنی شان را و قمه زنی شان را بکنند. آنها کار خودشان را بکنند و ما هم موظف هستیم که هر چه آنها می خواهند برایشان انجام بدهیم. آن گفت و شنودی که می بایست وجود داشته باشد و آن همکاری که بین مردم و سیاست های دولتی و دید دولتی بایست وجود داشته باشد، وجود نداشت و این روز به روز بدتر می شد. نمی دانم از کجا بود که به این جا رسیدیم ولی به هر صورت یك [قطع کلام].

ض ص: داشتید راجع به خاطرات شما در زمانی که در سازمان برنامه تشریف داشتید و مدیر عامل سازمان برنامه شدید و بعد وزیر شدید، اهم خاطراتی را که توی دستگاه داشتید، توضیح می دادید.

ع م: نه، شما گفتید که حزب ایران نوین به نظر شما چه طور بود. می خواستم این را بگویم که در چنین شرایطی یك

حزب سیاسی اگر بخواهد بیاید جوابگویی مردم را بکند و مطابق میل مردم [عمل کند] برای این که رأی باید بیاورد، دیگر می بایست کاملاً بایستد جلوی برنامه های دولت. اگر دولت بخواهد برنامه هایش را درست اجرا بکند که ناظر به آینده مملکت باشد و استفاده صحیح از این سرمایه ای [بکند] که مملکت به صورت درآمد نفت دارد، بایست برود کارهای اساسی بکند. کارهای زیربنایی و، به حساب، پی ریزی انجام بدهد. دولت اگر می رفت به طرف کارهای پایه ای، کارهای اساسی، که رفت، برخورد می کرد با تمایلات مردم - این برخورد هم شد و نتیجه بلایی است که سر مملکت آمده.

تشکیل حزب رستاخیز

ض ص: آقای دکتر مجیدی، شما از انحلال حزب ایران نوین چه خاطره ای دارید؟

ع م: من یادم هست در بهمن ماه سال ۱۳۵۳ که می شود فوریه ۱۹۷۵، بنده آمدم به سن موریتس[۶۵] برای این که گزارش بودجه را بعد از تمام کارهایی که کرده بودیم حضور اعلیحضرت بدهم. بعد از این که ایشان با اصولی که در بودجه رعایت شده موافقت می فرمودند، ما [بایست] بر می گشتیم تا لایحه اش را از دولت بگذرانیم و بدهیم به مجلس. در واقع قبل از این که بودجه به مجلس داده بشود آخرین اقدام این بود که آن را به عرض اعلیحضرت برسانیم. آمدم به سن موریتس و گزارشهایم

---

[۶۵] سن موریتس (St.. Moritz)، دهکده کوهستانی در کشور سوئیس مورد علاقه اسکی بازان. در سالهای دهه ۱۳۵۰ خانواده سلطنتی تعطیلات زمستانی خود را در سن موریتس می گذراند و بعضی از مقامات مملکتی برای ارائه گزارش به این محل سفر می کردند.

را دادم. بعد از این که این گزارشات تمام شد و دستوراتشان را دادند که چه کار بکنم و چه کار نکنم و با چه چیزهایی موافق هستند و با چه چیزهایی موافق نیستند و [چه چیزهایی] بایست تغییر داده بشود. من خواستم مرخص بشوم. اجازه مرخصی خواستم. فرمودند، «بنشین، مطلب دیگری دارم.» نشستم و اعلیحضرت به من گفتند، «ما قصد داریم که در تشکیلات سیاسی مملکت تغییراتی بدهیم چون آن طور که باید و شاید از سیستم انتقاد نمی شود و در نتیجه سیستم نمی تواند خودش را اصلاح بکند. بدین جهت ما فکر کردیم که یك سیستمی به وجود بیاوریم که انتقاد از داخل خودش باشد و سیستم مرتب خودش را اصلاح کند و بهتر بکند و لذا تشکیلات سیاسی مملکت را می خواهیم عوض بکنیم و یك شکلی درست بکنیم که خود سیستم بتواند در داخل خودش یك روش انتقادی داشته باشد.» در شرحی که اعلیحضرت دادند من حس کردم که صحبت از حزب واحد می خواهند بکنند چون قبلاً روی این مسئله خیلی بحث شده بود و صحبت کرده بودیم و آشنا بودم به این فکر[قطع کلام].

ض ص: کجا، آقا؟ کجا این مسئله پیش آمده بود؟ مسئله تشکیل حزب واحد کجا مطرح شده بود که شما راجع به آن بحث کرده بودید؟

ع م: قبلاً، خوب، در دفتر سیاسی حزب ایران نوین که من در آن عضویت داشتم این مسئله مطرح می شد. مرحوم هویدا همیشه وقتی به اشکالاتی برمی خوردیم این اشاره را می کرد که «مثل این که راه حلی جز حزب واحد نیست برای این که با این ترتیب که نمی شود.» به خصوص بعد از انتخاباتی که در شهسوار شد که برخورد گروه های مخالف یعنی حزب مردم با

حزب ایران نوین و این حرفها صورت خوبی نداشت، این بحث پیش آمد که شاید [ناتمام]. [هویدا گفت،] «[حزب مردم] هم دنبال سیاست اعلیحضرت هست. همه در واقع دنبال یك چیز هستیم. این دعواهای ظاهری که در صحنه انتخاباتی یك شهر یا یك حوزه می شود، اینها یك خرده بی معنی است. بایست ما یك حزب داشته باشیم و بحث را و جدل را بین دو تا حزبی که هر دو یك چیز می گویند نگذاریم. بحث و جدل را بین دو تا آدم بگذاریم که کدامشان موجه تر هستند. کدامشان خادم تر هستند. کدامشان وطن پرست تر هستند. بین آنها بگذاریم.» سیاست این بود. منطق این بود.

ض ص: آقای هویدا این منطق را بحث می کردند؟ یعنی با این نظر موافق بودند؟

ع م: آقای هویدا چون بیشتر از ما با اعلیحضرت تماس داشتند و این مسائل را می دیدند که اعلیحضرت دیدشان چیست، بیشتر سعی می کردند که نظرات اعلیحضرت را چه در حزب، چه در دولت منعکس بکنند. لذا من نمی توانم بگویم که خود هویدا این اعتقاد را داشت. هویدا در خارج تحصیل کرده بود. در خارج، به حساب، تربیت شده بود و آماده و فورمه (formé) شده بود و تجربه پیدا کرده بود. با سیاستهای انتخاباتی، روشهای انتخاباتی و طرز کار دموکراسی غربی آشنایی داشت. طبعاً ته دل نمی توانست یك چنین تمایلی داشته باشد. ولی به علت این که یك تمایلی را آن بالا حس می کرد، راجع به این مسئله اشاره می کرد.

به هر صورت، وقتی اعلیحضرت به من فرمودند که، «می خواهیم تشکیلات سیاسی مملکت را عوض بکنیم و یك سیستمی درست بکنیم که انتقاد از داخل خودش باشد،» من به

ایشان عرض کردم که «قربان، من فکر نمی کنم که این مسئله مملکت ما باشد. مسئله مملکت ما این است که مردم آن طوری که باید و شاید به عملیات دولت، به اقدامات دولت، به تصمیمات دولت اعتماد ندارند. یك علت اصلیش مسئله فساد است. اگر ما بتوانیم با فساد مبارزه کنیم و فساد را کم بکنیم، یا از بین ببریم، خیلی بیشتر مردم راضی می شوند تا این که بیاییم سیستم چند حزبی را تبدیل به سیستم یك حزبی بکنیم. برای این که الان حزب ایران نوین وجود دارد. حزب مردم وجود دارد. حزب پان ایرانیست وجود دارد. اگر تعدادشان کم است، اجازه بدهید احزاب دیگر هم به وجود بیاید. اگر تعدادشان کافی است به اینهایی که الان ضعیف تر هستند فرصت فعالیت بیشتری بدهید که یك نوع حالت به اصطلاح آلترانس (alternance) به وجود بیاید. یك تغییری به وجود بیاید. یك حزب دیگر کار را در دست بگیرد. الان مردم گرفتاریشان این نیست. حزب ایران نوین هم الان، خوب، بالاخره قوی است به علت این که دولت در دستش است. حزب مردم هم دارد کار [خودش] را می کند. حالا اگر کارش را درست نمی کند، بگویید فعالیتشان را بیشتر بکنند. ولی آن چه مردم را ناراحت می کند، این فساد و عدم اعتمادی است که به تصمیمات دولت و کارهایی که دولت می کند دارند. آن را باید درست کرد. اگر آن کار را بکنیم، مردم بیشتر راضی می شوند تا این که دست به ترکیب حزب و تشکیلات سیاسی مملکت بزنیم.»

البته اعلیحضرت از این حرف من خوششان نیامد. فرمودند، «منظور از فساد چیست؟» گفتم، «منظور من، قربان، از فساد این است که یك عده که نزدیك دولت هستند، نزدیك مقامات دولتی هستند، نزدیك دربار هستند، نزدیك و اطراف

خانواده سلطنتی هستند، اینها یك بهره گیری هایی از کار و فعالیتشان می کنند که منطقی نیست.» حتی برایشان مثال زدم، «یك قراردادی که امضا می شود، یك طرحی که اجرا می شود، بین پنج تا ده درصد و بعضی مواقع ممکن است از ده درصد هم بیشتر گیر یك بابایی بیاید که این کار را راه انداخته یا واسطه بوده یا دلال این کار بوده که این صحیح نیست. این است که مردم عصبانی می شوند. ناراحت هستند از این که چنین فسادی در مملکت وجود دارد. یا این که به چشمشان می بینند اشخاصی یك دفعه میلیونر می شوند یا مولتی میلیونر می شوند بدون این که حقشان باشد. بدون این که کاری انجام داده باشند.»

اعلیحضرت به من گفتند، «آیا آن کارمند دولتی که رشوه می گیرد، آن فساد نیست؟» آن موقع متوسط حقوقی که کارمندان دولت می گرفتند در آن سال یك چیزی بود حدود هزار و پانصد تومان تا دو هزار تومان. گفتم، «چرا، قربان. آن هم فساد است. آخر در وضعی که حقوق متوسط کارمند دولت در سطح مملکت هزار و پانصد تومان است و اجاره خانه از هزار تومان کمتر پیدا نمی شود، طبیعی است که یك کارمند دولتی می رود دنبال این که یك ممر درآمد دیگری داشته باشد که بتواند دو سر نخ را به هم برساند و به طریقی زندگیش را بگذراند. آن را ما اگر حل بکنیم، مسئله خیلی بهتر می تواند حل بشود.»

خوب، این بحث خیلی بحث متدیك و سیستماتیك نبود. خوب، یك نظری اعلیحضرت داشتند و من هم تا آن جایی که عقلم می رسید خواستم منصرفشان کنم. هدفم این نبود که صحبت از عدالت اجتماعی بکنم. منظورم این بود که

اعلیحضرت را قانع بکنم که تغییر سیستم سیاسی و ایجاد یك حزبی مسئله را حل نمی کند.

اعلیحضرت به من گفتند، «وقتی شما می روید تهران، این حرفها را که این جا زدیم می توانید به نخست وزیر بگویید.» به صورت غیر مستقیم منظورشان این بود که، «اینها را ابلاغ کنید به نخست وزیر که من می آیم آن جا و بایست حزب واحد تشکیل بشود.»

من از آپارتمانی که تویش نشسته بودیم و این صحبتها را می کردیم، رفتم پایین [به] زیرزمین هتل سوورتا (Suvretta House) در سن موریتس. از همانجا تلفنی به هویدا گفتم که احساس [می کنم] تصمیم این است که حزب واحد به وجود بیاید. گفت، «این حرفها را پای تلفن نزن و بیا تهران با هم صحبت می کنیم.»

رفتم تهران و گفتم یك چنین صحبتهایی شد و یك چنین فرمایشاتی اعلیحضرت فرمودند و من احساسم این است که حزب واحد تشکیل می شود. هویدا گفت، «نه اشتباه می کنی.» گفت، «اعلیحضرت این مطالب و این حرفها را می گویند، ولی فکر نمی کنم.» گفتم من احساسم این است که چنین چیزی هست. به هر صورت، اعلیحضرت مثلاً حدود اواخر بهمن یا اوایل اسفند ۱۳۵۳ رسیدند و اواسط اسفند حزب رستاخیز تشکیل [شد][۶۶]- یعنی آن موقع اسم نداشت. البته فرمودند، «حزب سراسرگیر [قطع کلام].»

ض ص: حزب فراگیر؟

ع م: «حزب فراگیر باید به وجود بیاید و از هویدا، دبیر کل حزب ایران نوین (یا نخست وزیر)، خواستیم که این کار را انجام بدهد.» به دنبالش حزب رستاخیز به وجود آمد و مسائل

بعدی. آن جلسه ای که در سن موریتس به حضور اعلیحضرت رسیدم و شرفیاب شدم و فرمایشاتی که فرمودند و حرفهایی که ما زدیم همیشه توی ذهن من هست. کاشکی آن روز یك خرده جدی تر این مسئله را مطرح می کردم. کاشکی شخصاً وقتی آمدم تهران یك مبارزه ای را شروع می کردم که البته کردم و چوبش را هم خوردم، ولی آن طوری که باید و شاید نبود.

روزی که اعلام تشکیل حزب فراگیر را کردند، شادروان پرویز نیکخواه[۶۶] از تلویزیون آمد که بیا شما پای تلویزیون. روز جمعه برای ساعت شش بعد از ظهر اعلام کرده ایم که بحث آزادی است. شما بیایید راجع به آن صحبت کنید. من رفتم آن جا و نظراتم را راجع به این مسئله دادم. گفتم که این حزب نیست به نظر من. یك جنبش است که خواستم یك مقداری آن را نرم بکنم و گفتم که به نظر من سه دلیل [مکث]. آهان. از من سؤال کردند که چرا این حزب به وجود آمده؟ دلیلش چیست؟ من گفتم به نظر من سه دلیل دارد: یکی این که الان حزب ایران نوین دولت را در دست دارد و هر چه دولت موفقیت پیدا می کند به اسم حزب ایران نوین است. در حالی که در این موفقیت همه مردم ایران فعال هستند، نباید یك حزب بخصوص از این موفقیتها بهره گیری بکند. این یك تحول و توسعه

---

[۶۶] پرویز نیکخواه از فعالان کنفدراسیون دانشجویان در انگلستان، پس از بازگشت به ایران به همراه چند تن از همفکران به اتهام برنامه ریزی سوء قصد به شاه در ۲۱ فروردین ۱۳۴۴ دستگیر گردید. نیکخواه و همفکران او محاکمه شدند و نیکخواه به ده سال حبس محکوم گردید. در خرداد ۱۳۴۹ نیکخواه آزاد شد و طی مصاحبه مطبوعاتی از رفتار گذشته خود اظهار ندامت کرد. چندی بعد نیکخواه در تلویزیون ملی ایران مشغول به کار شد. وی سرانجام در آغاز انقلاب به دست روحانیان حاکم اعدام شد.

اقتصادی و اجتماعی است که زیر رهبری اعلیحضرت دارد انجام می شود. دولت عامل اجرا است. حزب نباید از این بهره برداری بکند. این چیزی است که همه [باید از] آن بهره گیری کنند.

دوم این که حزب ایران نوین در مقابل آن دو حزبی که در اقلیت هستند یك حالت مبارزه دارد و این مبارزه یك مقداری پیشرفت را کند می کند که بایست از این واکنش و این اصطکاکی که می تواند ترمز کننده باشد احتراز بکنیم.

سومش هم این است که ما داریم آینده ایران را می سازیم. برای آینده ایران همفکری همه مردم لازم است. برای این که همفکری همه در جهت آینده ایران تأمین بشود، بایست همه بیاییم دست به دست هم بدهیم، فکرهایمان را رویهم بریزیم و دسته جمعی فکر بکنیم برای آینده. لذا من این را یك حزب نمی بینم چون حزب یك نقش سیاسی معین و مشخص و یك ایدئولوژی خاصی دارد. ایدئولوژی ما در این جا سازندگی ایران آینده است. بهتر شدن ایران آینده است و بایست همه مان توی یك خط باشیم. لذا من اسمش را جنبش می گذارم.

این یك بحث بیست دقیقه، نیم ساعتی بود که ساعت شش بعد از ظهر یك روز جمعه همان اواخر اسفند آن سال ۱۳۵۳ در تلویزیون شد. فردایش شنبه بود. مهمانی بود در کاخ نیاوران برای حکمران استرالیا که من دعوت داشتم. رفتم آن جا. بعد هم اعلیحضرت آمدند. قبل از این که حکمران استرالیا بیاید، یك دفعه دیدم که اعلیحضرت قدم می زنند آن جا و هویدا هم با ایشان است. یك مطلبی دارند می گویند. بعداً هم حکمران آمد. اعلیحضرت با حکمران رفتند تو اطاقی که قبل از شام یك پذیرایی از آنها آن جا بشود. [بلافاصله] هویدا آمد طرف من [و] گفت، «چه گفتی تو دیروز در تلویزیون؟» گفتم که به من گفتند

بحث آزاد است و شما می توانید هر مطلبی را بگویید. من هم آن چه را که بنظرم می رسید در مقابل دوربین تلویزیون گفتم و گفتم که من این حزب رستاخیز را یك حزب نمی دانم. یك جنبش می دانم. گفت، اعلیحضرت خیلی ناراحت شدند و می گویند، «مجیدی که می داند نظر ما چه است، فکر ما چه است. چرا رفته این حرفها را زده؟»

گفتم، آقا، فکر می کردم که [اظهارات من] در جهت فرمایش اعلیحضرت است. من نخواستم با نظرات ایشان مغایرتی داشته باشد. اگر ایشان استنباطشان این است، من خیلی متأسفم. به هر صورت، فردای آن روز هویدا به من گفت که تو به هیچ وجه طرف حزب رستاخیز نیا. نه در جلسه بنیان گذارانش شرکت بکن. نه در جایی. هیچ. گفتم من از خدا می خواهم. مرا بگذارید به کار و زندگیم برسم و کار سیاسی نداشته باشم.

همین طور هم شد - یعنی در مدت چند ماه حزب رستاخیز به وجود آمد و تشکیلاتش درست شد و اساسنامه اش درست شد و جلساتش [تشکیل شد]. در آن [جریانات] آقای جمشید آموزگار[۶۷] خیلی مؤثر بود در جزئیاتش و به وجود آوردنش و این حرفها که راجع به آن فعلاً من بحثی نمی کنم. ولی به هر صورت ما خوشبختانه چیزی نداشتیم. تا این که وقتی اساسنامه اش را نوشتند، در اساسنامه اش این بود که وزیر برنامه و بودجه عضو دفتر سیاسی است و ما را مجبور کردند

---

[۶۷] جمشید آموزگار، وزیر کار (۱۳۳۷-۱۳۳۸)، وزیر کشاورزی (۱۳۳۸-۱۳۳۹)، وزیر بهداری (۱۳۴۲-۱۳۴۴)، وزیر دارایی (۱۳۴۴-۱۳۵۳)، وزیر کشور (۱۳۵۳-۱۳۵۵)، وزیر مشاور و دبیر کل حزب رستاخیز (۱۳۵۵-۱۳۵۶) و نخست وزیر (۱۳۵۶-۱۳۵۷).

که برویم به عنوان مقام - یعنی ex-officio. [بدین ترتیب] بنده عضو دفتر سیاسی حزب رستاخیز شدم و بودم. توی آن جلسات هم حرفهایم را می زدم تا این که آقای آموزگار شدند دبیر کل حزب رستاخیز.

یك روز خودشان [آموزگار] آمدند به من گفتند، «امروز بعد از ظهر حضور اعلیحضرت بودم و اعلیحضرت فرمودند که حالا که شما می شوید دبیر کل حزب رستاخیز. این جناح پیشرو[۶۸] را مجیدی اداره کند.» گفتم، آقا، اعلیحضرت که می دانند نظر من چیست. [آموزگار] گفت، «نه، اعلیحضرت این را فرمودند. جناح پیشرو هم یك جناح خیلی پیشرو و مترقی و قسمت خوب رستاخیز است و خیلی برای تو هم خوب است که این جناح را اداره بکنی.» هویدا هم بعداً آمد به ما گفت، «تبریك می گویم. اعلیحضرت شما را معین کرده اند برای جناح پیشرو.» بنده شدم هماهنگ کننده جناح پیشرو تا زمان کناره گیری از این کار.

اهم خدمات دولتی

ض ص: آقای دکتر مجیدی، تا این جا شما صحبت فرمودید راجع به خاطرات اجتماعی و سیاسی تان. می خواهم از حضورتان تقاضا بکنم که یك مقداری بپردازیم به مسائلی که مستقیماً سیاسی نبودند ولی بازتاب سیاسی داشتند. مثلاً در دست گرفتن یا اجرای پروژه هایی در سازمان برنامه یا فعالیتهایی که در مورد مسائل کارگری در زمانی که شما وزیر

---

[۶۸] حزب رستاخیز به دو جناح تقسیم شده بود: جناح پیشرو که زیر نظر جمشید آموزگار بود و جناح سازنده که توسط هوشنگ انصاری اداره می شد.

کار بودید شد. آنها را فهرست وار برای ما توضیح بفرمایید.

ع م: والله، یك خرده لازم است که من [در باره آن] فکر بیشتری بکنم که [از] روی خاطره این طوری صحبت نکنم. برایتان آماده می کنم. اگر جلسه دیگری داشته باشیم، من لیست کارهایی [را] که در دورانی که مصدر و مسؤول این دستگاه ها بودم [انجام دادم] به شما می دهم که [مشخص شود] چه کارهایی در زمان من انجام شد. ولی، خوب، به طور کلی می خواهم به شما بگویم که من در واقع کار اقتصادی و عمرانی را در سازمان برنامه شروع کردم. از یك بورس بنیاد فورد هم استفاده کردم و رفتم به دانشگاه هاروارد و یك درجه MA [فوق لیسانس] در Public Administration [مدیریت دولتی] که تم اصلیش توسعه اقتصادی (economic developmen) بود از آن جا گرفتم.

برگشتم [به] ایران و دو مرتبه [به] سازمان برنامه. در سازمان برنامه از پایین - یعنی در واقع از پایین ترین سطح شروع کردم تا رسیدم به معاونت سازمان برنامه و بعداً شدم معاون نخست وزیر و بعداً رفتم به وزارت تولیدات کشاورزی و مواد مصرفی برای مدت یك سال و دو سه ماه. بعد از آن رفتم برای چهار سال و نیم [به] وزارت کار و امور اجتماعی. بعداً برگشتم به سازمان به عنوان وزیر مشاور برای برنامه ریزی و بودجه. جمعاً نهُ بودجه ملی تهیه کردم که یك رکورد است، نه تنها در ایران بلکه در سطح جهانی - رکورد [ی که] از نظر اجرایی (performance) و شغلی (professional) خیلی منحصر به فرد (unique) است. نهُ بودجه ای که در آن هم تغییر دادن سیستم بودجه ای مملکت مطرح بود و

هم تغییر دادن کیفیت تنظیم بودجه - یعنی هم از نظر شکل و هم از نظر محتوا. از نظر شکل آمدیم بودجه ای را که هر تکه اش یك جا درست می شد، جمع کردیم و یك نوع تلفیقی [ایجاد] کردیم. [قبلاً] بودجه جاری یك جا بود. بودجه عمرانی یك جا بود. بودجه دستگاه های تابع دولت و وابسته دولت جای دیگر [بود]. یك نوع تلفیقی کردیم. یك نوع به حساب کمپایلیشن (compilation) [تلفیقی] شد. یك نوع، به حساب، comprehensive budgeting [بودجه فراگیر] به وجود آوردیم - همین طور از نظر محتوا، از نظر رسیدگی، از نظر بودجه برنامه ای درست کردن [یعنی] بودجه ای که بر اساس برنامه باشد نه این که فقط مواد هزینه باشد. یك نوع یکنواختی و همآهنگی بین شان باشد، اینها را هم کردیم. یعنی هم از نظر شکل و هم از نظر محتوا تحولی در مملکت به وجود آوردیم - این نهُ بودجه ای که من شخصاً مسؤولش بودم، هر نهُ بودجه با موفقیت اجرا شد. هیچ کدامش به اشکال اجرایی برخورد نکرد.

از نظر تهیه برنامه عمرانی من شانس این را داشتم که در تهیه برنامه سوم، در تهیه برنامه چهارم، در تهیه برنامه پنجم و تجدید نظر آن و همچنین برنامه ششمی که داشتیم تهیه می کردیم و تا حدودی تهیه هم شده بود [شرکت داشتم]. [بعداً] پس از استعفای دولت هویدا من سازمان برنامه را ترک کردم و دیگر هیچ وقت برنامه ششم هیچ جا مطرح نشد و بکلی در بوته فراموشی افتاد. در این چند برنامه ای که تهیه شد، در بعضی هایش بیشتر و در بعضی هایش کمتر مشارکت داشتم.

به خصوص تجدید نظر [در] برنامه پنجم در زمان من انجام

شد که در تمام قسمتهایش سهمی داشتم. این کار هم جزو کارهایی بود که در این دورانی که در خدمت دولت بودم انجام شد که واقعاً یك مقدار برای من از نظر شخصی، از نظر شغلی، از نظر - به حساب - انجام دادن وظیفه ای و در واقع موفقیتی که می تواند یك فرد داشته باشد، خیلی ارزش دارد و خاطره انگیز است.

در وزارت تولیدات کشاورزی کاری که من کردم این بود که یك وزارت خانه ای که وجود نداشت را به وجود آوردم[۶۹] و یك رویه هایی که وجود نداشت را آوردم آن جا به راه انداختم.[۷۰] یك مقدار زیادی در همان مدت کوتاهی که آن جا بودم مسائل اصلی را توانستم برایشان راه حل پیدا بکنم. بعداً البته به علل مختلف و به دلیل این که یی که آن جا آمدند هر کدام دید خاصی

---

[۶۹] ادارات کل و واحدهای تولیدی که از وزارت دارایی و سایر وزارت خانه ها به وزارت جدیدالتاسیس تولیدات کشاورزی و مواد مصرفی منتقل شده بود و جنبه بازرگانی داشت را به صورت شرکت دولتی در آوردم که بتوانند کاملاً به صورت بازرگانی کار کنند و ترازنامه داشته باشند و هم اختیار و استقلال داشته باشند و جوابگوی صاحب سرمایه که دولت باشد بوده و سودده شوند. مثل اداره کل دخانیات که تبدیل شد به شرکت دخانیات، کارخانه شیر پاستوریزه که شد شرکت صنایع شیر، اداره کل چای و قند و غله که تبدیل شدند به سازمانهای مستقل و همچنین فروشگاه های دولتی که شرکت شدند [ع م].

[۷۰] قرارداد با شرکت آمریکایی تولید سیگارهای مارلبورو (Marlboro) که این سیگارها در ایران تولید شود و در نتیجه قاچاق سیگارهای خارجی از بین برود. تماس و همکاری با تولید کنندگان و توزیع کنندگان مواد مصرفی برای کنترل تورم و جلوگیری از بالا رفتن قیمت ها از طریق تنظیم عرضه و تقاضا و پیش بینی های لازم در مواقعی که مصرف کالای به خصوصی خیلی سریع بالا می رود مثل ایام عید و یا ایام خاص در طی فصول مختلف سال به صورت واردات و تسهیل در رساندن محصولات داخلی [ع م].

داشتند، نشد آن طوری که باید و شاید به نتیجه برسد. ولی، خوب، راه حلها راه حلهای صحیحی بود و جوابگوی احتیاجات آن روز مملکت بود.

در وزارت کار خیلی کارهای نو کردم. در وزارت کار یك مسئله تجدید قوا و تجدید شکل خود وزارت کار بود که در واقع یك تجدید سازمان به آن دادم. سازمان بیمه های اجتماعی را تقویت کردم و هماهنگی را که بین واحدهای وزارت کار - یعنی وزارت کار، سازمان بیمه های اجتماعی، بانك رفاه کارگران - می بایست وجود داشته باشد به وجود آوردم که ظرف مدتی که آن جا بودم و بعد از آن که از آن جا آمدم بیرون، ادامه داشت و از نظر وظایفی که این دستگاه ها داشتند اثرات مفیدی داشت.

قانون کار کشاورزی را دادم به مجلس. قانون و سازمان بیمه های اجتماعی کارمندان بخش خصوصی را به وجود آوردم. قانون توانبخشی و سازمان توانبخشی که ابتکار آن با دکتر شیخ الاسلام زاده[۷۱] بود را به وجود آوردم. برای این که معلولین تا آن موقع واقعاً دستگاه مخصوصی نداشتند و این را به وجود آوردم. برای نابینایان، ناشنوایان سازمان به وجود آوردم و برای آنها یك پایگاه اجتماعی و تشکیلاتی که به دردشان بخورد - از نظر کاریابی، از نظر آموزش و غیره [ایجاد کردم].

در دوره ای که در وزارت کار بودم، مراکز رفاه خانواده را

---

[۷۱] دکتر شجاع الدین شیخ الاسلام زاده، جراح استخوان، شریك بیمارستان پارس، وزیر رفاه اجتماعی (۱۳۵۳-۱۳۵۴) و وزیر بهداری و رفاه اجتماعی (۱۳۵۴-۱۳۵۷)، در تابستان ۱۳۵۷ بازداشت گردید. چند سال در زندان اوین بسر برد و در اواخر این دوره پزشك زندان بود.

خیلی تقویت کردم - یعنی کارهای اجتماعی خیلی مفید و مؤثری انجام شد. ولی از همه اینها مهم تر - همان طوری که گفتم - یکی ایجاد سازمان توانبخشی بود که خیلی برای آن موقع ایران لازم بود و الان خیلی بیشتر. دوم قانونی گذراندیم که از کارفرمایان دو درصد پولی را که بابت مزد می پردازند بگیریم بدهیم به یك صندوقی که این صندوق یك برنامه کارآموزی فنی را در سطح مملکت اجرا بکند. یك سازمانی هم برایش به وجود آمد به اسم صندوق کارآموزی فنی - گمان می کنم اسمش [چنین چیزی] بود. الان عنوانش درست دقیقاً یادم نیست. یك چنین چیزی به وجود آوردیم که شروع کرد به ایجاد مراکز فنی حرفه ای در کنار کارخانه ها. این برای جوابگویی به احتیاجاتی بود که صنعت مملکت از نظر کادر فنی داشت که این هم خیلی به نظر من اقدام مفید و مؤثری بود. دیگر از نظر آموزش مسائل روابط کار به مسؤولین و کادر سندیکاها یك مؤسسه آموزش مسائل روابط کار به وجود آوردم که در دوره های کوتاه مدت مسائل روابط کار و سندیکایی را بیاموزند.

ض ص: امروز فقط راجع به کلیات صحبت می کنیم. جزئیات را می گذاریم برای جلسه بعد.

ع م: بله، برایتان آماده می کنم. برایتان می گویم که روی آن دقیق تر بشود صحبت کرد.

دوران انقلاب

ض ص: آقای دکتر مجیدی، شما از دوران انقلاب چه خاطراتی دارید؟ منظورم همین انقلاب ۱۳۵۷ یا ۱۹۷۸-۱۹۷۹ است.

ع م: والله من [ناتمام].

ض ص: شما در آن زمان ایران بودید؟

ع م: بله. من در ایران بودم و چون دفتر من در کنار آن ساختمان آ اس پ (ASP) بود در جنوب ونك و در جای مرتفعی بود. تمام شهر زیر پایش بود و دائماً از پنجره دفترم انفجارات، آتش سوزیها، اینها را می دیدم و تظاهرات و غیره و این حرفها حس می شد آن جا. من در دوره انقلاب سعی کردم تا آن جایی که ممکن است کنار باشم و به هیچ طریقی اظهار وجود نکنم. به جز دفترم و خانه ام، جای دیگری نمی رفتم و تنها از طریق روزنامه و رادیو و تلویزیون و مشاهدات شخصی جریان را دنبال می کردم. به رادیو گوش می دادم، ببینم رادیوهای خارج چه می گویند.

کار دیگری نکردم به جز این که یك روز برای این که یکی از دوستانم را که در بیمارستان البرز [بستری بود] ببینم - روز تاسوعا یا عاشورا بود و تظاهرات از آن بالا، از بالای ساختمان [دیده می شد] - آمدم پایین، سوار ماشین بشوم. صف را نگاه کردم. بعداً گویا یك کسانی مرا نزدیك آن جا دیده بودند. می گفتند که مجیدی در تظاهرات پشت آیت الله طالقانی[۷۲] راه می رفته که البته خیلی خلاف واقع و دروغ است. این شایعه را علیه بنده ایجاد کردند که بنده هم جزو آنها بوده ام. ولی به هیچ وجه در انقلاب، نه نزدیك این جریانات رفتم و نه به هیچ وجه خودم را با اینها آشنا کردم و هیچ آلودگی ندارم.

من تا روز آخر که حکومت بختیار مرا بازداشت کرد - تا

---

[۷۲] آیت الله سید محمود طالقانی، از علمای تهران و از رهبران نهضت آزادی ایران و جنبش جمهوری اسلامی.

روز آخر یعنی تا فردای روزی که خمینی به ایران برگشته بود[۷۳] - به عنوان دبیر کل بنیاد شهبانو فرح به دفترم می رفتم و کارهای جاریم را اداره می کردم. حتی چند بار بعد از تظاهرات و وقایعی که اتفاق افتاد، به موزه هایی که زیر نظر من بود و مسؤولیتش با دستگاه من بود سر زدم که [قطع کلام].

ض ص: کدام موزه ها بودند، آقا؟

ع م: موزه فرش، موزه نگارستان، موزه سفال و آبگینه موزه هنرهای معاصر و موزه رضا عباسی اینها را دو دفعه شخصاً رفتم که ببینم اشیایی که ذیقیمت است در جای امنی گذاشته شده باشند. اگر احیاناً افراد ماجراجو حمله کردند، یا این که طی این تظاهرات یك دستبردی به اینجاها زدند، چیزی از بین نرود. این[تنها] چیزهایی بود که حتی - می گویم - روزهای آخری که خیلی آشوب بود انجام دادم. [وگرنه] من در جریان ماه های قبل از انقلاب فقط [به] دفترم می رفتم و منزل و تقریباً هیچ جای دیگر نمی رفتم.

البته من مسؤولیت دبیر کلی شیر و خورشید سرخ را [هم] داشتم. در یازده سال آخری که در ایران بودم، دبیر کل شیر و خورشید سرخ ایران بودم [که] با کمیته بین المللی صلیب سرخ [در تماس بود] و یك مقدار کارهای بین المللی آن جا را انجام می دادم. حتی آن ماه های آخر - چون رفتن به محل شیر و خورشید سرخ هم خیلی مطمئن نبود.

از آن جا که شیر و خورشید در جاده قدیم شمیران تشکیلاتی داشت، جلسات را در یکی از ویلاهای آن که برای

---

[۷۳] آیت الله روح الله خمینی در تاریخ ۱۲ بهمن ۱۳۵۷ (۱ فوریه ۱۹۷۹) وارد تهران شد.

کادرش یا معلمینش یا مهمانانش بود بر گذار می کردیم که به داخل شهر نرویم. بدین جهت خاطره خیلی زیادی از انقلاب ندارم به جز آتش زدنها، شبها و روزها آتش زدنها و رفتن تانکها، نظامیها، یا نمی دانم سر چهارراه ایستادن و کنترل و این حرفها.

بازداشت و فرار از زندان

ض ص: وقتی که بازداشت شدید، شما را کجا بردند، آقای دکتر مجیدی؟ کجا زندانی بودید؟

ع م: من روز شنبه ای که فکر می کنم ۱۴ بهمن می شد – یکشنبه [هفته بعدش] مثل این که ۲۲ بهمن بود. مثلاً حالا بگوییم انقلاب ۲۲ بهمن بود. یك هفته قبل آن ۱۵ بهمن [است] – پس ۱۴ بهمن دقیقاً یك روز شنبه بود. شنبه شب بود. من از دفترم آمده بودم منزل و شام می خوردم با یکی از دوستان. ساعت یازده حکومت نظامی می شد. او رفت. یك ربع بعدش، ساعت یازده و ربع، کسی زنگ زد. من زود رفتم دیدم یك نظامی است. گفت، «عرض داشتم.» گفتم بفرمایید. گفت، «نه، باید بیایم توی منزل.»

رفتم کلید در خروجی را آوردم. در را باز کردم. آمد توی منزل. گفت، «شما باید با من تشریف بیاورید به مرکز حکومت نظامی. آن جا از شما یك مقدار سؤالات دارند.» گفتم، «آمدید مرا بازداشت کنید دیگر.» گفت، «نه، فقط یك مقداری سؤالات دارند و صبح برمی گردید منزل.» گفتم بگذارید اقلاً یك چیزهایی با خودم بردارم. گفت، «نه احتیاج ندارد بیاورید.» گفتم معذالك مسواك و وسائل اولیه را که باید بردارم. رفتم بالا مسواك و لوازم دیگر را بردارم، یك دفعه دیدم که نظامیهای

مسلح ریختند تو خانه و تو اطاق خواب که خانمم هم خیلی ناراحت شد.

ما آمدیم سوار پیکان آقایان شدیم و پشت سرمان هم دیدم دو تا ماشین نظامی [بودند] و خیلی جدی آمدند و خانه را محاصره کردند. به هر صورت، رفتیم به پادگان جمشیدیه. در جمشیدیه افسر نگهبان می گفت که من تحویل نمی گیرم چون که شما حکم بازداشت ندارید. حکم ندارید من نمی توانم بازداشت بکنم. [افسر همراه من] گفت که تلفن بزنید به تیمسار نمی دانم فلان. تلفن زدند [به] یك تیمساری و خلاصه او به آنها یك دستوراتی داد. [افسر نگهبان] گفت، «خیلی خوب، ولی دیگر من قبول نمی کنم. هر کس را شما می آورید، بایست با حکم بازداشت بیاورید.» معلوم شد که بنده را بدون حکم و خلاف مقررات همین طور تصمیم گرفتند که بازداشت بکنند.

به هر صورت، ما را بردند به نقاهت خانه جمشیدیه. در قسمت نقاهت خانه یك تختی به ما دادند و ما گرفتیم آن جا خوابیدیم و یك هفته ای ما آن جا بودیم. یك هفته در آن جا بودیم تا این که آن روز معروف [قطع کلام].

ض ص: ۲۲ بهمن.

ع م: ۲۲ بهمن که طرف بعد از ظهر به جمشیدیه حمله کردند. از ساعت دو و نیم تیراندازی شروع شد تا ساعت شش، شش و نیم که دیگر خیلی تیراندازی شدید شد - زخمی و این حرفها زیاد [بود]. همه جا را هم آتش زدند. ما آن عده ای که آن جا بودیم، آمدیم از جمشیدیه بیرون. دم در جمشیدیه مرا گرفتند. گفتند شما نمی توانید بروید و این جا بایستید و یك مسلسل هم گذاشتند تو سینه من [ناتمام].

ض ص: چه کسانی بودند، آقا؟ همین افراد سویل مسلح؟

ع م: بله دیگر، بله. تفنگش را گذاشت تو سینه من و گفت، «تکان نخور شما از این جا.» گفتم، «خیلی خوب.»

ض ص: شناخته بودند شما را؟

ع م: دقیقاً فکر می کنم نشناخت. نمی دانم. در هر صورت، به من گفت، «تکان نخور از این جا.» ما ایستادیم و [تفنگ] «ژ ۳» هم تو سینه من. من یك چند لحظه ای آن جا صبر کردم و دیدم نه، اگر من این جا بمانم، کشتن بنده مسلم است. ولی فقط مسئله این بود که نمی خواستم آن توهین ها و احیاناً کتك زدن و نمی دانم این شرارتهایی را که ممکن بود بکنند، تحمل بکنم. در یك لحظه تصمیم گرفتم از دست یارو فرار بکنم. یك لحظه نگاهش رفت به طرف دیگر که با یك کس دیگر به اصطلاح حرف بزند و صحبت بکند. فرار کردم و میان یك تانك و یك کامیون خودم را قایم کردم - در شش متری آن جا یعنی نزدیك در جمشیدیه. یك چند لحظه ای آن جا بودم تا این که یك مقداری تیراندازیها کم شد و یك کسی از پشت به من اشاره کرد. معلوم شد یك نفر دیگر هم پشت سر من آمده. به من گفت، «موقعش هست که شما بروید.» من آمدم بیرون و یك صف از همین انقلابیون داشت حمله می کرد به جمشیدیه. من صف اینها را شکافتم. از میان - خوب خاطرم هست - دو لوله تفنگ یا مسلسل رد شدم. از صف اینها که روی پیاده روی شمالی خیابان جمشیدیه [بود] گذشتم. از آن جا آمدم تا دم موزه فرش. آن جا بود که پشت سرم را نگاه کردم دیدم کسی دنبالم نمی آید.

به خودم گفتم مثل این که تا اینجایش را نجات پیدا کردم. حالا چکار بکنم؟ حالا ساعت بود مثلاً یك ربع به هفت شب. هوا تاریك شده بود. چون زمستان بود. تاریك بود و همه جا آتش

گرفته بود. آدمهایی را که شما تو خیابان می دیدید فقط از همین انقلابیون و چریکها و از این قماش بودند. هیچی، دیگر. به هر صورت خودم را رساندم به یك دواخانه و آن جا تلفن کردم به منزل. داماد و دخترم آمدند عقب من و از همانجا شروع کردم به قایم شدن. یعنی منزل نرفتم. رفتم جای دیگر و همین طور چهار جا ظرف سه ماه و نیم عوض کردم تا این که توانستم از مملکت بیایم بیرون. به صورت غیرقانونی از طریق مرز ترکیه آمدم بیرون.

ض ص: آقای دکتر، من با عرض تشکر از شما که این همه به ما وقت دادید، امروز بخش اول مصاحبه را در این جا خاتمه می دهم تا برای بخش دوم یك موقع دیگر بیاییم خدمتتان.

ع م: انشاء الله و خیلی ممنونم.

جلسه دوم، دوشنبه ۲۹ مهرماه ۱۳۶۴ برابر با ۲۱ اکتبر ۱۹۸۵
مصاحبه‌کننده: حبیب لاجوردی

ارزیابی از دوران ریاست ابتهاج در سازمان برنامه

ح ل: در دنباله مرحله اول ضبط خاطرات شما می خواستم برگردیم به اوایل خدمتتان در سازمان برنامه.[۷۴]

عبدالمجید مجیدی: آها.

ح ل: تا یك ارزیابی مختصری از دوره آقای ابتهاج بشود. بعضی از همکاران سابق ایشان که با آنها صحبت کرده ایم، اظهار کرده اند که در دوره ریاست ایشان برنامه ریزی وجود نداشته و در واقع یك سری طرح اجرا می شده است. ضمناً گفته شده که آقای ابتهاج بیش از حد از خارجیها حمایت می کرده و به اندازه کافی به ایرانیها تکیه نمی کرده است.

ع م: والله این طور قضاوت که این دوستان ما [در مورد] آقای ابتهاج کردند مشکل است برای این که باید شرایط مملکت را در نظر گرفت. الزاماتی را که در مقابل دولت بود، در مقابل ابتهاج بود [در نظر گرفت]، یك زمینه ای را ایجاد کردند - برای این که درآمد نفتی که شروع شده بود به آمدن به خزانه دولت به نحو صحیحی مورد استفاده قرار بگیرد. چون بعد از یك دوره رکود و متوقف شدن درآمد نفت و خوابیدن تمام کارها، یك دفعه قرارداد کنسرسیوم امضا شد و درآمد شروع کرد [به] آمدن. خوب، دولت و به خصوص ابتهاج که مسؤول کار بود می بایست فوراً وسایلی ایجاد می کردند که

---

[۷۴] خاطرات عبدالمجید مجیدی نمونه ای از مصاحبات دو مرحله ای است. نگاه کنید به: <u>خاطرات علی امینی</u>، ص ۷-۸.

بتواند درآمد نفت را به نحو مؤثری به مصرف برساند و سرمایه گذاری بکند و زیربنای مملکت را بسازد. خوب، طبیعی است در آن موقع به اندازه کافی ما آدم نداشتیم. حتی خیلی سالها بعد هم که ما سعی کردیم که مهندسین مشاور ایرانی و پیمان کاران ایرانی فرصت بیشتری داشته باشند، [مهندسین ایرانی] از مدرسه در نیامده شروع می کردند به کار مهندس مشاور. خوب، خودتان هم که می بینید که همه شان وضعشان خیلی خوب است. بهتر از آن کسان دیگری [است] که در رشته های دیگر کار می کردند. این آقایان جوانی که [به] اسم مهندسین مشاور و پیمان کاران شروع به کار کردند، از کار استفاده بردند. خوب، نشان می دهد که ظرفیت مملکت طوری بود که برای اجرای طرح های صحیح و منطقی و با اصول فنی، ما به اندازه مورد نیاز متخصصین نداشتیم. به نا چار به اصطلاح از خارجی کمك می گرفتیم.

چون یك دفعه رفتیم روی پایه این که زیر بنای مملکت را توسعه بدهیم و مملکت را صنعتی بکنیم. همراه با اصلاحات ارضی و کشاورزی مملکت پیشرفت پیدا کند. صنعتی بشود. موتوریزه بشود. مکانیزه بشود و اینها هم همه دانش فنی می خواست. فکر می خواست. تنظیم طرح و برنامه می خواست که اینها، خوب، در آن موقع که ابتهاج شروع کرد به کار سازمان برنامه، در ایران نبود. خوب، عجله هم بود که زودتر اینها راه بیفتد. به طوری که حتی ما رفتیم از بانك بین الملل در آن موقع هفتاد و پنج میلیون دلار وام - همین طور کلی - بدون ارتباط با طرح [وام] گرفتیم برای این که زودتر چرخ های عمرانی مملکت به حرکت در بیاید. خوب، در چنین وضعی به ناچار ابتهاج می بایست دست به

طرف خارجی دراز می کرد و کمك می گرفت.

الان بعد از چند دهه توسعه اقتصادی می شود گفت که هیچ کشور جهان سوم نیست که احتیاج به دانش فنی و به خصوص دانش فنی خارجی نداشته باشد. حتی کشوری مثل هندوستان با بیش از هشتصد میلیون نفر جمعیت، با یك قدرت فنی و علمی بالا، معذالك در بعضی رشته ها ناچار است از خارجی کمك بگیرد - با وجود این که خودشان کمك می دهند به کشورهای جهان سوم. پس ابتهاج برخوردش با مسئله استفاده از خارجیان در کار اجرای طرحهای عمرانی به نظر من صحیح بود چون راه حل دیگری نداشت. طبعاً ابتهاج هم مثل هر ایرانی دیگری که توی مملکت کار می کرد و مملکتش را دوست داشت، دلش می خواست که تمام کارها دست ایرانی باشد، ولی نبود.

ح ل: این عکس العمل در برابر آقای ابتهاج چه گونه به وجود آمد؟ حتماً خودتان هم در آن زمان و بعداً این انتقادات را شنیده اید.

ع م: ببینید. به نظر من اصولاً این عکس العمل یك عکس العملی است که در هر نوع تغییری به وجود می آید. در سطح خیلی بالاترش هم همین انفجار اسلامی ایران بود که این هم نتیجه همین برخورد تمدن غرب با تمدن بومی و سنتی و مذهبی مملکت بود. حالا شما این را بیاور در کادر یك دستگاه دولتی و اداری کوچکتر نگاه بکن. یك عده قدیمی ها هستند. همه جا دست دارند. یك عده پیمانکار قدیمی هستند با اینها کار می کنند. یك وقت می بینید یك آدمهای جدیدی آمدند با یك روش فنی تازه ای با یك زبانهایی که آنها نمی فهمیدند. عکس العمل چیست؟ رآکسیون طبیعتاً همین است دیگر.

این رآکسیونی که گروه [انقلابی] فعلی نشان داد نسبت به

آنهایی که می خواستند ایران را مدرنیزه بکنند. می خواستند ایران را شبیه غرب بکنند. این برخورد هر نوع سنت و عادت و، به حساب، روش سنتی و قدیمی و محلی است در مقابل هر نوع پدیده جدیدی که وارد کار می شود. به حساب anticorps [پادتن] از خودشان نشان می دهند. بدن دفع می کند. خوب،

ح ل: به عنوان مثال، عکس العمل خود شما در مقابل این مشاورینی که از هاروارد و بنیاد فورد آمده بودند، چه بود؟ آیا احساس شما این بود که از آنها استفاده صحیح می شود یا فکر می کردید که آنها کاری انجام می دهند که خود ایرانیها هم می توانند انجام بدهند و آنها بیخود آن جا هستند؟

ع م: بله. من که رفتنم به سازمان برنامه در کادر همین برنامه بود - یعنی بنیاد فورد یك گرانتی (grant) [کمك بلاعوض] داد به دولت ایران که از متخصصین فنی استفاده بکنید که ابتهاج مرا گرفت برای آن کار. من از اول ورودم به سازمان برنامه طبعاً در عمل می دیدم اینها یك چیزهایی بلدند - یك چیزهایی به آدم یاد می دهند - که هیچ ایرانی دیگری نمی دانست - چه آمریکایی هایشان، چه فرانسویشان، چه ایتالیایی شان. بالاخره اینها یك آدمهایی بودند که علم و تجربه داشتند. درست مثل این می ماند که بنده یك روز بخواهم مثلاً خانه ام را شوفاژ بکشم. ممکن است یك ایرانی متخصص بتواند شوفاژ بکشد ولی بنده نمی توانم. ما هم داشتیم توی خانه مان یك کاری می کردیم که ایرانی دیگری بلد نبود این کار را بکند. ناچار بودیم این متخصصین خارجی را صدا کنیم. هیچ سابقه نداشته توی ایران که چنین کارهایی بشود. چنین

خدماتی بشود.

زمان رضا شاه هم که کارهای صنعتی و راه آهن کشیدن و مدرنیزه شدن مملکت شروع شد، همه اش را یا شرکت سنتاب سوئدی بود یا شرکت دانمارکی کامپساکس بود یا نمی دانم از آمریکا مهندس مشاور آمد یا از فلان کشور آمد. در هر صورت در آن جا تمام کار فنی زمان رضا شاه - چه در زمینه صنعت، چه در زمینه ارتباطات، چه در زمینه هر تحول دیگر مدرنیزه شدن ایران - با فکر و راه حل خارجیها بود که اجرا شد. از زمان ناصرالدین شاه شروع شد. برای هر رشته، حتی برای پلیس از سوئدیها رفتیم استفاده کردیم برای این که بلد نبودیم. زمان ابتهاج هم در رشته هایی وارد شدیم [که] سابقه اش را نداشتیم. ناچار بودیم که از خارج کمك بگیریم.

منتهی، خوب، قدیمی ها یك مدرك لیسانسی داشتند و یك تعدادشان هم تحصیل کرده خارج بودند و به خودشان اجازه می دادند هر چه [می خواهند] بگویند - حالا یا کاملاً منطقی یا غیر منطقی، ولی می گفتند دیگر. در نتیجه یك شایعه ای علیه اش ایجاد کردند که ابتهاج دارد خارجیها را می آورد توی مملکت و مملکت را دارد تقدیم خارجیها می کند. خوب، اینها می دانید یك خرده جنبه دماگوژی (démagogie) [عوام فریبی] داشت. جنبه واقعیت نداشت. به نظر من چاره ای جز این کار نداشت.

همین الان این دستگاه جمهوری اسلامی مگر فحش به غربی ها نمی داد؟ الان تمام چیزها را دارد یا آلمان شرقی اداره می کند یا نمی دانم رومانی اداره می کند یا یوگسلاو اداره می کند یا ژاپنی [اداره] می کند - یعنی آنهایی که حداقل از نظر ظاهر به آنها فحش ندادند و طردشان نکردند. اصولاً در

جامعه امروزی بشری، به نظر من، این طور کناره گرایی یا ایزوله (isolé) کردنی که یك مملکتی بگوید کارش را تماماً خودش انجام بدهد و کاملا خود کفا باشد در همه چیز، اصولاً وجود ندارد و عاقلانه نیست.

ح ل: شما در تهیه برنامه سوم شرکت داشتید؟ یا اولین برنامه ای که شرکت داشتید در طی [قطع کلام].

ع م: من ورودم به سازمان برنامه [در زمان] سال دوم برنامه هفت ساله دوم بود. موقعی که من رفتم فقط اصولش در مجلس تصویب شده بود یعنی اعتبارات کلیش همه تصویب شده بود. در چارچوب هفتاد و دو میلیارد ریال و در چهار فصل - فصل کشاورزی و آبیاری، فصل صنایع و معادن، فصل ارتباطات و مخابرات و فصل امور اجتماعی - چهار رقم کلی داده بودند به ابتهاج که این برنامه هفت ساله است. هر فصلی چند تا بند داشت. اعتبار بندهای مختلف را کمیسیون برنامه مجلس تصویب [می کرد]. وقتی که من [در] خرداد ماه سال ۱۳۳۵ یعنی [ژوئن] سال ۱۹۵۶ به سازمان برنامه رفتم، ابتهاج می خواست که برنامه شکل بگیرد - به صورت طرحهای مقدم، به حساب، طرحهایی که اولویت دارد و طرحهایی که می تواند اولویت کمتری داشته باشد که داخل این اصول تصویب شده [گنجانده شده] بود. زیر فصول بندها هم تصویب شده بود ولیکن طرحها می بایست به تصویب شورای عالی برنامه می رسید.

آن جا بود که من با همان خارجیانی که آمده بودند برای دفتر فنی و دفتر اقتصادی - که بعداً به وجود آمد - وارد بحث شدم و در تماس بودم که این اقلامی [را] که به صورت اعتبار تصویب شده چه جوری به صورت طرح در بیاوریم. آن

جا بود که تازه این بحث پیش آمد که طرح یعنی چه؟ اصلاً طرح را چه جوری می شود تعبیر کرد. اصلاً برای کلمه طرح تعریف نداشتیم. طرح را چه طور می شود تعریف کرد؟ در داخل طرح چه هزینه هایی می شود قبول کرد؟ چه هزینه هایی نمی شود قبول کرد؟ طرح باید یك طرح سرمایه گذاری باشد. طرح جاری - چون به یك مقداری از هزینه های جاری هم اسم طرح داده شده بود - عملاً ازنوع بودجه جاری مملکت بود. بعداً در داخل طرح هدف چه باشد؟ نحوه اجرا چه جور باشد؟ نمی دانم محتوای ارز خارجی چه قدر می تواند باشد و یا چه جوری باید باشد؟ تمام این بحثها ظرف آن سال اول انجام شد. یعنی حتی این تعریف ابتدایی - یعنی مشخص کردن یك طرح - را ما نداشتیم. حال این که اصولاً برنامه چه جور تهیه بشود؟ هدفهای ملی چه باشد؟ استراتژی توسعه اقتصادی چه باشد؟ اینها را شاید ده سال بعد توانستیم مطرحش بکنیم. چون مسئله توسعه اقتصادی یك کار جدای فنی نیست. جزو سیاست کلی مملکت است. جزو هدفهای بلندمدت مملکتی است که بایست به این استراتژیهای توسعه اقتصادی و اجتماعی جهت بدهد.

اینها لازمه اش بحثهایی در سطوح بالا بود که ما این سالهای آخر به اشکال تا حدودی توانستیم اصلاً مطرحش بکنیم. با سختی توانستیم اول در داخل دولت، بعداً بین دولت و مقامات دیگر مملکتی در درجه دوم مطرح بکنیم و در درجه سوم هم در حضور شاهنشاه این مسائل را مطرح بکنیم. برای این که یك مقداری هم می شود به نظر من حق داد. برای این که آن قدر الزامات روشن بود، آن قدر کمبودها مشخص بود که در بعضی مواقع اصلاً نمی شد و لازم نبود بحث بکنیم که این لازم است یا آن. برای این که آن قدر کمبود وجود داشت، آن قدر الزام و

تکلیف وجود داشت که [بحث لازم نبود]. چون برای بحث لازم است که تصمیم گیری بین دو تا، یا سه تا، یا چهار تا راه حل باشد که ببینیم کدامش بیشتر به نفع مملکت است. ولی وقتی یك راه حل است که اجتناب ناپذیر است اصولاً بحث وجود ندارد.

نقش مجلس در تعیین برنامه

ح ل: در آن زمان آیا خود شما هیچ وقت به جلسات کمیسیون برنامه مجلس رفته بودید؟

ع م: دو دفعه رفتم. بله دو دفعه.

ح ل: در آن دوره نقش نمایندگان مجلس در این گونه امور چه بود؟ تا چه حد تشریفاتی بود؟ تا چه حد واقعاً اختیار بحث و تصمیم گیری داشتند؟

ع م: یعنی بحث می شد. من دو دفعه این فرصت برایم پیش آمد که رفتم آن جا و دیدم که برخورد آقای ابتهاج با نماینده ها چه جور بود.

ح ل: چه جور بود؟

ع م: خوب، دو طرز فکر مختلف بود. دو، به حساب، مظهر قدرت جدا بودند. ابتهاج، چه در داخل سازمان برنامه، چه در خارج از سازمان برنامه، اصولاً یك آدمی است که خیلی اوتوریتر (autoritaire) و خودکامه است. هنوز هم [هست]. من سالهاست که ندیدمش، ولی یکی از دوستان چند روز پیش برای من می گفت در لندن دیده بودش. می گفت همین جور مشت روی میز می کوبید و همین جور محکم صحبت می کرد. خوب، ببینید یك آدمی که الان هشتاد و خرده ای سالش است - حدس می زنم هشتاد سالش که حتماً هست. هنوز آن

شیوه آمرانه را دارد. یك آدمی است با یك کاراکتر مشخصی. بالاخره توی مجلس هم همین جور با قدرت و با اوتوریته (autorite) صحبت می کرد. توی‌سازمان برنامه هم همین طور و توی دولت هم همین طور. یك آدمی بود که اعمال قدرت توی طبیعتش بود و معتقد بود که کاری که می کند صحیح است و با اعتقاد سعی می کرد همه را قانع کند که راهی که می رود راه صحیحی است. اگر هم قانع نکند، حداقل سر جایشان می نشاند که مطیع بشوند. سروصدایشان در نیاید و مخالفت نکنند. رابطه اش با کمیسیون برنامه هم همین طور بود.

خوب، آنها هم خیلی ملاحظه اش را می کردند چون ابتهاج بود و هم برایش احترام داشتند. همه اعتقاد به او داشتند. به این جهت از او می ترسیدند و صدایشان در نمی آمد. ابتهاج با مجلس مشکل زیادی نداشت. البته گاه گاهی عصبانی می شد و می گفت این مارمولکها - نه می گفت کرم - مثل کرم می مانند. از این جور چیزها به آنها می گفت ولیکن کارش را پیش می برد.

ح ل: ولی از مطالبی که من شنیده ام این طور به نظر می رسد که در آن دوره قدرت مجلس در مسائل مربوط به سازمان برنامه خیلی بیشتر از دوره های بعد بوده. می خواستم ببینم برداشت شما هم واقعاً همین جور بوده؟ یا این که با دوره بعدی فرقی نداشته. در دوره پیش از مجلس بیستم انکار وزیران باید واقعاً می رفتند و توضیح می دادند و نمایندگان مجلس را قانع می کردند. فقط جنبه تشریفاتی نداشته. جنبه عملی داشته است.

ع م: نه. ببینید. مسئله این است که در دوره های اخیر مجلس شورای ملی - حداقل ده پانزده سال قبل از

انقلاب - یك تغییر و تحولی در کادر نمایندگان مجلس شورای ملی به وجود آمده بود - یعنی نمایندگانی توی مجلس بودند که قبلاً توی وزارت کشاورزی بودند، مثلاً اقلاً ده تا طرح عمرانی اجرا کرده بودند. یکی در وزارت بهداری بود و [بر] ساختمان چهار تا بیمارستان نظارت کرده بود. یك نماینده از وزارت عمران روستایی آمده بود. توی استانها کار کرده بود. آدمهایی بودند که به آنها نمی شد حرفی زد که خلاف واقع باشد. می بایست با آنها یك دیالوگ، یك گفتگوی خیلی صمیمانه و روشن داشت.

آن وقت من جمعاً نُه سال مسؤول بودجه مملکت بودم که با اینها [نمایندگان مجلس] نُه بار وارد این بحثها شدم. خوب، به عنوان مسؤول سازمان برنامه هم طی پنج سال آخر با کمیسیون برنامه همین طور تماس داشتم. خیلی وضع فرق کرده بود و خیلی مسائل ما را می فهمیدند. بحثهایی که ما با اینها داشتیم بحثهایی بود که جنبه وجیه الملة بازی نداشت. جنبه تبلیغاتی نداشت. می نشستیم بحث مفید می کردیم. در حالی که در زمان ابتهاج نمایندگانی که در کمیسیون برنامه بودند خیلی کم به مسائل فنی و اجرایی وارد بودند. بیشتر دیدشان دید بودجه جاری بود. دیدشان این بود که مثلاً وضع مردم فلان استان محتاج توجه و کمك زیاد است. جنبهیك نوع بیان احتیاجات و نیازهای محلی برایشان مطرح بود تا واقعاً یك بحث اصولی و فنی.

یك مقداری صحبتهایشان بر سر این بود که مثلاً در یك امر به خصوصی یك امتیازی بگیرند. یك مقداری هم این بود که فشار بیاورند که فلان حرف اقتصادی را بزنند تا مثلاً ابتهاج ببیند که این آدمی است که در کمیسیون برنامه نفوذ دارد تا

اگر فردا از او چیزی خواست به او بدهد. یا برای استان شان، محلشان، حوزه نمایندگیشان امتیازاتی بگیرند. یا برای نزدیکانشان، دوستانشان، یك لطف و توجهی بگیرند. یك امتیازی بگیرند - یا برای شخص خودشان. ولی تماماً این جنبه ها بود. یك مقدار هم تظاهر [در کار] بود - نشان دادن این که وارد هستند به کار. یك حرفی بزنند، فقط برای این که ابتهاج بداند که این شخص آدمی است و حرفهایش پرت و پلا نیست. بشناسدش به عنوان آدمی که وارد به کار است و مطلع است.

یك مقدار مجموعه اینها بود. هیچ کدامش را نمی شود دقیق گفت که تنها این بود. ولی مجموعه ای از این جور چیزها بود: یك ارتباط منطقی براساس واقعاً وظیفه نمایندگی، براساس دفاع از حقوق مردم در منطقه، براساس این که کار باید صحیح انجام بشود، از نظر فنی و از نظر اجرایی درست باشد [ناتمام]. خوب، آخر سر خیلی بهتر شده بود، خیلی، خیلی، خیلی. یعنی من می توانم بگویم که در زمان ابتهاج کمیسیون برنامه مجلس نقش سیاسی بیشتری داشت و بعداً نقش فنی بیشتری [پیدا کرد]. ولی خوب، آن موقع [زمان ابتهاج] هم من فکر می کنم که نقش سیاسی - به آن معنایی که ما از آن استنباط می کنیم - طبعاً وجود نداشت. ولی در عین حال هم وجود داشت.

یك مقداری جنبه رابطه انسانی وجود داشت که بعداً هم وجود داشت. به هر صورت، من فکر نمی کنم که بشود گفت که آن موقع [مجلس] خیلی مؤثرتر بود و بعداً [نفوضش] کمتر شده بود. آن موقع حساس تر بوده و بعداً حساس نبوده است. چون فکر می کنم بعداً از نظر رابطه کاری، از نظر پیشرفت کار،

توجیه و توضیح دادن مسائل برای نمایندگان مجلس، آخرسر خیلی بهتر شده بود.

نقش شاه در برنامه ریزی

ح ل: نقش خود اعلیحضرت چطور؟ اثر نظراتشان روی برنامه سوم و چهارم در مقایسه با اثرات نظراتشان روی برنامه پنجم چه قدر بود؟

ع م: ببینید برنامه اول که ما اصلاً نبودیم. برنامه دوم هم همین طور. نقش اعلیحضرت [در] برنامه سوم هم آن طوری که ما دیدیم خیلی کم بود - به طوری که هنوز ماه های اول برنامه سوم بود که یك باره انقلاب سفید و یا انقلاب شاه و ملت[۷۵] صورت گرفت که اصلاً در کادر برنامه نبود. اعلیحضرت که ظرف سه ماه تغییر عقیده ندادند. پس این در پس فکرشان بود، منتها برنامه سوم را ما کاملاً جدا از آن دیدها مطرح کردیم. در برنامه سوم [اعلیحضرت] فقط یك جلسه به سازمان برنامه آمدند و اصول برنامه سوم برایشان توضیح داده شد. ایشان هم یك مطالبی فرمودند - راهنمایی های کلی، تقریباً چیز دیگری وجود نداشت. یعنی اعلیحضرت از برنامه چهارم بود که بیشتر وارد این روش تهیه برنامه و تفکر راجع به آینده شدند. تا برنامه سوم تقریباً می شود گفت که به برنامه

---

[۷۵] در ۱۹ دی ماه ۱۳۴۱ اجتماعی از کشاورزان در تهران به نام کنگره عظیم دهقانان با شرکت ۳۵۰۰ نفر تشکیل شد. شاه در این کنگره طی نطقی مواد ششگانه زیر را به نام اصلاحات اجتماعی به رفراندوم گذاشت: اصلاحات ارضی، ملی کردن جنگلها، فروش سهام کارخانجات دولتی، سهیم کردن کارگران در سود کارگاه های تولیدی و صنعتی، اصلاح قانون انتخابات و ایجاد سپاه دانش. در رفراندوم ۶ بهمن که زنان نیز شرکت کردند، اصول ششگانه شاه به تصویب رسید.

توجهی نداشتند، حتی آن را قبول هم نداشتند. اصلاً اعتقاد نداشتند به برنامه ریزی به آن معنی که ما فکر می کردیم.

در دی ماه ۱۳۴۰ جلسه ای ترتیب داده شده بود که [ما] مسؤولین برنامه ریزی و بعضی مدیران سازمان برنامه [در آنجا] جمع بودیم که ایشان تشریف آوردند. دکتر امینی نخست وزیر بود و در آن جلسه یك نوع مقابله ای بود بین همین گروه برنامه ریزان - که بعداً یك عده ای اسمشان را «ماساچوستی ها» گذاشتند. ماساچوستی ها یك طرف و اعلیحضرت و دولت آن طرف - که حتی دولت هم آن موقع خودش را از سازمان برنامه جدا می دانست. یعنی هنوز آن طور که می بایست همبستگی وجود داشته باشد وجود نداشت. به این جهت یك صف آرایی بود بین دولت و بیشتر اعلیحضرت از یك طرف و کسانی که در کار برنامه ریزی بودند - آن طرف دیگر.

در آن موقع مدیر عامل سازمان برنامه [صفی] اصفیاء[۷۶] بود و خداداد فرمانفرمائیان[۷۷] معاون برنامه ریزی بود و من رئیس دفتر بودجه بودم. بعضی دوستان دیگرمان هم بودند. به هر صورت توی آن جلسه اصلاً کاملاً روشن بود که اعلیحضرت نظرات این برنامه ریزان را قبول ندارند. این دستگاه را به حساب نمی آورند.

---

[۷۶] صفی اصفیاء رئیس سازمان برنامه (۱۳۴۰ تا ۱۳۴۷) و وزیر مشاور در امور اقتصادی (۱۳۴۷ تا ۱۳۵۷).

[۷۷] خداداد فرمانفرمائیان، رئیس دفتر اقتصادی سازمان برنامه، معاون برنامه ریزی سازمان برنامه، قائم مقام بانك مرکزی (۱۳۴۲-۱۳۴۷)، رئیس بانك مرکزی (۱۳۴۷-۱۳۴۹)، مدیر عامل سازمان برنامه (۱۳۴۹-۱۳۵۱) و رئیس هیئت مدیره بانك صنایع ایران (۱۳۵۱-۱۳۵۷). نگاه کنید به خاطرات او در مجموعه تاریخ شفاهی ایران.

ح ل: ایرادشان چه بود؟ چه می گفتند؟

ع م: ایراد اولشان این بود که شما به مسئله احتیاجات نظامی مملکت توجه ندارید. در حالی که مملکت وجودش و بقایش بستگی به این دارد که ارتش قوی داشته باشد. یعنی ایراد اولشان این بود که در بررسی هایتان به اندازه کافی به احتیاجات نیروهای مسلح توجه نمی کنید. همه اش هم انتقاد می کنید که چرا خرج نظامی می شود. ایراد دومشان راجع به بعضی طرحها بود که از نظر مملکت مهم است. بایست مملکت ساخته بشود. بایست سرمایه گذاری خصوصی تشویق بشود و در رشته های اساسی پایه ای سرمایه گذاری بشود.

ح ل: مثلاً چه نوع طرحی؟ چرا سازمان برنامه طرحهای مورد نظر شاه را پیشنهاد نمی کرد؟

ع م: الان خیلی مشکل است دقیقاً یادم بیاید. باید بنشینم فکر بکنم.

ح ل: مثلاً ذوب آهن هم جزو خواست های شاه بود؟

ع م: آن موقع هنوز ذوب آهن مطرح نبود. در پس فکر اعلیحضرت البته بود. بیشتر روی طرحهای عمده ارتباطی تکیه داشتند. آن موقع یك مقداری روی سد سازیهای بزرگ تکیه داشتند. کشت و صنعت را مثلاً تکیه داشتند که اینها چیزهایی بود که برای ما که توی سازمان برنامه بیشتر در جهت اجتماعی - اقتصادی فکر می کردیم، این جنبه های سیاسی - اقتصادی اهمیت کمتری داشت. فکر می کردیم که سرمایه گذاریهای سنگین توی طرحهای بزرگ بازده اش برای مملکت طوری نیست که بتواند به ما اجازه بدهد که یك نوع رشد اقتصادی مستمر و مداومی را داشته باشیم. بحثهای ما بحثهای نقطه نظرهای کاملاً اقتصادی - اجتماعی بود. در حالی که دید

اعلیحضرت دیدی بود که واقعاً آینده بزرگی را برای ایران پیش بینی می کرد. خوب، یك مقدار اطلاعاتی راجع به وضع درآمد نفت و تحول آینده آن داشتند که ما نداشتیم.

عدم اطلاع سازمان برنامه از درآمد نفت

می دانید ما هیچ وقت آن طور که باید و شاید اطلاع را نه می توانستیم از وضع بازار نفت در دنیا داشته باشیم - که تقاضا چه قدر رشد می کند و در نتیجه قیمتها چه جور خواهد بود - نه از نظر میزان حجم صادرات می توانستیم داشته باشیم. اینها بین شرکت [ملی] نفت و شرکتهای بازرگانی نفتی بحث می شد که ما از آن خارج بودیم. به خصوص در موقع تهیه برنامه سوم تقریباً می شود گفت که ما هیچ اطلاعی از شرکت [ملی] نفت نداشتیم. مختصر اطلاعی که از صادرات نفت داشتیم پس از این که صادرات انجام می شد و رقم به دست می آمد [در نتیجه] تماسی بود که به دستور ابتهاج من با کنسرسیوم برقرار کردم و منظماً کنسرسیوم محرمانه [اطلاعات را] در اختیار ما می گذاشت. شرکت [ملی] نفت نمی گذاشت - در برنامه سوم منظورم است، در مورد تهیه برنامه سوم. ما اطلاعاتمان را از طریق کنسرسیوم می گرفتیم - یعنی می خواهم بگویم حتی نسبت به صادرات و درآمد نفت هم ما اطلاعات زیادی نداشتیم.

ح ل: من اینجایش را متوجه نیستم که چه گونه شرکت ملی نفت ایران از دادن آمار به سازمان برنامه خودداری می کرد.

ع م: نمی دادند به ما.

ح ل: به جای دیگر می دادند که به شما نمی دادند؟

ع م: نه. به جای دیگر هم نمی دادند. خودشان داشتند و

پنهان می کردند. دیگر هنوز شرکت نفت خود را تافته جدا بافته می دانست. بعداً رفته رفته، رفته رفته، باب گفت و شنود باز شد و تماس با دستگاه های دیگر آسان تر شد. من دارم صحبت از سال مثلاً ۱۹۶۱ میلادی [۱۳۴۰ ش] می کنم که شرکت نفت هنوز خودش را در قالب یك شرکتی که بایست درش کاملاً بسته باشد و مدیریتش به شکل مدیریت یك شرکت نفتی بزرگ دنیایی باشد [می دید]. آن طوری عمل می کرد.

ح ل: و مستقل از دولت؟

ع م: و مستقل از دولت. ابتهاج برای این که بتواند یك مقدار اطلاعاتی راجع به صنعت نفت داشته باشد که شرکت نفت به او نمی داد، عملاً، خودش با کنسرسیوم تماس گرفت و مرا معرفی کرد. من می رفتم به کنسرسیوم و آن جا یك آقایی بود به نام راجر واریان (Roger Varian) مثل این که بازنشسته است یا هنوز توی شرکت بی.پی (British Petroleum) است. او به من جدولی می داد که مثلاً ماه گذشته چه قدر ما صادر کردیم. چه صادر کردیم. چه جور صادر کردیم. لیستی به من می داد که آن باز (base) [پایه] محاسبه و پیش بینی ما می شد.

ح ل: پس آقای ابتهاج با تمام قدرتش نمی توانست از طریق نخست وزیر یا خود اعلیحضرت بخواهد که شرکت نفت این آمار را به او بدهد؟

ع م: آخر فضای سیاسی و حکومتی آن موقع را مجسم کردن برای شما شاید مشکل باشد. ولی سازمان برنامه یك دستگاهی بود کاملاً مستقل و زیر بار دولت نمی رفت. بعد بحث سر این بود که دولت در دولت است. همان موقعی هم که آن لایحه را دکتر اقبال به مجلس برد، گفت، «ما می خواهیم به این حالت

دولت در دولت خاتمه بدهیم.»[۷۸]

پس سازمان برنامه خودش قوانین خودش را داشت. مقررات خودش را مستقل عمل می کرد. شرکت نفت همین طور جانشین شرکت نفت ایران و انگلیس شده بود و هنوز توی مایه فکری شرکت نفت ایران و انگلیس فکر می کرد. در نتیجه خودش را یك جزیره ای می دانست در وسط دنیای وزارت خانه ها و سازمان های دیگر. دولت هم که خوب، کار خودش را می کرد. به این جهت این سه تا: دولت، سازمان برنامه و شرکت ملی نفت ایران از نظر گفت و شنود و ارتباط با هم اشکال زیاد داشتند. در نتیجه از طرفی قسمتی از درآمد نفت می بایست به سازمان برنامه می آمد برای برنامه های عمرانی. ما هم می بایست بدانیم که چه می آید به دست ما. هیچ کس هم به ما رقم نمی داد. در نتیجه شروع کردیم این رابطه را با کنسرسیوم برقرار کردن. کنسرسیوم بعد از این که صادرات می کرد یك صورتی برای ما می فرستاد که ما این ماه این قدر صادر کردیم. این قدر درآمدش شد. این قدر پرداخت مشخص (stated payment) بود. این قدرش مالیات بر درآمد بود چون آن موقع درآمد نفت به صورت مالیات بر درآمد و به عنوان پرداخت مشخص داده می شد. جمع این دو رقم کل درآمد نفت می شد که از آن می بایست ما یك سهمی داشته باشیم.

---

[۷۸] در تاریخ ۲۶ بهمن ۱۳۳۷، دکتر منوچهر اقبال، نخست وزیر، لایحه ای به قید سه فوریت تقدیم مجلس کرد که به موجب آن کلیه اختیارات مدیر عامل سازمان برنامه به نخست وزیر انتقال یافت. این لایحه در همان جلسه تصویب شد. ابو الحسن ابتهاج، مدیر عامل سازمان برنامه، وقتی از تصویب این لایحه آگاه شد، از سمت خود استفا داد و دکتر اقبال هم خسرو هدایت را به عنوان قائم مقام نخست وزیر در سازمان برنامه تعیین کرد. نگاه کنید به: روز شمار تاریخ ایران، ج ۲، ص ۹۵.

طبق برنامه دوم قرار بود از پنجاه درصد [شروع و]، مثل این که سالی پنج درصد اضافه بشود. سال اول پنجاه درصد. سال دوم پنجاه و پنج درصد، بعد شصت، شصت و پنج، هفتاد تا هشتاد در صد. از پنجاه درصد شروع می شد تا هشتاد درصد [می رسید].

ح ل: آیا تمام درآمدی که کسب می شد در عمل به حساب وزارت دارایی و سازمان برنامه واریز می شد؟ آیا امکان داشت که شرکت نفت یك مقداری از این درآمد را برای خرجهای خودش یا منظورهای دیگر نگه بدارد؟ آیا این ارقام که به شما داده می شد فقط از نظر پیش بینی بود یا عملاً پرداخت می شد ؟

ع م: نه. ما در آن موقع خیلی اطلاعاتمان کم بود. تا آخر برنامه سوم اطلاعات ما راجع به درآمد نفت و صادرات نفت خیلی کم بود - یعنی همان قدری بود که ما می توانستیم به زحمت از کنسرسیوم بگیریم. اواخرش یواش یواش شرکت نفتی ها - چون آنجا هم بالاخره یك تحولی به وجود آمده بود و آدم های جدیدی آمده بودند سر کار، به خصوص جوانها و اشخاصی که، خوب، دید صحیح و منطقی و ایرانی بیشتری داشتند - همکاری شان با ما بیشتر بود. دوستان خودمان هم بودند، دیگر. جوانها آمده بودند روی کار و دوستانمان بودند و اعتماد می کردند و دلشان هم می خواست به ما کمك بکنند. به هر صورت، رفته رفته روابط بهتر شد تا این که به جایی رسید که حتی در جلسات تصویب بودجه شان شرکت می کردیم. در بررسی های مختلف شان با همدیگر کار می کردیم، ولی در دوران برنامه سوم ما این وضع را نداشتیم. به این جهت اطلاعات مان خیلی کم بود.

ح ل: شما گفتید در مرحله پیش بینی بود که ماه دیگر چه قدر درآمد خواهیم داشت؟ بعد از این هم که نفت به فروش می رسید و پولش واریز می شد [قطع کلام].

ع م: آن را نمی دانستیم. ما ازشرکت نفت اطلاعی نمی گرفتیم.

ح ل: وزارت دارایی هم نمی دانست؟

ع م: نه. وزارت [دارایی] می دانست - یعنی شرکت نفت و وزارت دارایی می دانستند، ولی به ما [اطلاع]نمی دادند.

ح ل: وزارت دارایی هم؟ پس این مشکل نه تنها با شرکت نفت بود، بلکه با خود وزارت دارایی هم بود؟

ع م: بله، بله، بله. بله. ما رابطه مان از این جهت با وزارت دارایی و شرکت نفت از اواخر برنامه سوم بهتر شد - یعنی با کابینه منصور شروع شد که هویدا، کسی که نفر دوم شرکت نفت بود، از شرکت نفت رفت به وزارت دارایی. هویدا دلش می خواست که کمك بکند به کار برنامه ریزی و تنظیم بودجه در سازمان برنامه. خیلی کمك کرد به ما - یعنی در واقع تحول از آن موقع شروع شد.

اختلاف شاه و علی امینی

ح ل: همزمان با جلسه دی ماه ۱۳۴۰ در سازمان برنامه که شما قبلاً مطرح کردید،[۷۹] اختلاف بین دکتر امینی و اعلیحضرت بالا گرفت و بعد بالاخره منجر به استعفای دکتر امینی شد.

ع م: درست است.

ح ل: این اختلاف نظر چه بود؟ آیا واقعاً فقط روی مسئله

---

[۷۹] نگاه کنید به: ص ۹۴.

بودجه نظامی بود؟[۸۰]

ع م: ببینید. مسئله این است که دیگر الان آدم بهتر می تواند مسائل را ببیند تا آن موقع. ببینید با روی کار [آمدن] دولت کندی (John F. Kennedy) یك مقداری این تصور در ایران پیش آمد که آمریکاییها از وضع ایران راضی نیستند و ممکن است کارهایی بکنند و یك تغییراتی را به وجود بیاورند. توجه می کنید؟

ح ل: بله.

ع م: چون من یادم هست در ژانویه ۱۹۶۱ [بهمن ۱۳۳۹] در واشنگتن یك گزارشی بود که اتفاقاً در [دانشگاه] هاروارد تهیه شده بود چون من سابقه اش را در هاروارد داشتم. قبل از این که تعطیلات کریسمس شروع بشود، یك جلسه ای بود در مرکز مطالعات خاورمیانه (Center for Middle Eastern Studies)، در شهر کمبریج ماساچوستس (Cambridge. Massachusetts). آن جا دیدم یك جلسه ای است. به منشی گفتم که می خواهم بروم فلان کس را ببینم. گفت که الان اینها جلسه دارند. یك چند دقیقه ای نشستم تا این که جلسه تمام شد. آمدند بیرون و تعجب کردم. بعداً آن دوستمان که فوت کرده [از جلسه] آمد بیرون. اسمش کن هانسن[81] است. از ایران آمده بود [که] در آن جلسه شرکت کند. [هانسن] گفت که این جلسه ای بوده راجع به ایران.

این گذشت. چند ماه بعد برای جشن نوروز سفارت من رفتم به واشنگتن کن هانسن را ببینم. آن موقع [هانسن] شده بود

---

[۸۰] نگاه کنید به: خاطرات علی امینی، ص ۱۳۲-۱۳۷.

[۸۱] کنت هانسن (Kenneth Hansen) رئیس گروه مشاوران دانشگاه هاروارد بود که به خرج بنیاد فورد به ایران آمده بود برای نظم دادن به کار برنامه ریزی و ایجاد دفتر اقتصادی در سازمان برنامه [ع م].

معاون دفتر بودجه (Bureau of the Budget) یعنی معاون دیوید بل (David Bell) رئیس دفتر بودجه شده بود.

ح ل: یعنی کن هانسن خدمتش در ایران تمام شده بود و [قطع کلام].

ع م: بله. برگشته بود [به] آمریکا. کن هانسن می گفت که من الان از پهلوی پرزیدنت می آیم - موقعی بود که کندی شده بود رئیس جمهور. گفت، «از پهلوی کندی می آیم و تا من کارهای میزم را مرتب بکنم و بنشینیم صحبت بکنیم، این گزارش را تو بگیر و بخوان. خیلی جالب است.» یك گزارشی بود در حدود مثلاً بیست، سی صفحه. نگاه کردم، خواندم، دیدم که خیلی انتقادی است نسبت به وضع ایران، از جهات مختلف اجتماعی و اقتصادی و جنبه کشاورزی، نظامی و هم سیاسی، همه چیز. اوضاع ایران را تجزیه و تحلیل کرده بود. در تمام بخش ها تقریباً خیلی عمیق بررسی کرده بود. خیلی انتقادآمیز بود. من این را می دانستم. اتفاقاً این جریان را دیده بودم.

وقتی برگشتم به ایران و وضع را دیدم، [دلیل] این برخورد خیلی خصمانه ای که نسبت به سازمان برنامه وجود داشت و در نتیجه امینی هم همان خط را دنبال می کرد کاملاً برایم روشن [شد]. امینی با وجود این که آمریکاییها خیلی موافقش بودند، ولی به علت این که می دید نظر اعلیحضرت چیست، [او] هم خیلی [نسبت به سازمان برنامه انتقادآمیز] صحبت می کرد. حتی یك مدتی خداداد فرمانفرمائیان[۸۲] که آن موقع مسؤول برنامه ریزی بود، رفت خانه اصلاً نیامد سر کار. قهر کرد.

ح ل: به خاطر رفتار دکتر امینی با او؟

---

[۸۲] خداداد فرمانفرمائیان در آن زمان معاون سازمان برنامه بود [ع م].

ع م: آره دیگر. به خاطر این که امینی هر چه به سازمان برنامه می گفت خداداد قبول نداشت. [خداداد] می گفت که بایست طور دیگر باشد و به مسائل دیگر توجه بشود. به هر صورت یك نوع اصطکاکی به وجود آمده بود. آن چه ما در ایران می دیدیم، این اصطکاکی بود [که] بین سیاست دولت آمریکا و سیاستی که اعلیحضرت دنبال می کرد [وجود داشت]. یعنی آمریکاییها تغییراتی می خواستند. تمام حوادثی که آن دو سال تا ۱۵ خرداد ۱۳۴۲ اتفاق افتاد، تمام نتیجه همین مسئله بود که آمریکاییها سیاستهای دیگری را در ایران می خواستند که اعلیحضرت مصلحت مملکت نمی دانست. البته [شاه] یك مقداری سعی کرد که اصلاحاتی بشود. همان انقلاب سفید یا انقلاب شاه و ملت، انقلاب شش بهمن به نظر من نتیجه این بود که اعلیحضرت حس کرده بود که آمریکاییها یك تغییراتی را می خواهند. یعنی دستگاه کندی یك طرز فکر دیگری دارد. یك انتظار دیگری غیر از قبلی هایش دارد.

ح ل: تا چه اندازه خطوط اصلی انقلاب شش بهمن جوابگوی گزارشی بود که شما در واشنگتن خوانده بودید؟

ع م: البته، جوابگو نمی توانم بگویم بود یا نبود. ولی به نظر من یك پیش گیری بود که اعلیحضرت کرد قبل از این که آمریکاییها راه حلی به ایران تحمیل بکنند. برای این که آمریکاییها چیزی را تحمیل نکنند، اعلیحضرت پیش گیری کردند - با یك نوع تحولات اساسی که خوب البته همه هم احساس می کردند که در مملکت لازم بود. ولیکن سرعت عملی که به آن دادند فکر می کنم در اثر این بود که برخوردی از طرف آمریکاییها نسبت به این مسئله پیدا شده بود که لازم بود تصمیمی در پهنه نیازهای مملکتی و ملی گرفته بشود.

ح ل: شما از آن هفته ها یا روزهای آخر حکومت دکتر امینی چه خاطراتی دارید؟

ع م: والله، برای من خیلی تعجب آور بود. دکتر امینی، خوب، مدتها در ایران در کار سیاست بود. خیلی اشخاص را می شناخت. خیلی منطقی همیشه حرف می زد. آدمی نبود که تازه به دوران رسیده باشد و دفعتاً نخست وزیر شده باشد. ولی هفته های آخر به طوری بود که اصلاً ناتوان شده بود از نظر تصمیم گیری. در جلسات شرکت می کرد، [ولی] مثل این که گوشش اصلاً نمی شنید. حرف می زد. نمی شنید. واقعاً چه جور بگویم - غرق مشکلات شده بود. خیلی تحت تأثیر وقایع قرار گرفته بود. دست و پایش را گم کرده بود - یعنی چند ماه آخر. حالا پشت پرده چه می گذشت؟ واقعاً مبارزات چه بود؟ گرفتاری دکتر امینی چه بود و چه حدی بود از نظر شدت و حدت؟ آن را من نمی توانم بگویم. ولی آن چه من می دیدم این بود که تقریباً می شود گفت که در گروهی که دورش بودند آدمی که به دردش بخورد، کمکش بکند، وجود نداشت. عاجز مانده بود و تقریباً مثل یك ماشینی که سربالا بایستد، ایستاده بود. دیگر کاری نمی توانست بکند.

ح ل: آیا آن موقع شما مسؤول بودجه شده بودید؟

ع م: من مسؤول بودجه خود سازمان برنامه بودم - یعنی رئیس دفتر بودجه سازمان برنامه بودم.

ح ل: می خواهم ببینم شما چه اطلاعاتی دارید راجع به اختلاف نظری که می گویند بین دکتر امینی و اعلیحضرت بر سر بودجه بوده؟ [۸۳] آیا شما در آن موقع در جریان بودید؟

---

[۸۳] نگاه کنید به: <u>خاطرات علی امینی</u>، ص ۱۳۲-۱۳۷.

ع م: بله، چرا، چرا. برای این که در همان شش، هفت ماه آخر حکومت امینی یك تلاشی شده بود که بودجه یك جا بشود. بودجه جاری و بودجه عمرانی جمع بشود و، به حساب، تلفیق بشود. یك کمیسیونی هم معین کردند، پنج نفر که من و سیروس سمیعی[۸۴] از سازمان برنامه بودیم. آقای علی مستوفی و مشار که مدیر کل وزارت دارایی بود و [محمد رکن الدین] ذوالنصر[۸۵] که [از] قسمت ممیزی در وزارت دارایی [بود]. این کمیسیون پنج نفره شروع کرد که تمام بودجه را - چه قسمت جاریش و چه قسمت عمرانیش را - بررسی بکند. لذا [من] کاملاً در جریان کار بودجه بودم. حتی جلساتی که با وزیر دارایی بود.

آن موقع جهانگیر آموزگار[۸۶] وزیر دارایی بود. زیر نظر جهانگیر آموزگار این کار انجام می شد. جهانگیر آموزگار وقتی آن بودجه ای را که تنظیم شده بود، به دولت برد (آن موقع مجلس وجود نداشت و دولت با تصویبنامه [لوایح را] می گذراند)، ما پشت در اطاق هیئت دولت نشسته بودیم که ببینیم چه می شود. خوب، به نتیجه نرسید. اختلاف براساس این بود که دولت آمریکا می گفت، «خوب، درآمد نفتتان زیاد شده دیگر احتیاجی ندارد که ما کمك بلاعوض نظامی بکنیم.

---

[۸۴] سیروس سمیعی، رئیس دفتر اقتصادی سازمان برنامه (۱۳۳۵)، معاون وزارت دارایی، معاون سازمان برنامه (۱۳۴۱)، عضو بانك جهانی (۱۳۴۱-۱۳۴۸)، قائم مقام بانك مرکزی (۱۳۴۸-۱۳۵۱) و رئیس بانك ایرانیان (۱۳۵۱).

[۸۵] محمد رکن الدین ذوالنصر، مدیرکل امور مالی وزارت جنگ (۱۳۴۱-۱۳۴۳)، مدیرکل بودجه وزارت دارایی (۱۳۴۳-۱۳۴۵)، مدیر امور مالی (۱۳۴۵-۱۳۴۶) و معاون امور مالی شرکت هواپیمایی ملی ایران (۱۳۴۹-۱۳۵۷)

[۸۶] جهانگیر آموزگار وزیر بازرگانی (۱۳۳۹-۱۳۴۰) و وزیر دارایی (۱۳۴۰-۱۳۴۱).

کمک بلاعوض نظامیتان را بگذارید توی بودجه تان.» اعلیحضرت هم، خوب، برای این که به اعتبارات نظامی لطمه نخورد، گفتند، «خوب، این را بگذارید توی بودجه.» امینی می گفت، «اگر من این را بگذارم توی بودجه، به سایر مسائل نمی رسم و کسر بودجه ام آن قدر [زیاد] می شود که نمی توانم قبول بکنم. پس بایست بودجه نظامی کم بشود.» سر این بحث بود که حکومتش رفت.

البته، آن موقع بودجه کل کشور [حدود] دوازده میلیارد و نیم ریال بود. دولت آمریکا گفته بود این کمک را دیگر نمی کنم - برای سال بعد اگر می بایست مثلاً این کمک آمریکا را در بودجه می گذاشتیم بودجه کل کشور می شد مثلاً چهارده میلیارد و هفتصد و پنجاه میلیون ریال - یعنی رقم ها در این حد بود.

ح ل: ده، پانزده درصد فرق می کرد؟

ع م: بله، یعنی صحبت از دو میلیارد و خرده ای مثلاً بود که می بایست ما جایگزین کمک آمریکا می کردیم. رقم ها به اشل امروز خیلی کم بود، ولیکن آن روز موجب شد که دولت امینی برود.

ح ل: بله. بعد از این که دکتر امینی رفت، شما هنوز در سازمان برنامه بودید؟

ع م: من معاون سازمان برنامه بودم و یك سال و خرده اش [هم] با سمت معاون نخست وزیر بودم.

کابینه اسدالله علم[87]

ح ل: از دوره نخست وزیری آقای علم[88] چه خاطره ای دارید؟

ع م: خوب، می دانید بعد از این که حکومت امینی رفت، یك چند روزی همه را بهت گرفته بود که چه می شود چون واقعاً هیچ راه حلی وجود نداشت. یك حالت، به حساب، توقفی به وجود آمده بود و خیلی همه نگران و ناراحت بودند تا این که علم آمد سر کار. علم دو مرتبه مرحوم بهنیا[89] را آورد به سمت وزیر دارایی. مرحوم بهنیا وزیر دارایی امینی بود، ولی آن دو، سه ماه آخر استعفا داد و رفت کنار که جهانگیر آموزگار آمد جایش. [علم و بهنیا] تقریباً روزها و هفته های اول را گذاشتند پشت کار تنظیم بودجه. چون تقریباً مرداد ماه بود و هنوز بودجه سالی که در فروردین قبل شروع [شده بود] تصویب نشده بود. به این جهت خیلی سریع بودجه آن سال را تنظیم کردند و بردند در هیئت دولت به تصویب رساندند و کار راه افتاد.

ح ل: مسئله بودجه نظامی را چه جوری حل کردند؟ لابد در بودجه گنجاندند دیگر.

ع م: بله، بله. بله، خوب، مسلماً. منتهی مثل این که فشار آوردند که شرکتهای نفتی نفت بیشتر بردارند و درآمد را بیشتر بکنند و درآمد نفت یك مقداریش را جبران بکند. به هر صورت اول مهر ۱۳۴۱ [سالی] که حکومت علم آمده بود سر کار، دوره برنامه سوم شروع شد. برنامه سوم در جهت این بود که

---

[87] امیر اسدالله علم از ۳۰ تیرماه ۱۳۴۱ تا ۱۷ اسفند ۱۳۴۲ نخست وزیر ایران بود.

[88] امیر اسدالله علم، وزیر کشور (۱۳۲۸)، وزیر کشاورزی (۱۳۲۸-۱۳۲۹)، وزیر کار (۱۳۲۹)، وزیر کشور (۱۳۳۴-۱۳۳۶)، مؤسس و رهبر حزب مردم (۱۳۳۶-۱۳۳۹)، نخست وزیر (۱۳۴۱-۱۳۴۲)، رئیس دانشگاه پهلوی (۱۳۴۲-۱۳۴۷) و وزیر دربار (۱۳۴۵-۱۳۵۶). علم در سال ۱۳۵۷ درگذشت.

یك تحولی به وجود بیاورد. یك کارهای جدیدی شروع بکند. یك مقداری سرمایه گذاریهایی در رشته های مختلف اقتصادی به خصوص در رشته های کشاورزی و صنعتی ایجاد بکند چون در دوره حکومت امینی اقتصاد مملکت در حالت رکودی افتاده بود که خیلی نگران کننده بود. هم بیکاری بود، هم قیمتها خیلی سقوط کرده بود. حالت واقعاً بحرانی سختی بود. برای این که از این حالت خارج بشویم، لازم شد یك مقدار طرحهای فوری اجرا بشود. به کمك بانك مرکزی مقداری تزریق مالی شد و اعتباراتی گرفته شد و شروع شد یك مقدار کارهایی در سطح مملکت اجرا بشود - چه راه های فرعی، چه خانه سازی، چه ساختمانهای مختلف اجتماعی، مثل مدرسه سازی، بیمارستان سازی، اینها همه راه افتاد.

شرکت نفت هم شروع کرد [به] یك مقدار بندر سازی. ایجاد تاسیسات شروع شد. به هر صورت یك مقداری چرخ اقتصاد شروع کرد به گشتن. ظرف دو سال حکومت علم، یعنی از سال ۱۳۴۱ تا آخر ۱۳۴۲، اقتصاد به حالت رونق افتاد - [هم] به علت کمك بانك مرکزی و [هم] این که منابع مالی جدیدی [ایجاد] کردند. مثلاً برای اولین بار مرحوم بهنیا مسئله اوراق قرضه را برد به تصویب رساند و اجرایش کرد. خوب، خودش راه جدیدی بود برای [این که] پس انداز ملی را تجهیز بکند. آن یك مقدار کمك کرد که بودجه بتواند تحمل هزینه ها را بکند. همان طور که گفتم، بانك مرکزی [هم] کمك کرد. یك مقدار هم، خوب، درآمد نفت اضافه شد. به این جهت یك دفعه چرخ مملکت شروع کرد [به] گشتن و بعد از چند ماه انقلاب شش بهمن شروع شد که آن هم یك مقداری کمك کرد. یعنی افتادیم توی یك دوره ای که درواقع می شود گفت که دوره معجزه آسای توسعه اقتصادی و اجتماعی

ایران بین آن تاریخ بود تا سال ۱۹۷۳ [۱۳۵۲ ش]. به نظر من [شروع] آن ده سال پیشرفت فوق العاده ایران که بین ۱۹۶۳ [۱۳۴۲ ش] تا ۱۹۷۳[۱۳۵۲ ش] است تقریباً تقارن پیدا می کند با شروع این دوره تا [مری رسد به] این جریان افزایش شدید قیمت نفت که همه نظم هایی را که ظرف سالهای سال با زحمت نشسته بودیم و برقرار کرده بودیم و ارتباطاتی به وجود آورده بودیم همه را به همدیگر ریخت - به علت این که یك دفعه پول سرشاری ریخته شد توی مملکت و تمام نظم ها را به هم ریخت.

ح ل: ولی وقتی که آقای علم سر کار آمد، آمریکایی ها دیگر در مورد کمك بلاعوض نظامی تجدید نظری نکردند؟

ع م: نه دیگر. دیگر تقریباً می شود گفت نقش آمریکا در سطح اجرایی در هر حال در آن سالها تمام شد. برای این که بعد هم حتی برنامه US AID که دنباله Point IV بود[۹۰] و برنامه کمك اقتصادی آمریکا بود، آن هم بسته شد و تمام طرحهایی که مربوط به US AID می شد همه توی بودجه گذاشته شد. یعنی موقعی که شدم مسؤول بودجه مملکتی، این کار را من کردم. تمام طرحهای آمریکایی را که کمك اقتصادی آمریکا بود تعطیل کردیم. همه را آوردیم توی بودجه مملکت. یعنی در سال ۱۳۴۳ و ۱۳۴۴ که می شد ۱۹۶۴ - ۱۹۶۵ تقریباً [تمام طرح های آمریکایی را] بستیم. تمام، حتی کمکهای اقتصادی آمریکا هم آخر تمام شد.

---

[۹۰] اصل چهار، برنامه کمك های فنی و اقتصادی آمریکا به ایران که تفاهم نامه آن در سال ۱۳۲۹ (۱۹۵۰) به امضا رسید. این برنامه بعداً توسط U.S. Agency for International Development اجرا گردید. نگاه کنید به:

James A. Bill, The Eagle and the Lion: The Tragedy of American-Iranian Relations (New Haven: Yale University Press, 1988), pp. 124-125.

تشکیل کانون مترقی

ح ل: شما از تشکیل کانون مترقیِ مرحوم حسنعلی منصور چه خاطره ای دارید؟

ع م: من می دانستم که در همان موقع - دورانی که، به حساب، حکومت علم بود - یك گروه مترقی تشکیل شده وحسنعلی منصور و امیر عباس هویدا و چند نفر دیگر یك چنین گروهی درست کرده اند. دورادور می شنیدم. دوستانی که در آن گروه بودند یکی دو مرتبه آمدند به من پیشنهاد کردند که بیا توی گروه و [گفتند که] منصور خوشش می آید که شما بیایی، ولیکن من گفتم، نه. من در سازمان برنامه هستم. هیچ وقت کار سیاسی نمی کنم برای این که یك کار فنی ما داریم می کنیم. یك کار تخصصی است. دلیلی ندارد که وارد کار سیاسی بشوم.

تا این که در اواخر پاییز سال ۱۳۴۲ بود، یك روزی تلفن زنگ زد. حسنعلی منصور بود. به من گفت، «من خیلی دلم می خواهد که با سازمان برنامه و با مسؤولین و جوانهای سازمان برنامه - کسانی که دوستان تو هستند - آشنا بشوم. یك جلسه ای ترتیب بده که من بیایم با آنها یك صحبتی داشته باشم.» آن وقت فهمیدم [ماجرا] یك رنگ سیاسی دارد. می خواهد که ارتباطش را با سازمان برنامه برقرار بکند. به اصفیاء گفتم یك چنین تلفنی منصور کرده. نمی دانم چه جوابش را بدهم. آقای اصفیاء، خوب، مثل همیشه - چون آدم خیلی جهت گیری نیست - حرفی نزد. گفت که هر جوری دلت می خواهد عمل بکن. من خودم تشخیص دادم که این کار صحیح نیست بکنم.

دو هفته ای گذشت. دومرتبه [منصور] زنگ زد که: «من دو

هفته پیش از شما خواهش کردم یك جلسه ای درست بکنید از مدیران سازمان برنامه - کسانی که خودت به آنها اعتقاد داری. من بیایم با شما یك صحبتی بکنم.» گفتم، «چشم. من این کار را می کنم.» ولی خوب، فکر می کردم که آن قدر فوریت ندارد.

دو، سه روز بعد از این تلفن آخر، حسنعلی منصور گویا آمده بود به سازمان برنامه. اصفیاء به من تلفن کرد که پا شو بیا این جا. من رفتم اطاق اصفیاء. دیدم که حسنعلی منصور هم آن جا نشسته. بحث سر بودجه شد. [منصور گفت] خوب، من دلم می خواهد در مورد امکان اصلاحات روش تنظیم بودجه با هم صحبت کنیم. همان موقعی هم بود که اطراف حسنعلی منصور شایعه ای به وجود آمده بود که قصد را دارد نخست وزیر بشود -این تمایل را دارد یا این آرزو را دارد. دورش هم یك، به حساب، هاله ای از این شایعات وجود داشت. در آن جلسه راجع به مسئله بودجه با من صحبت کرد که شما فکر می کنید که می شود بودجه مملکت را درست کرد و اصلاح کرد؟ به حساب، یك بازسازی کرد؟ گفتم، به نظر من می شود این کار را کرد. یك مقدار توضیح دادم که به چه طریق می شود این فکر را عملی کرد. منصور .همه را شنید و رفت.

به فاصله چند هفته بعد از آن جریان بود که [منصور] نخست وزیر شد و بعداً از من خواست که بروم یك سری کارها را رسماً انجام بدهم. تماس من با حسنعلی منصور و گروه مترقی به همین منحصر بود. یعنی دورادور یك چیزهایی می دیدم.

ح ل: بنا بر این شما در موقع تشکیل کانون مترقی جزو نزدیکان منصور نبودید.

ع م: نه، نه، نه، نه. حتی می خواهم بگویم که حتی روزی که منصور مرا صدا زد منزلش - دو روز قبل از این بود که نخست وزیر بشود، روز جمعه ای بود که یکشنبه اش نخست وزیر شد - من رفتم منزلش. گفت، «من قرار است دولت تشکیل بدهم و می خواستم از شما خواهش کنم که بیایید به نخست وزیری با من کار بکنید.» من [قبول نکردم].[91]

ح ل: می خواستم از دوره ای که آقای آرامش[92] مدیر عامل سازمان برنامه بود از شما سؤال کنم.

ع م: من دوره آرامش نبودم ایران. نه. آن موقعی بود که من در هاروارد بودم برای دوره فوق لیسانس که می گذرانیدم. نه. من در دوره آرامش نبودم. من موقعی از ایران آمدم بیرون که خسرو هدایت[93] وزیر مشاور و سرپرست سازمان برنامه بود. و موقعی برگشتم که صفی اصفیاء شده بود مدیر عامل. به این جهت آن دوره پرتلاطم را ندیدم.

---

[91] نگاه کنید به: ص ۵۲.

[92] احمد آرامش، وزیر کار و تبلیغات (۱۳۲۵-۱۳۲۶) و وزیر مشاور و رئیس سازمان برنامه (۱۳۳۹-۱۳۴۰). وی در سال ۱۳۴۰ به اتهام فعالیت های ضد دولتی بازداشت شد و در سال ۱۳۴۴ به ده سال حبس محکوم گردید. پس از هفت سال زندان، آرامش آزاد شد و در سال ۱۳۵۲ در پارک فرح تهران توسط مأموران انتظامی به قتل رسید. دولت این شخص را به نام یك خرابکار معرفی کرد. نگاه کنید به: غلامحسین میرزا صالح، خاطرات سیاسی احمد آرامش (اصفهان: جی نشر، ۱۳۶۹) و روز شمار تاریخ ایران، ج ۲، ص ۲۷۹.

[93] خسرو هدایت، رئیس کل راه آهن دولتی ایران (۱۳۲۳-۱۳۲۶)، رئیس اتحادیه سندیکا های کارگران ایران (اسکی) (۱۳۲۶)، معاون نخست وزیر (۱۳۳۵)، معاون پارلمانی و قائم مقام نخست وزیر در سازمان برنامه (۱۳۳۶-۱۳۳۷) و وزیر مشاور و قائم مقام نخست وزیر در سازمان برنامه (۱۳۳۸-۱۳۳۹).

تجربه در وزارت کار

ح ل: بله. حالا می خواهم یك باره چند سال به جلو بروم - به زمانی که شما وزیر کار شدید. اگر بشود، دومرتبه خاطره آن روزهای اول وزارت خود را به یاد بیاورید و تعریف کنید که در آن روزها مشکلات وزارت کار چه بود؟ خواست های دولت و احیاناً شخص اعلیحضرت از وزارت کار چه بود؟ اگر بتوانید تصویری بدهید از این که در آن روزهای اولی که شما وزیر کار شدید با چه وضعی و چه مشکلاتی و با چه هدفهایی روبرو بودید.

ع م: والله، برای من خیلی تعجب آور بود.

ح ل: سال ۱۳۴۷ بود. بله؟

ع م: بله. فکر می کنم ۲ یا ۳ آذر ۱۳۴۷ بود که من به عنوان وزیر کار معرفی شدم.

ح ل: علت خاصی داشت که آقای خسروانی کنار رفت؟ یا جزو یك تغییرات عادی بود؟

ع م: من رفته بودم وزارت تولیدات کشاورزی و مواد مصرفی. برنامه خیلی بزرگی را شروع کرده بودم. از نظر دولت، از نظر اقتصادی اولویت بیشتر داشت که من آن جا بمانم و آن برنامه را ادامه بدهم تا این که بروم وزارت کار. منتهی تصمیم گرفته شده بود که خسروانی از وزارت کار برود و به ناچار آمدند دنبال من که من آن جا را ول بکنم و بروم آن جای دیگر (وزارت کار).

ح ل: آیا می توانید راجع به کنار رفتن آقای خسروانی توضیح بدهید که مسئله چه بود؟

ع م: مسئله این بود که عطاالله خسروانی توی کارهای سیاسی قبلی خیلی وارد بود - چه در جریاناتی که منجر شد به

وقایع ۱۳۴۲، چه بعدش، چه تشکیل و به وجود آمدن حزب ایران نوین. بعداً خسروانی شد دبیر کل حزب ایران نوین. خوب، حزب ایران نوین را خیلی تقویت کرد - یعنی در واقع ایجادش کرد. تقویت نمی توانم بگویم، به وجود آورد. خیلی از آدمهایش را خودش انتخاب کرد. طبعاً یك فورس (force) یك نیرو در اختیارش بود به اسم حزب ایران نوین. خوب، طبعاً مقداری جاه طلبی های دیگر هم داشت - یعنی فکر می کرد که با این نیرویی که پشت سرش هست و سابقه ای که دارد و آشنایی ای که به وضع دارد و نزدیکی ای که با اعلیحضرت دارد - می تواند نخست وزیر بشود.

به این جهت، این وضع تصویری داده بود به قضایا که براساس آن خسروانی فرضیاتی برای خودش پیش آورده بود و تصوراتی می کرد که نمی شد هم گفت غیر منطقی بود. طبیعی بود. در مقایسه با این افراد جدید و گروه های جدیدی که سر کار آمده بود، جزو قدیمی ها بود. از نظر قدمت توی دولت، اول جمشید آموزگار بود و بعدش عطأالله خسروانی. یعنی این دو تا از همه قدیمی تر بودند توی دولت. طبعاً برای خسروانی این فرض پیش آمده بود که با توجه به این که حزب ایران نوین را هم دنبال خودش دارد، [نخست وزیری] حق خودش است. [در نتیجه] برخوردش نسبت به مسائل طوری بود که برای خودش حقی قائل بود که هویدا [آن را] قبول نداشت یا ممکن است اعلیحضرت هم [آن را] قبول نداشتند - شاید هم خیلی خوشحال نبود که خسروانی چنین تصوری دارد.

چنین وضعی از نظر شخصی وجود داشت. از نظر وزارت کار [هم] اشکالی که وجود داشت این بود که وزارت کار زیادی سیاسی شده بود و به مسائل فنیش تقریباً نمی رسید یا توجه

نداشت. [این در شرایطی بود] که مملکت داشت صنعتی می شد و می بایست روابط کار و روابط صنعتی به یك طریق صحیح و منطقی و فنی در می آمد. در حالی که وزارت کار هنوز یك دستگاه سیاسی بود.

ح ل: منظورتان از «سیاسی» چیست؟ بازتاب این سیاسی بودن چه بود؟ کارفرماها ناراحت بودند یا [مکث]؟

ع م: بله، هم کارفرمایان یك مقداری ناراحت بودند. یك مقدار هم سندیکاها. بیشتر به جای این که کار فنی و شغلی و حرفه ای بکنند و تشکیلاتشان را قدرت بدهند و ساختمان و سازندگیش را بهتر بکنند، بیشتر کارهای سیاسی می کردند. [مثلاً] در تظاهرات شرکت بکنند و شعار بدهند و این قبیل حرفها - یعنی خود سندیکاها هم سندیکاهای، به حساب، کاملاً حرفه ای و شغلی نبود. گروه های سیاسی بودند. درواقع مباشران سیاسی بودند نه مباشران مسائل کارگری. توجه می کنید؟

ح ل: بله.

ع م: این، خوب، روی سازمانهای وزارت کار هم اثر می گذاشت - یعنی مسؤولین وزارت کار هم سعی می کردند ببینند خسروانی چه می خواهد بکند. توجه می کنید؟ به این جهت دستگاه وزارت کار می بایست دستگاهی می شد بیشتر فنی و کمتر سیاسی. لذا این الزام هم بود که چنین دگرگونی [انجام] بشود. به اصطلاح آمدند سر وقت بنده و گفتند شما برو آن جا. اول من اکراه داشتم. حتی گفتم نه. من مناسب برای این کار نیستم. ولی خوب، دیگر گفتند تصمیم گرفته شده. راه حل دیگری هم نیست و من مجبور شدم بروم وزارت کار.

خوب، همین مسائل آن جا مطرح بود و من وارد دستگاهی

شدم که در آن عده ای بودند که با خسروانی - که تقریباً هفت سال یا هشت سال وزیر کار بود - کار کرده بودند. طبعاً در دستگاه تماماً کسانی بودند که او انتخاب کرده بود و توی آن مایه فکری هم کار می کردند و فکر می کردند. طبعاً آن چیزهایی که دولت از بنده می خواست، نمی شد دقیقاً با آنها انجام داد. البته سعیم را کردم که با همان اکیپ ولیکن با یك برخورد تازه کار بکنم. ولی بعد از مدتی متوجه شدم که باید یك مقدار تغییرات بدهم و تغییر وضعی در وزارت کار به وجود آوردم.

خوب، دوره ای بود [که] برای من خیلی جالب [بود]، چون من هیچ وقت تا آن موقع خارج از کار توسعه اقتصادی و فعالیتهای عمرانی و مسائل مالی دولت کار نکرده بودم. [اما] این جا دستگاهی بود سیاسی، یك مقدار حرفه ای و تخصصی و یك مقدار هم جنبه های اداری خاص خودش را داشت. لذا برای من خیلی جالب بود و خوب، فکر می کنم که در آن مدتی هم که در وزارت کار بودم - که چهار سال و نیم طول کشید - توانستم در تغییر شکل وزارت کار خیلی مؤثر باشم. یك مقدار قوانین جدید را گذراندم. یك مقدار وضع روابط کار را بهتر کردم. یك نوع، به حساب، گفت و شنودی را بین کارگرها و کارفرمایان و دولت به وجود آوردم. مثلاً کنفرانس ملی کار در یك سطحی بود [که] یك وزنی داد به وزارت کار و وزنی داد به این عوامل اجتماعی که سابقاً آن طور که باید و شاید به حساب نمی آمدند. شناخته نمی شدند. در زمان من وزارت کار کمتر جنبه سیاسی داشت بیشتر جنبه فنی و تخصصی و شغلی داشت.

قانون کار کشاورزی را تهیه کردم بردم به مجلس. قانون کارآموزی فنی را بردم که براساس آن صندوقی به وجود آمد و

بر اساس آن سازمان و تشکیلاتی برای کارآموزی فنی و حرفه ای به وجود آمد. به حساب، راه حل جدیدی پیدا شد. قانون توانبخشی را [به مجلس] بردم و بعداً سازمان توانبخشی را با کمك دکتر شیخ الاسلام زاده به وجود آوردم. خوب، یك چنین کارهایی از این قبیل کردم. مؤسسه آموزش مسائل کارگری و اجتماعی را به وجود آوردم که، به حساب، کسی که می خواهد برود توی سندیکا کار بکند یك دوره ای اقلاً دیده باشد. یك آموزشی دیده باشد. اصلاً بداند سندیکا یعنی چه؟ فعالیت سندیکایی یعنی چه؟ روابط کار یعنی چه؟ یك چنین برنامه ای ترتیب دادم که هم از کارگرها می آمدند آن جا، هم از طرف کارفرمایان و همچنین از بعضی مسؤولین کادر پایین وزارت کار هم می رفتند آن جا تعلیم می دیدند. در هر صورت، سعی کردم این وزارت کاری [را] که بیشتر به عنوان یك دستگاه مزاحم سیاسی به آن نگاه می شد، تبدیل کنم به یك دستگاه اجتماعی و حرفه ای و فنی که در زمینه اجتماعی بتواند نقش مؤثری داشته باشد. یك مقداری آن آرامش و صلح و گفت و شنودی [را] که لازم است به وجود بیاوریم. فکر می کنم، گمان می کنم موفق بودم در آن قسمتش.[۹۴]

---

[۹۴] علاوه بر این، سازمان بیمه های اجتماعی که بیمه درمان و بازنشستگی کارگران را به عهده داشت، دستگاه عظیمی شده بود که می بایست با کارایی و نظم کار کند. بانك رفاه کارگران که وجوه دریافتی و ذخایر سازمان بیمه های اجتماعی را اداره می کرد نیز به صورت بانکی که نیازهای گوناگون کارگران به خصوص مسکن آنان را می بایست پاسخگو باشد نیز نیاز به اصلاح و بهبودی داشت. سعی کردم مدیریت این دو سازمان را بهتر کنم و شرکت خانه سازی کارگران را در کنار آن ایجاد کنم که به مسئله کمبود مسکن کارگران در مراکز صنعتی جواب بدهد. با گسترش این واحدهای تابعه وزارت کار و به خصوص با دائر شدن بیمه های اجتماعی کارمندان بخش خصوصی به

نقش سازمان امنیت در امور کارگری

ح ل: مشکلات عمده سیاسی وزارت کار در آن زمان چه بود؟

ع م: مشکلات اساسی زیادی آن موقع نداشت. بعضی اختلافات کارگری بین سندیکاها و مدیران و کارفرمایان گاهی وقتها مشکلاتی ایجاد می کرد. مهم ترینش مسئله مذاکرات کارگران [صنعت] نفت بود. هر دو سال یك بار قرارداد دسته جمعی کار که بایست بین مسؤولین شرکت نفت و مسؤولین سندیکاهای کارگری صنعت نفت امضا بشود، مسائل جدی ایجاد می کرد. این موجب می شد، در محلی یا منطقه ای [که] ناراحتی ایجاد می شد. ساواك دخالت می کند. نمایندگان کارگران را می گرفت. خوب، این می بایست به صورت مسالمت آمیز حل شود. از طرفی شرکت نفت خیلی سختگیری می کرد. گاهی وقتها واقعاً مذاکرات به بن بست می رسید که ناچار می شدم دخالت بکنم. لذا مهمترین گرفتاریها در زمینه مسائل کارگری در بخش نفت بود. و البته بعضی وقتها گرفتاری هایی [در] جاهای دیگر به وجود می آمد. مثلاً مذاکرات در سطح سندیکاها و واحدهای صنعتی منجر به برخوردهای شدید می شد. مثلاً یك دفعه بین کارگران کارخانه چیت جهان در کرج [ناتمام]. فکر می کنم اسم [صاحبش] آقای مرحوم چیز [مکث].

ح ل: فاتح.

ع م: فاتح. برای این که پسرش و دامادش، اینها خیلی برخورد خوبی نداشتند با کارگران، کارگرها شوریدند. البته

قدری تشکیلات وزارت کار و امور اجتماعی بزرگ شده بود که پس از رفتن من از وزارت کار، قسمت امور اجتماعی از آن جدا شد و یك وزارت خانه شد [ع م].

تحریکات سیاسی هم پشت سرشان بود که دسته جمعی شروع کردند حرکت کردن به طرف تهران که در کاروانسرا سنگی ژاندارمری جلویشان را گرفت و بینشان درگیری شد.

ح ل: از دست در رفت؟ چه شد؟

ع م: والله، تا آن جا که من خاطرم هست همان روزی که این برخورد به وجود آمد تا ساعت دو من پشت میزم بودم که جریان را دنبال کنم و تماس داشتم و رئیس اداره کار [قطع کلام].

ح ل: کارگران می خواستند چه کار کنند؟ می خواستند به طرف تهران بیایند؟

ع م: اینها حاضر نبودند شرایط فاتح را قبول بکنند و چون مدتی اعتصاب کرده بودند و، خوب، به آنها فشار آمده بود، می خواستند که بیایند به طرف تهران و [به] این حرکت، به حساب، جنبه اقدام سیاسی و جدی تری بدهند. البته کی پشت صحنه بود؟ کی اینها را تحریك می کرد؟ کی می خواست یك چنین حادثه ای به وجود بیاورد؟ من نمی دانم. برای این که خیلی بهره برداری شد از این جریان. من تا آن جایی که خودم خاطرم هست، ساعت دو بعد از ظهر آن رئیس اداره کار محل ما که با کارگرها در تماس بود، به من تلفن کرد و گفت که، نه، آرام است و اینها گفته اند که حاضر هستند که بنشینند با پسر آقای فاتح بحث بکنند و مسائلشان را حل بکنند. من خیالم راحت شد که دیگر مشکل حل شده است.

عصر آن روز بود که هویدا تلفن زد که کجا هستی که یك چنین جریانی شده و تیراندازی شده و این حرفها. من فوراً برگشتم وزارت خانه و تماس گرفتم و دیدیم که بله، متأسفانه این جریان شده. حالا تحریك در داخلشان بوده؟

ح ل: ژاندارمها جلویشان را گرفته بودند یا ارتش؟

ع م: بله، ژاندارمها. ژاندارمری کاروانسرا سنگی جلویشان را گرفت و آن فرمانده شان اسمش هم یادم بود. سرگرد بود یا سروان بود؟ نمی دانم چی بود. وقتی دیده بود که اینها دارند به طرف شهر می آیند و متوقف نشدند [قطع کلام].

ح ل: عده شان زیاد بود؟

ع م: یك دویست، سیصد نفری بودند مثل این که. شاید هم کمی بیشتر. نمی دانم دقیقاً. ولی یك چنین تعدادی بوده و عده زیادی نبوده. آنها می آیند. [ژاندارمری] مانع می شود. کارگران خشونت می کنند. یکی از ژاندارمها را می زنند. این عمل خشونت آمیز آنها نسبت به ژاندارمها فرمانده آنها را می ترساند. می ترسد این تبدیل به یك واقعه ای بشود. دستور تیراندازی می دهد.

ح ل: تیراندازی شد و چند نفر کشته شدند؟

ع م: مثل این که دو نفر. دو تا کارگر کشته شدند. به هر صورت، از این جور جریانها هم پیش آمد که بدترینش در دورانی که من [وزیر کار] بودم این بود. ولی خوب، مثلاً کارگران شرکت ایران - جیپ یك بار اصلاً وزارت کار را گرفتند. آمدند نشستند آن جا، به حساب، sit in [اعتصاب نشسته] کردند که من مجبور شدم شخصاً باز آن جا دخالت بکنم. آقای فرزانه که مدیر «ایران جیپ» بود شرایط و وساطت وزارت کار را قبول کرد و غائله خاتمه پیدا کرد و مسئله حل شد. بعضی از وقایع به این حد می رسید که برخوردهای این طوری را به وجود می آورد. ولی در مجموع در ظرف چهار سال و نیمی که من در وزارت کار بودم تقریباً می توانم بگویم مسئله خاصی پیش نیامد. بدترین موردش همین مورد شرکت جهان چیت بود.

ح ل: تفکیک مسؤولیت بین وزارت کار و سازمان امنیت چه جور بود؟ آیا آنها هم در هر منطقه مأمورینی داشتند؟

ع م: بله. در هر منطقه ای. خوب، البته مأمورین محلی ساواك دخالت می کردند. [در] اصفهان مرحوم تقوی بود که بعد از انقلاب هم اعدامش کردند. در تهران مثلاً تیمسار پرنیان فر بود. در هر منطقه ای یك کسی بود. مسائل وقتی که حاد می شد، خوب، اینها می آمدند جلو و مجبور بودیم با اینها هم تفاهم بکنیم - یعنی از یك طرف می بایست با ساواك توافق بکنیم که آقا ما تا این حد جلو می رویم، شما کارمان نداشته باشید. اذیتمان نکنید. [از طرف دیگر] با کارگر صحبت می کنیم که آقا تا این حد، با کارفرما [هم به همین صورت].

ح ل: وزارت کار چه گونه با عوامل و دستگاه های مختلف سر و کار داشت.

ع م: بله، یك کسی بود از ساواك که تخصصش امور کارگری بود. این به طور تقریباً مستمر با بعضی قسمتهای وزارت کار تماس داشت - یعنی مثلاً معاون فنی وزارت کار که مسؤولیت روابط کار با او بود. او بیشتر می دیدش تا من - یا مثلاً مدیر کل روابط کار او را بیشتر می دید تا معاون. همین طور. ولی در ظرف سال مثلاً اتفاق می افتاد [متخصص ساواك] دو یا سه بار می آمد و روی مسائل کلی [با من] بحث می کرد.

ح ل: صلاحیت هم داشت؟ یعنی واقعاً وارد بود به مسائل کارگری؟

ع م: خوب، بالاخره آره دیگر. البته نمی توانم بگویم متخصص مسائل کارگری بود. برای این که دیدش یك دید خاص معینی بود. ولی مسائل کاری را کم و بیش می خواند و بعد بعضی از مطالبی را من می دیدم علاقه داشت که بخواند و از

نظر مسائل اجتماعی خودش را مطابق نیاز روز نگه دارد. نمی توانم بگویم که متخصص بود. نه، ولیکن علاقه داشت که این مسائل را بداند. به هر صورت، او بود که از نظر کلی به مسائل وزارت کار می رسید. ولی در هر منطقه در برخورد با مسائل کارگری در منطقه یعنی in the field آن مسؤول ساواک منطقه بود که کار می کرد. مثلاً رئیس ساواک تهران بود که می آمد راجع به مسائل خاص حوزه تهران.

ح ل: آیا موقعی بود که شما با آنها اختلاف داشته باشید؟

ع م: شدید. بزرگترین اختلاف من سر این بود که شش ماه درواقع ساواک مرا مغضوب کرده بود و اذیتم می کرد. سال اولی که رفتم وزارت کار -که در ماه آذر رفتم وزارت کار -در ۲۴ اسفند روز کارگر بود. آن موقع، روز تولد رضا شاه کبیر شده بود روز کارگر. من دیدم که گرفتاری داریم از نظر درست کردن و برگذار کردن این روز و جشن گرفتن و تظاهر کردن به عنوان روز کارگر. در عین حال هم یك وقایعی در آن روز به عنوان مخالفت اتفاق می افتاد که گرفتاری ایجاد می کرد. ساواک می رود یك عده را توقیف می کند برای این که فلان کار را کرده بودند که نمی توانستند بکنند. یا جلسه ای کردند و فلان حرف را زدند که نمی بایست می زدند. من گفتم، خوب، این کار غلطی است که روز ۲۴ اسفند را کردند روز کارگر -در حالی که روز اول ماه مه کارگرها به طور مخفیانه باز روز کارگر را جشن می گرفتند. باز یك عده را آن روز می بردند بازداشت می کردند که چرا اول ماه مه را جشن گرفته اید.

من رفتم حضور اعلیحضرت، گفتم، «قربان مردم مملکت ما خیلی برای رضا شاه ارزش قائل هستند. خیلی رضا شاه خدمت

کرده، مملکت را مدرنیزه کرده، نوسازی کرده و تمام این حرفها. تمام این صنعتی شدن مملکت به علت برنامه ای بود که رضا شاه کبیر در ایران اجرا کرد. می دانید مردم ایران خیلی احترام دارند برای رضا شاه، ولی روز کارگر روز تولد رضا شاه کبیر نیست. آن روز را بگذاریم روز تولد رضا شاه باشد که همه هم جشن می گیرند. خوشحالی می کنند. همه جای دنیا روز اول ماه مه روز کارگر است. ما هم در این جا روز اول ماه مه را به عنوان روز کارگر جشن بگیریم.»

اعلیحضرت همین جور که داشتند توی اطاق قدم می زدند - من هم ایستاده بودم به ایشان گزارش می دادم - جلوی من توقف کردند و گفتند، «خوب، چرا این کار را نمی کنید؟» گفتم، «قربان ساواک مخالف است.» گفتند، «ساواک چرا مخالف است؟» گفتم، «آن را بنده نمی دانم. هرچه من به ساواک می گویم، می گویند نه، صحیح نیست که روز اول ماه مه روز کارگر باشد.»

ح ل: چون مال سوسیالیستهاست؟

ع م: بله. اعلیحضرت به من گفتند، «شما همین الان می روید اعلام می کنید که از این به بعد در ایران روز اول ماه مه روز کارگر است.» در آن روز ساعت شاید مثلاً یازده و نیم، دوازده بود، من سوار ماشین شدم از کاخ سعدآباد بود - نه در نیاوران بود مثل این که. از نیاوران رفتم به وزارت اطلاعات که آن موقع هم جواد منصور[95] وزیر اطلاعات بود. گفتم که یك جلسه مطبوعاتی برای من درست بکن. گفت، باش همین جا. آن جا ناهار خوردیم. ساعت دو بعد از ظهر یك جلسه مطبوعاتی

---

[95] جواد منصور، برادر حسنعلی منصور، معاون نخست وزیر (۱۳۴۳)، وزیر مشاور (۱۳۴۳-۱۳۴۶) و وزیر اطلاعات(۱۳۴۶-۱۳۵۰).

تشکیل داد و من اعلام کردم که روز اول ماه مه روز کارگر است. اعلیحضرت چنین اتخاذ تصمیم فرمودند. بعداً رفتم متن چیزش را تهیه کردم و فرستادم و فرمانش هم امضا شد و اول ماه مه شد روز کارگر در ایران. شش ماه تمام این ساواکیها تا آن جایی که زورشان می رسید چوب لای چرخ من گذاشتند.

ح ل: عجب!

ع م: و از هر جریان ناراحتی ایجاد کردند که بگویند که این کار، کار صحیحی نبوده. بالاخره همین کسی که رابط وزارت کار بود من خواستمش و گفتم، «آقاجان، این کارها برای چیست؟ این تصمیمی است که بالاخره اعلیحضرت گرفتند. شما هم برای اعلیحضرت کار می کنید. بنده هم برای اعلیحضرت کار می کنم. این کار را بس کنید دیگر.» او رفت و صحبت کرد و آمد و گفت که بله. صحبت کردیم و قرار شده که دیگر همکاری نزدیک باشد. از این جریانها داشتیم، بله. ولی، خوب، ساواك توی این مسائل کارگری خیلی دخالت می کرد و خیلی هم میانشان دست داشت و کار می کرد.

ح ل: چه موارد دیگری بود که می شود گفت که اختلاف سیاست وزارت کار و سازمان امنیت فاحش بود؟

ع م: خوب، ببینید. من که نمی دانم از نظر سیاسی در داخل این سندیکاها چه می گذشته. من یك روز یادم هست. رئیس سندیکای کارگران [هتل] هیلتون آمد سراسیمه پهلوی من. گفت، من آمدم پهلوی شما - خیلی هم ناراحت بود - که به من کمك بکنید. گفتم، چه کار؟ چه طور شده؟ گفت، [چند روز پیش که] از در هیلتون آمدم بیرون، یك ماشین آمد. مرا سوار کردند و بردند توی یك خانه ای. دو روزی نه زنم اطلاع داشت، [و نه] هیچ کس. اینها آن جا از من تحقیقات می کردند و فلان

می کردند و توهین کردند به من. حتی مرا کتك زدند. و [گفت] شما بایست از من نماینده کارگر حمایت کنید، برای این که من نماینده کارگر هستم. مصونیت دارم. اینها چرا این کار را کردند؟ من از نظر شخصی زیاد حرفی ندارم، خوب، اتفاق برایم افتاده است ولیکن خانواده ام خیلی ناراحت شده. الان پیش کارگرهای دیگر، پیش دستگاه و این حرفها هتك حیثیت از من شده. می دانند که دو روز مرا گرفتند. می دانند که دو روز نگه داشتند و ولم کردند. حالا یا به من دیگر اعتماد ندارند یا این که برایم آن ارزش سابق را قائل نیستند. خلاصه خیلی ناراحت بود.

من به مسؤول ساواك تلفن کردم. آن مسؤول مربوطه به وزارت کار آمد. گفتم باید با این پا بشوید بروید آن جا تکلیف را روشن بکنید. خوب، سر این کار هم مثلاً من یك مدتی باز مجبور شدم کلنجار بروم و مبارزه بکنم با رویه کاری ساواك برای این که آنها کاری کرده بودند که صحیح نبود. به فرض این که این [نماینده کارگر] اشتباهی هم کرده باشد، اقلاً می آمدند به بنده که وزیر کار هستم بگویند که این نماینده کارگر، این عضو سندیکا، این مدیر سندیکا یك چنین اشتباهی کرده. چون مصونیت سیاسی دارد، من می گشتم راه حلش را برایش پیدا می کردم که بنشینند [با] اینها صحبت بکنند. دیگر این کار را نکنند. ولیکن خوب، خودشان می رفتند سرخود یك چنین کارهایی می کردند. خوب، گاه گداری برای من ایجاد یك مسئله می کرد. لذا از این قبیل مسائل هم با آنها داشتم.

ح ل: در مورد نامزدهای عضویت در هیئت مدیره سندیکاهای کارگران در آن موقع شایع بود که آنها یا عضو ساواك هستند یا دست نشانده ساواك. حالا نمی دانم این شایعه

تا چه حد صحت داشت. بعداً صحبت از این بود که در آن زمان که یك آرامش نسبی سیاسی برقرار بود، اگر به کارگران فرصت داده می شد نمایندگان واقعی خودشان را - که توده ای یا کمونیست نباشند و وفادار به رژیم هم باشند - انتخاب کنند، شاید رژیم سابق ریشه عمیق تری در اجتماع کارگری پیدا می کرد. الان که چند سال از این جریان گذشته، شما این بحث را چه گونه می بینید؟

ع م: والله، من شخصاً فکر می کنم که آن موقع همه این حرف را می زدند. من معتقدم که مسائل سیاسی کارگران یك امر جداگانه ایست. مسائل شغلی و حرفه ای شان یك جنبه دیگری دارد. اگر یك بابایی که مثلاً تمایل فرض کنیم چپی داشت یا نمی دانم ارتباط فکری یا سازمانی با مثلاً فلان حزب داشت، که خیلی مورد قبول ساواك نبود، آن یك امر علیحده ای بود. درباره مسئله شغلیش اگر حرف حسابی می زد، باید حرفش را گوش داد. بحثی بود که من در یکی از جلسات با شرکت نفتیها و همین کارگران شرکت نفت داشتم که رئیس ساواك تهران هم نشسته بود. سر میز گفتم، هر حرفی دارید از مسائل شغلی و حرفه ای بزنید چون وظیفه تان است که از حقوق صنفی تان دفاع کنید. اما مسائل دیگر را مطرح نکنید. مسائل سیاسی را در این جا مطرح نکنید. برای این که به من مربوط نیست مسائل سیاسی. شما چه فکر می کنید به من مربوط نیست. اما مسائل شغلی تان را می توانید مطرح کنید. حالا اگر کسی مسائل شغلیش را با حدت مطرح می کند، باید با منطق جوابش را داد که داری پرت می گویی. یعنی به نظر من می شود در مسائل روابط کار -در بحثهایی که در روابط صنعتی، [در] روابط کار وجود دارد- در کادر حرفه ای بحث کرد و رسیدگی

کرد و تصمیم گرفت. [اما] مسائل سیاسی را [که] هر کسی [هم] یك فكر سیاسی دارد - آن را نمی شود کاریش کرد.

من همیشه آن موقع [اینها را] می گفتم. الان هم می گویم. ولی، خوب، متأسفانه ساواك این رویه را نداشت. ساواك آدمی برایش خوب بود که مطابق آنها حرف می زد. مطابق میل آنها حرف می زد و عمل می کرد. یکی [هم که این طور نبود از نظر ساواك] بد بود، فارغ از این که از نظر فنی این چه می گوید و آن چه می گوید.

به نظر من نماینده کارگر، مدیر سندیکا، هیئت مدیره سندیکا، وظیفه اش این است که مسائل حرفه ای و شغلیش را مطرح بکند. طبیعی است هر کسی برای این که حق بیشتری بگیرد یك مقداری اغراق و زیاده روی هم می کند. بالاخره توی این چك و چانه زدن و این چانه زدن ها که بین اینها وجود دارد، هم کارفرما دست پیش را می گیرد، هم کارگر دست پیش را می گیرد. لذا باید انتظار داشت که جلسات، جلسات آسانی نباشد. اما بحث وقتی روی این مسائل حرفه ای و مسائل شغلی و مسائل صنعتی باشد، روابط صنعتی باشد، وزارت کار می تواند آن جا یك جایی ببرد. بگوید که تا این جا تو درست می گویی تا این جا تو درست می گویی این خط را بگذارید وسط. اصلاً این بحث سه جانبه برای چیست؟ برای این است که یك داوری وجود داشته باشد که آن داور هم وزارت کار است. منتهی دخالت ساواك یك مقداری این کار را خراب می کرد. برای این که ساواك روی آن دید خاص خودش می آمد جلو و می خواست آن جا هم یك مقداری اعمال روش خودش را بکند که آن، کار را خراب می کرد. ما همیشه اصطکاك مان با ساواك سر این بود.

ح ل: آنها استدلال شان چه بود؟ آنها سیاست خودشان را چه گونه توجیه می کردند؟

ع م: [آنها می گفتند] مثلاً آن جلسات جنبه سیاسی دارد. مثلاً با حزب توده ارتباط دارد. یا مثلاً آن یکی با این گروه مثلاً جبهه ملی کار می کند. یا آن یکی، نمی دانم، با مارکسیستهای اسلامی کار می کند. از این جور چیزها. بالاخره آنها یك راداری داشتند که من نداشتم. آنها یك چیزهایی می دیدند که من نمی توانستم ببینم. من نمی توانستم حرف بزنم. من همیشه سکوت می کردم. می گفتم این مسائل را این جا مطرح نکنید. تنها کاری که می کردم می گفتم که بحث بین کارگر و کارفرما در وزارت کار است. تویش بحث سیاسی نیاورید برای این که من نمی دانم شما درست می گویید یا آن درست می گوید. یا آن آدم خطرناکی است یا آن یکی آدم کمتر خطرناکی است. من اینها را نمی دانم. به این جهت می گفتم که این بحث ما با ساواکی ها این بود که این جور مسائل شان را که دردسر خودشان است به کار ما دخالت ندهند.

ح ل: آها. آیا نگران نبودید که اگر کارگران به اصطلاح نمایندگان شان را قبول نداشته باشند، ممکن است مشکلاتی به وجود بیاید؟

ع م: بله. مسئله انتخابات که مثلاً انتخابات آزاد باشد، در آن مرحله هم ساواك دخالت می کرد که کسانی نماینده سندیکا بشوند که، به حساب، از نظر ساواك سوء سابقه نداشته باشند. دخالت هایش در آن مرحله انتخابات سندیکایی بود که ما در آن دخالت نمی کردیم. دخالت ما حد اکثر این بود که یك ناظر می فرستادیم که انتخابات به صورت آزادانه باشد و کسی تقلب نکند. ما وقتی که انتخابات درست انجام می شد تأیید

می کردیم. خوب، یك مقداری [دخالت] کارفرما، یك خرده مدیر کارخانه بود، یك مقدار خود کارگرها بودند، یك خرده ساواك بود. جریان یك، به حساب، ملغمه ای بود از مجموع اینها که کارگری می شد نماینده سندیکا.

ح ل: آیا بحث در مورد نقش و آزادی سندیکاها هیچ وقت به سطح اعلیحضرت هم رسیده بود که ایشان اظهار نظر بکنند که آیا رویه و سیاست ساواك صحیح تر است یا سیاستی که وزارت کار توصیه می کند؟

ع م: نه، نه. در دوران چهارساله ای که من مسؤلیت داشتم، خیر.

ح ل: شما خودتان هیچ وقت این موضوع را با اعلیحضرت مطرح نکردید؟

ع م: مطرح کردن چی؟ مسئله خاصی پیش نیامد که من با ایشان مطرح بکنم. مسائل کلی را مطرح می کردم ولیکن مسئله خاصی که مثلاً فلان نماینده کارگر فلان چیز را می گوید، یا فلان کس چه کار می کند، اصلاً پیش نیامد.

ح ل: طرح سیاست کلی برخورد با سندیکاها - که آیا بهتر است خود کارگران نمایندگان خود را انتخاب کنند یا این که [ناتمام].

ع م: من به خاطر نمی آورم. ممکن است سیاست کلی را مطرح کرده باشم. به هر صورت اگر مطرح کرده باشم، یك حرفی زدم و طبعاً هم جوابی کلی گرفتم.

روابط با وزارت صنایع و معادن و کارفرمایان

ح ل: آیا با وزارت صنایع و معادن مشکلاتی داشتید؟ مثلاً یادم هست که آن موقع آنها تا حدی طرف کارخانجات و

کارفرمایان را می گرفتند و وزارت کار را در بعضی موارد ترمز یا مزاحم تولید می دانستند.

ع م: این اصطکاك را داشتم. البته آن مدتی که من در وزارت کار بودم، به علت روابط شخصی که با وزرای اقتصاد آن زمان داشتم - چه با آقای عالیخانی و چه بعدش با آقای انصاری[۹۶] - شخصاً مشکلی نداشتم. قانع شان می کردم که، به حساب، موضع منطقی داشته باشند و انتظار بیهوده ای از ما نداشته باشند. ولی به طور کلی می خواهم بگویم که این در دو طرف میز مقابل هم بودن و در دو طرف جبهه بودن یك مقداری گرفتاری ایجاد می کرد - به خصوص در سطح مسؤولین که در تماس با هم برخوردهایی با هم داشتند. این بود. کاریش نمی شد کرد - یعنی می بایست با آن ساخت.

تقسیم سود ویژه بین کارگران

ح ل: الان که به عقب بر می گردید، ارزیابی شما نسبت به قانون تقسیم سود ویژه چیست؟، آیا برای آن زمان طرح مناسبی بود؟ آیا تحت شرایط آن زمان نسبتاً خوب اجرا شد؟ آیا اشکالاتی در آن بود؟

ع م: ببینید. آن چه جنبه سهیم شدن در سود (profit sharing) داشت، به نظر من خیلی خوب بود برای این که سهیم شدن کارگران در منافع کارخانه یك فکری بود که در خیلی

---

[۹۶] هوشنگ انصاری، وزیر اطلاعات (۱۳۴۵-۱۳۴۶)، سفیر ایران در آمریکا (۱۳۴۶-۱۳۴۸)، وزیر اقتصاد (۱۳۴۸-۱۳۵۳)، وزیر دارایی و امور اقتصادی (۱۳۵۳-۱۳۵۶) و رئیس هیئت مدیره و مدیر عامل شرکت ملی نفت ایران(۱۳۵۶-۱۳۵۷).

جاهای دیگر عمل شده بود. در فرانسه دوگل[۹۷] مطرح کرد و خوب عمل کردند در فرانسه. ما هم می توانستیم خیلی خوب عمل کنیم در ایران و از آن نتیجه بگیریم. منتهی این تبدیل شده بود به یك پاداشی که جنبه بالا بردن قابلیت تولید (productivity) و بالا بردن کارایی (efficiency) دستگاه را دیگر نداشت. یك حق ثابتی شده بود. مثل اضافه حقوق یا پاداش سالانه شده بود که همه انتظار داشتند به آنها داده بشود. چه کارخانه ضرر بکند، چه منفعت بکند. شکلش بدجور عمل شد - یعنی به صورت یك نوع حق مکتسبه ای در آمد که جدا بود از سود دهی (profitablity) و یا سودآوری و productivity یعنی قابلیت تولید. به نظر من این جنبه اش، اگر از اول به آن درست توجه می شد، خیلی خوب بود.

موقعی که من رفتم وزارت کار، سعی کردم این طور بشود، ولی متأسفانه دیر شده بود چون چندین سال بود که به آن طریق عمل شده بود و طبعاً کارگرها هم احتیاج داشتند که آخر سال بگویند سهم سود ما را بدهید. شده بود مثل حقوق شان. اما فکر به نظر من فکر بسیار صحیحی بود و اگر درست عمل می شد، خیلی می توانست اثر بدهد.

قانون گسترش مالکیت صنعتی

اما برعکس، من از ابتدا با مسئله گسترش مالکیت صنعتی مخالف بودم چون طبیعی بود که طبقه کارگر ایران قدرت خرید سهم ندارد. آن قدر صرفه جویی ندارد که بتواند یا اصلاً

---

[۹۷] ژنرال شارل دوگل (General Charles-André-Marie-Joseph de Gaulle) رئیس جمهور فرانسه (۱۹۵۸-۱۹۶۹ م برابر با ۱۳۳۷-۱۳۴۸ ش).

نمی تواند صرفه جویی بکند که در کار خرید سهام سرمایه گذاری بکند. آن بود که به نظر من ناصواب بود و عملاً هم قسمت عمده ای از فروش [سهام] این کارخانجات به دولت بود که به نظر من کار ناصحیحی بود. یك مقدار زیادی هم کمك کرد به فرار سرمایه. برای این که وقتی صاحب صنعتی مجبور می شود چهل درصد یا پنجاه درصد سهامش را بفروشد به دولت، پولش را نقد بگیرد، خوب این دیگر چه کارش بکند؟ دومرتبه سرمایه گذاری بکند و دو مرتبه همین گرفتاری را داشته باشد؟ خوب، آن را از مملکت می آورد بیرون دیگر - یعنی به نظر من یك برنامه ای بود که خواسته یا ناخواسته موجب فرار مقدار زیادی سرمایه از ایران شد. این کار به نظر من مقدار زیادی در روحیه ای که بایست از مملکت رفت و از مملکت سرمایه را باید برد بیرون کمك کرد. و طبعاً به یك طریقی به این انقلاب کمك کرد.

ح ل: مگر در مورد این قانون سهیم شدن کارگران باشما که وزیر کار بودید، مشورت نشد؟

ع م: نه، نه.

ح ل: نه؟

ع م: نه اصلاً، اصلاً.

ح ل: مگر در آن زمان شما وزیر کار نبودید؟

ع م: چرا.

ح ل: مسلماً کسانی که بعداً این نوار را گوش می کنند، تعجب خواهند کرد که چه طور وزیر کار در مورد یك مسئله به این مهمی حداقل مورد مشورت قرار نگرفته است. حتماً خیلی ها تصور خواهند کرد که اصلاً این طرح توسط خود شما پیشنهاد شده است.

ع م: نه، من متأسفانه [مکث]. نه، متأسفانه من در آن تصمیم مؤثر قرار نگرفتم. اصلاً مورد مشورت هم قرار نگرفتم. قانون اصلش وقتی که گذشت، اعلام شد که یکی از اصول انقلاب است. در اجرایش البته من وارد بودم. در جلسات گفتند بیا شرکت بکن و نظارت بکن. ولیکن در تصمیم گیریش و در بحث اصولیش من دخالت نداشتم. ولی در جلساتی که بعداً تشکیل شد - به علت این که وظیفه ام ایجاب می کرد که باشم - شرکت می کردم. بله، من در وزارت کار بودم وقتی این طرح گذشت.

شیوه اتخاذ تصمیمات مهم مملکتی

ح ل: خواهش می کنم که یك خرده این مطلب را بشکافید. این نمونه از شیوه تصمیم گیری در سطح بالای مملکت، ممکن است مشتی از خروار باشد. شما برای اولین بار از چه طریق راجع به طرح گسترش مالکیت مطلع شدید؟ مانند مردم عادی به وسیله روزنامه و رادیو؟

ع م: بله، بله، بله. کاملاً.

ح ل: پس چنین فکری از کجا سر چشمه گرفت؟ خود اعلیحضرت فکرش را کرده بودند؟ یا مشاورین دیگری این طرح را به ایشان پیشنهاد کرده بودند؟

ع م: حتماً دیگر. من نمی دانم با کی مشورت کرده بودند. ولیکن از طرف خودشان اعلام شد.

ح ل: شما هیچ اطلاع قبلی از این طرح نداشتید؟

ع م: نه. بیشتر این برنامه ها، این اصول انقلاب، وقتی فکرش مطرح می شد، تازه به ما دستور می دادند که بنشینید [نحوه] اجرایش را بررسی بکنید. تازه تهیه متنش و

قوانینش و این حرفها بعداً [انجام می شد].

من خوب یادم می آید یك جلسه ای بود كه در حضور اعلیحضرت داشتیم كه در آن جا مسائل كلی و شاید اقتصادی مطرح بود. در آن جلسه اعلیحضرت فرمودند، «من تصمیم گرفته ام كه دو اصل دیگر به انقلاب اضافه بكنم.» شماره شان هم اصل هفدهم، اصل هیجدهم، [نمی دانم] چه بود. یكیش این بود كه بایست تأمین اجتماعی به همه مردم تسری پیدا بكند - یعنی حتی كشاورزان را هم شامل بشود. تأمین، به حساب، تعمیم بیمه بازنشستگی به سالخوردگان بود. یكی دیگرش هم راجع به تعمیم بیمه درمانی یا بهداشتی به سالخوردگان بی بضاعت بود. چنین چیزی بود؟ راجع به social security (بیمه های اجتماعی) بود كه از نظر درمانی مثل این كه یك گسترش پیدا بشود. دقیقاً خاطرم نیست. دو تا اصل تامین اجتماعی بود كه گفتند.

از در جلسه شورای [عالی] اقتصاد كه می آمدیم بیرون، رئیس تشریفاتشان به من گفت، اعلیحضرت فرمودند بروید آن جا شرفیاب بشوید. من رفتم. اعلیحضرت اطاق پهلویی ایستاده بودند. به من فرمودند كه «شما بروید و همین الان اعلام بكنید كه این دو اصل به انقلاب [شاه و مردم] اضافه شده و توضیحاتش را هم بدهید.»

من آمدم بیرون. دم در كاخ نیاوران مخبرین و مأمورین رادیو و تلویزیون ایستاده بودند. چون آنها می دانستند كه [اعلیحضرت] مرا نگه داشته اند لابد یك اوامر جدیدی می خواهندبدهند، با من مصاحبه كردند. برایشان توضیح دادم كه این دو اصل به انقلاب اضافه شده كه یكی اصل تعمیم بازنشستگی به همه است و دومش هم در زمینه، به حساب،

بیمه های اجتماعی، بیمه درمان، یك بهره گیری جدیدی است. کمکهای بیشتری است که سیستم حمایتی کاملتری برقرار بشود. به هرصورت، این سیستم بازنشستگی عمومی خیلی خوب است، ولی می بایست یك حساب actuariel خیلی دقیق قبلاً می شد که این چه طور قابل اجرا خواهد بود. ولی تصمیمش را [اعلیحضرت] گرفتند و فرمودند. من هم اعلام کردم.

خوب یادم می آید. برای این که روزنامه ها بدانند چه بنویسند، از همان جا تلفن کردم به آقای پروفسور انوشیروان پویان.[۹۸]

ح ل: پروفسور پویان، وزیر بهداری؟

ج- وزیر بهداری. پویان بلند شد - ساعت مثلاً هشت و نیم شب بود - آمد خانه من که دوتایی نشستیم متنی تهیه کردیم که بدهیم دست روزنامه ها که متن رسمی باشد. یعنی می خواهم بگویم یك چنین مسئله ای هم با این سرعت اعلام شد که می گویم خود من در متنش بودم و عاملش بودم. این تصمیمات یك مقدار با عجله گرفته می شد - برای این که اعلیحضرت یك دید کاملی داشتند نسبت به آینده. دلشان می خواست به هر قیمتی شده، با هر سرعتی شده این عملی بشود. می دانید این عجله کردن در این تغییرات و این برنامه ها یك مقداری، خوب، اثرات نامطلوب داشت دیگر.

ح ل: برگردیم به همین طرح گسترش مالکیت صنعتی. مسلماً به عنوان وزیر کار برای خود شما جالب بود بدانید که این فکر از کجا آمده؟ چه جوری بوده؟ و چه جور می توانید

---

[۹۸] دکتر انوشیروان پویان، جراح، رئیس دانشگاه ملی (۱۳۴۷-۱۳۵۲) و وزیر بهداری (۱۳۵۲-۱۳۵۴).

اقلاً هدایتش کنید به آن طرفی که عملی است و قابل اجرا است.

ع م: خوب، هوشنگ انصاری بیشتر از من وارد بود. به این جهت هم تمام جلسات در دفتر هوشنگ انصاری تشکیل می شد و مقامات اطاق بازرگانی [و صنایع و معادن ایران]: طاهر ضیایی[۹۹] و قاسم لاجوردی[۱۰۰] می آمدند. به هر صورت، این مسؤولین اطاق بازرگانی و صنایع می آمدندو با آنها بحث می شد.

ح ل: ولی اصل طرح از کجاآمده بود؟

ع م: ولی اصل فکر چه جوری شد؟ نه. می گویم. یك موردش را من برایتان [گفتم].[۱۰۱] دو اصل ازاصول انقلاب شاه و مردم را خود من اعلام کردم. از توی جلسه که آمده بودند بیرون، به من اعلام کردند. تازه بعدش نشستیم متن آن را تهیه [کردیم] که چه بگوییم به مردم. بعداً هم قانونش را بنشینیم تهیه کنیم. متأسفانه یك خرده با عجله این کارها انجام می شد.

ح ل: در این جور موارد تا چه حد امکان داشت که تقاضای تجدید نظر بشود یا تقاضا بشود که [طرح را] عقب بیندازند یا فراموش بکنند؟

ع م: بعید می دیدم. برای این که می گویم، وقتی اعلیحضرت اتخاذ تصمیم می کردند، با کی مشورت می کردند؟ کی این ایده ها را می داد؟ من نمی دانم. حتی [قطع

---

[۹۹] طاهر ضیایی، وزیر صنایع و معادن (۱۳۳۹-۱۳۴۰) و (۱۳۴۱-۱۳۴۲)، رئیس اتاق بازرگانی، صنایع و معادن ایران (۱۳۴۹ -۱۳۵۷) و نماینده دوره های ۵-۷ مجلس سنا.

[۱۰۰] قاسم لاجوردی، نماینده دوره ۷ مجلس سنا، معاون اتاق بازرگانی، صنایع و معادن ایران و مدیر گروه صنعتی بهشهر. نگاه کنید به خاطرات او در مجموعه تاریخ شفاهی ایران.

[۱۰۱] نگاه کنید به: ص ۱۳۴.

کلام].

ح ل: شما از آقای هویدا هم [قطع کلام].

ع م: نه [قطع کلام].

ح ل: نتوانستید بفهمید کی [قطع کلام].

ع م: نه، نه، نه. یك موردش را برایتان گفتم که این بود. یك مورد دیگرش هم همان آخرین جلسه شورای اقتصاد بود که من به عنوان وزیر دولت هویدا شرکت می کردم. بحث سر این [بود] که زمینهای اطراف شهر را باید ملی کرد که دیگر جلوی سفته بازی و speculation و زمین بازی گرفته بشود. بعداً یك اصل انقلاب باز برایش گذاشتند. این از آخرین اصولی بود که زمان حکومت آموزگار به تصویب رسیده بود. مثل این که دو تا اصل بود. یکی جلوگیری از معاملات زمین بود - یعنی ملی شدن زمینهای بایر یا نساخته خارج شهر. یکی هم مال آپارتمانها بود که آپارتمانهایی که خالی است بایست به متقاضیان اجاره داده بشود. شهرداریها بگیرند و اجاره بدهند برای این که نرخ اجاره خانه بیفتد پایین. عنوان این دو تا اصل یادم نیست چه بود. ولی این دو تا بود که در جلسه شورای اقتصاد مطرح شد -که من خوب یادم هست - در آن جلسه من گفتم که اراضی را مشکل است [ملی کرد]. مصلحت شاید نباشد برای این که عده زیادی از مردم صرفه جویی شان توی این زمینهاست. یارو کارمند دولت است. فلان پیرزن مبلغی به او به نحوی رسیده است. یك زمین پانصد متری خریده، یا یك زمین هزار متری خریده است. خارج از محدوده شهر هم ممکن است باشد و این صرفه جوییش است. اگر این الان ملی بشود، یك دفعه یك عده زیادی پس اندازشان را از دست می دهند.

ح ل: مصادره بود یا قرار بود پولشان را بدهند؟

ع م: قرار شده بود که، اگر اشتباه نکنم، جلوی معاملاتش گرفته بشود و حتی مثل این که ملی بشود. یك چنین چیزی بود. البته گفتند تا یك حدی. بعداً وقتی اعلام شد، مثل این که قرار شد تا پانصد متر پولش به آنها داده بشود - بر اساس قیمت یك تاریخ معینی و اضافه بر آن، نمی دانم، چه جوری بشود. جزئیاتش را باید مطالعه کرد. من الان خاطرم نیست. ولی آن چه مسلم است این است که معاملات این زمین هامنجمد شد. به حساب آن را freeze کردند. برای این که جلوی گسترش شهر تهران گرفته بشود و جلوی speculation گرفته بشود و از این قبیل چیزها اراضی خارج از محدوده شهر را [اعلام کردند] که دیگر قابل فروش نیست،

اصل دوم هم این بود که هر کسی آپارتمان خالی دارد، اگر ظرف مثلاً شش ماه [آپارتمانش] خالی بماند و نتواند اجاره بدهد، شهرداری می تواند برود این خانه را اجاره بدهد - به قیمت عادله. اجاره اش را بریزد به حساب مالك. به نظرمن هر دو [اصل] به خصوص آن دومی با آن دستگاه اداری شهرداری که من می شناختم خیلی مشکل بود بتواند درست عمل بشود. [در مورد زمین] نظر من این بود که حداقل از یك مقدار زمین بالاتر این کار را بکنند که آن عده ای که به آن نیاز دارند، پس اندازشان در زمین است، احساس خطر نکنند. خوب، اعلیحضرت خوششان نیامد و به من گفتند، «اگر ما قرار بود به حرف شما محافظه کارها گوش بدهیم، الان کلاه مان پس معرکه بود.» این عین مطلبی بود که فرمودند - یعنی می خواهم بگویم اصولاً خوششان نمی آمد که روی این فکرهای اصلی که دارند و این برنامه هایی که دارند بحث بشود. ولی

خوب، البته در خیلی مسائل دیگر انعطاف لازم را داشتند. ولی روی بعضی مسائل که برایشان جنبه خیلی اساسی داشت، قبول نداشتند که در اصلش کسی بحث بکند و تردید بکند. حالا چه جوری این فکر را پیدا می کردند؟ کی برایشان کار می کرد؟ مثلاً مسئله تشکیل حزب رستاخیز،[۱۰۲] از کجا یك دفعه چنین فکری پیش آمد؟ کی این ایده را داد؟ واقعاً برای من سؤالی است بزرگ.

چگونگی تشکیل حزب رستاخیز

یکی از دلایل انفجار ایران همین است. این انقلاب ایران به نظر من علل و موجباتش خیلی متعدد است. یکی نیست. یك روز من نشستم خودم همین جور تمرینی نوشتم. آن چه به نظر من می رسید چهل تا شد. یکی از دلائل عمده اش - چون چند علت اساسی می شود ذکر کرد [که] یکیش - همین مسئله ایجاد حزب واحد بود.

ح ل: حزب رستاخیز.

ع م: رستاخیز، می دانید، اعلیحضرت را به عنوان هدف اصلی حمله مخالفین قرار داد دیگر. در حالی که قبلش هر حزبی یك مسؤولی داشت. یك روز هم [که اعلیحضرت] می خواستند نو آوری بکنند، رئیس [حزب] می رفت کنار یا نمی دانم سقوط می کرد، به سیستم مملکت برخورد نمی کرد. یعنی یك فرصتی می داد که یك نوع تغییری (alternance) وجود داشته باشد. اما حزب رستاخیز شد یك حزب واحد، در رأسش هم اعلیحضرت، می دانید؟ خوب، خودشان را در جریانهای سیاسی

[۱۰۲] نگاه کنید به: ص ۶۲.

هدف حمله کردند که نمی بایست پادشاه مملکت این کار را می کردند.

ح ل: با توجه به محدودیت وقت امروزمان، خواهشمندم بقیه وقت را صرف توضیح شرایط و عواملی که باعث شد خداداد فرمانفرمائیان از سازمان برنامه برود و شما به عنوان رئیس سازمان برنامه منصوب بشوید نمایید.

ع م: آن دفعه اولی که خداداد از سازمان برنامه رفت[۱۰۳] به نظرم یك مسائل اصولی مطرح کرد که الان می بینم چه قدر حرفش و چه قدر این مقاومتی که کرد درست بود.

ح ل: دفعه اول منظورتان کی است؟

ع م: دفعه اولی که خداداد از سازمان برنامه رفت حدود ماه خرداد ۱۳۴۱ بود - همان اواخر حکومت امینی بود. به علت برخوردی که بین دولت و سازمان برنامه در آن موقع پیش آمد، خداداد از سازمان برنامه رفت. بعد از دو ماه هم خود دکتر امینی رفت. آن موقع به نظر من یك حرفهای اصولی می زد. یعنی حرفهای صحیحی می زد، خداداد.

ح ل: آن حرفها چه بود؟

ع م: می گفت که بایست بودجه مملکت با برنامه عمرانی تلفیق بشود و تصمیم گیری در زمینه برنامه های دولت، در زمینه مخارج دولت، در زمینه اجرای برنامه عمرانی و برنامه های عمومی مملکت، در یك جا بشود. و، به حساب، allocation of resources یا تخصیص منابع اعتباری در یك جا صورت بگیرد که اولویتها درست رعایت بشود و بهترین بهره برداری از منابع موجود و مالی دولت بشود. یکیش این

---

[۱۰۳] نگاه کنید به: ص ۱۰۲.

بود. دوم این مسئله را مطرح می کرد که بایست دولت جوابگو باشد و وزارت خانه ها جوابگو باشند - یعنی وقتی که یك برنامه را می آورند، پیشنهاد می کنند و توی برنامه گذاشته می شود، مسؤولیت قبول بکنند. اگر درست اجرا نشود، نتیجه بد بدهد، غلط اجرا بشود، یك کسی باید جوابگو باشد. آخر چرا این جور شد؟ یا اگر یك اعتباری یك جا مصرف می شود، این اعتبار هدر می رود یا حیف و میل می شود یا نمی دانم بد استفاده از آن می شود، باید یك کسی مسؤولش باشد. جوابگو باشد. حالا چه این سیویل باشد، چه نظامی باشد. چه صنعت باشد، چه کشاورزی باشد. این مسئله، به حساب، (answerable) جوابگو بودن به یك چیزی، جوابگو بودن به یك دستگاهی، این را مطرح می کرد. می گفت، سازمان برنامه بایست این قدرت را داشته باشد که وقتی اعتبار می دهد، وقتی دستگاه اجرا نکرد، اولاً بتواند گزارش از او بگیرد و بعداً اگر بد اجرا کرد، بگوید، آقا، تو بد اجرا کردی. توجه می کنید ؟ یعنی یك، به حساب، [قدرت] قضاوت به سازمان برنامه داده بشود و این قدرت قضاوت موجب بشود که سال به سال بودجه بهتر بشود. برنامه بهتر بشود. تنظیم برنامه بهتر بشود و استراتژی و تصمیمات کلی برنامه ریزی، با توجه به این گزارش گیریها و ارزش یابیها باشد. خیلی این حرفش درست بود. یعنی می گفت بایست کاری [را] که مجریان عرضه می کنند ارزشیابی کرد و کسی که درست کارش را انجام نداده بایست بیاید مسؤول باشد. جوابگو باشد.

اما دفعه دومی که خداداد رفت بعد از جلسه ای بود که در تخت جمشید برگذار شد برای برنامه پنجم. در آن جا یك مقدار زیادی نظرات سازمان برنامه مورد تأیید قرار

نگرفت - یعنی یك مقدارش را اعلیحضرت قبول نکردند و دولت هم بیشتر طبعاً [در] تأیید نظرات اعلیحضرت بود که با نظرات سازمان برنامه اختلاف داشت. خوب، البته از نظر سازمان برنامه جلسه ای بود که مسائل اصلی رویش تصمیم گرفته نشد و حل نشد. جلسه هم که تمام شد اعلیحضرت گفتند، «خوب فعلاً همین جور برویم جلو تا ببینیم چه می شود. چون تحولات خیلی عظیمی در پیش است.» در آن موقع اعلیحضرت آن شوك اول نفت را پیش بینی می کردند. می دیدند، ولی ما نمی دیدیم. خداداد هم نمی دید. به این جهت، برنامه بر اساس فرضیاتی بود که خداداد و دیگران رویش کار کرده بودند. برنامه را ریخته بودند. در حالی که اعلیحضرت یك چیزهای دیگر می دیدند و برنامه شان خیلی وسیع تر و خیلی جاه طلبانه تر از آن چیزی بود که اینها می دیدند. در نتیجه تصمیمات و اظهار نظرهای اعلیحضرت بر اساس آن فرضیات بود. سازمان برنامه بر اساس گزارشها و اطلاعاتی که در دست داشت - فرضیات محدودی که در اختیار داشت - آنها را اساس قرار می داد. لذا نمی توانست یك نوع تفاهم و، به حساب، اتفاق نظری وجود داشته باشد. به این جهت جلسه خوب تمام نشد. در حالت نیم بندی درواقع تمام شد.

اما مسئله اصلی [که به دلیل آن] خداداد رفت به نظر من آن نبود. برای این که، خوب، این مسئله ای بود که دائماً بایست ما با آن درگیری بودیم. برنامه ریزی هیچ وقت به آن معنای واقعی کلمه در ایران نضج نگرفت و شکل نگرفت و محترم شمرده نشد. یك چیز جالبی نبود. خداداد در آن موقعی که از سازمان رفت، موضعش بیشتر این بود که شخصاً یك موقعیت بهتری پیدا بکند. به عنوان وزیر وارد کابینه بشود. هویدا گفته

بود که نه، مدیر عامل سازمان برنامه باید معاون نخست وزیر بشود و به عنوان معاون نخست وزیر این کارها را بکند چون نخست وزیر است که مسؤولیت سازمان برنامه را دارد.

ح ل: آن موقع رئیس سازمان برنامه وزیر مشاور نبود؟

ع م: نه، نه. آن موقع مدیر عامل سازمان برنامه بود که بعداً در آن شکل جدیدی که می خواستند که سازمان برنامه را در دولت ادغام بکنند و داخل دولت بکنند، می بایست یك سمتی به او می دادند.

مسئله سومی که خداداد خیلی با آن مخالف بود - یعنی دلیل دیگر رفتنش - این بود [که] وزارت دارایی که آقای جمشید آموزگار وزیرش بود، ایستاده بود که امور مالی بایست از سازمان برنامه جدا بشود. یعنی همان طور که بودجه همه اش [از وزارت دارایی] رفته به سازمان برنامه، حالا بایست تمام پرداختها بیاید به وزارت دارایی. در نتیجه ذیحسابی های سازمان برنامه بایست از سازمان برنامه جدا بشوند. بروند در وزارت دارایی و دستگاه پرداخت - یعنی خزانه تمامش جمع بشود در وزارت دارایی. وام و اعتبارات خارجی هم که گرفته می شود، وزارت دارایی بایست مذاکره و عمل بکند و وزارت دارایی باشد که اداره اش بکند و اجرا بکند.

این هم مورد توجه خداداد نبود برای این که خداداد خودش توی این کار خیلی تخصص داشت و به عنوان یك رئیس سابق بانك مرکزی [که به سازمان برنامه] وارد شده بود می گفت این کارها را خیلی بهتر من می توانم اداره بکنم. [به علاوه] سازمان برنامه در زمینه تماس با خارجیها تجربه بیشتری دارد. سازمان برنامه [باید] دستگاه وام گیرنده و اعتبار گیرنده و مذاکره کننده با خارج باشد. وزارت دارایی یك چنین آمادگی

ندارد. خداداد روی این سه زمینه رفت. استعفا داد و رفت.

البته بعدش که آمدند سروقت من، من اکراه داشتم بروم [به سازمان برنامه] برای این که من توی وزارت کار خودم را موفق می دیدم و کارش را یواش یواش دوست داشتم. دلم می خواست توی وزارت کار یك کارهای دیگری بکنم که فرصتش را پیدا نکردم. خیلی دلم می خواست در وزارت کار بمانم، ولی خوب. خیلی هم به خداداد التماس کردم که، آقا، نرو از سازمان برنامه. تو که بروی، می آیند سر وقت من و من نمی خواهم بیایم توی سازمان برنامه. چون می دانم سازمان برنامه برای کسی که بخواهد یك کاریری داشته باشد، یك ادامه وضعی داشته باشد از نظر سیاسی جای خوبی نیست. ولی خوب، خداداد گوش نداد و روی نظرات خودش ایستاد و رفت و بعداً من رفتم سرجایش.

ح ل: گویا صحبت از کوچك کردن سازمان برنامه هم بود. آیا منظور از کوچك کردن همین انتقال امور مالی به وزارت دارایی بود؟

ع م: یك مقداریش بود.

ح ل: یا جنبه دیگری هم داشت؟

ع م: یك مقدار هم، خوب، کارمندهای قدیمی داشت. کارمندهای زیادی داشت که حقوق می گرفتند [ولی] عملاً کار نمی کردند. آن هم بود. می خواستند سازمان برنامه، به عنوان یك سازمان، کوچك بشود دیگر. بله، به عنوان یك سازمان، تشکیلات دولتی، جمع و جور بشود. آن قدر بزرگ نباشد که بود. البته من رفتم آن جا یك تعدادی، در حدود صد و چهل نفری، را بازنشسته کردم که حقوق می گرفتند ولی عملاً سر کار نمی آمدند. ولی عملاً سازمان برنامه قوی تر شد.

ح ل: آها.

ع م: آره. موقعی که من سازمان برنامه بودم در بالاترین نقطه قدرتش [بود] - یعنی از زمان ابتهاج هم قویتر شده بود به علت این که احتیاج بود. من نمی خواهم بگویم که من موجب شدم که چنین قدرتی پیدا کند. احتیاج بود - یعنی همین طور درآمد نفت زیاد شده بود و اعتبارات بیشتر [شده بود] و همه اینها را سازمان برنامه تقسیم می کرد. لذا مرکز تصمیم گیری شده بود. مرکز کنترل شده بود. چون نظارت بر این کارها، کنترل و ارزش یابی کردن که این اعتبارات درست مصرف می شود، کجا مصرف می شود، قدرت فوق العاده ای به سازمان برنامه داده بود.

ح ل: این طور که آقای مهدی سمیعی[۱۰۴] می گفتند در آن جلسه تخت جمشید اعلیحضرت یك نظر خیلی منفی و بدی نسبت به سازمان برنامه - از بالا تا پایین - پیدا کردند.

ع م: همیشه داشتند. [این نظر منفی] همیشه، همیشه نسبت به سازمان برنامه وجود داشت. در تمام مدتی هم که من [در سازمان برنامه] بودم این واهمه [در ذهن اعلیحضرت] وجود داشت که [کارمندان] سازمان برنامه همه کمونیست هستند و هر چه اعلیحضرت می گویند قبول نمی کنند. هرجا هم که کار خراب می شود تقصیر را گردن اعلیحضرت می اندازند.

ح ل: آیا در جلسه تخت جمشید اتفاق خاصی افتاد که ایشان را نسبت به سازمان بدبین تر کند؟

ع م: نه. طبعاً این برخورد عقاید، برخورد نظریات، این

---

[۱۰۴] مهدی سمیعی، عضو بانك ملی ایران (۱۳۳۱-۱۳۳۶)، قائم مقام بانك توسعه صنعتی و معدنی ایران (۱۳۳۸)، رئیس بانك مرکزی (۱۳۴۲-۱۳۴۷)، مدیر عامل سازمان برنامه (۱۳۴۷-۱۳۴۹)، رئیس بانك مرکزی (۱۳۴۹-۱۳۵۲) و رئیس صندوق توسعه کشاورزی (۱۳۵۲-۱۳۵۷). نگاه کنید به خاطرات او در مجموعه تاریخ شفاهی ایران.

مقابله همیشه وجود داشت. توی تمام جلسات سازمان برنامه بود، ولی در بعضی جلسات کمتر، در بعضی جلسات بیشتر. ولی در تخت جمشید علت اصلیش به نظر من این نبود که یك نوع شك و تردیدی نسبت به سازمان برنامه وجود داشت. علتش این بود که اعلیحضرت [در] آن موقع بالا رفتن درآمد نفت، چهار برابر شدن قیمت نفت را می دیدند - یعنی احساسش را داشتند. سازمان برنامه نداشت. توجه می کنید ؟

ح ل: بله.

ع م: لذا ایشان تصمیماتشان را، نظراتشان را، برنامه هایی را که پیش بینی می کردند، براساس آن درآمد افزایش یافته [قرار داده بودند]، در حالی که اطلاعی که سازمان برنامه داشت بر اساس آن چیزی بود که در گذشته بوده و پیش بینی که می توانست بر آن اساس در آینده بکند. لذا اصولاً دید و قضاوت فرق داشت. برخورد بیشتر به آن علت بود. و الا آن شك و تردید نسبت به سازمان برنامه همیشه وجود داشت.

آن سالهای آخری که من بودم موقعیت سازمان برنامه خیلی بدتر شده بود - به علت بحثهای سیاسی و تحولی که جامعه پیدا کرده بود و آدمهایی که از خارج آمده بودند و انتظاراتی که جوانها داشتند و این حرفها. طبعاً دلشان می خواست خیلی با شهامت بیشتری اظهار نظر بکنند. من هم طبعاً انتظارات آنها را درك می کردم. لذا، یك مقداری ما را در موقعیت مشکلی می گذاشت در مقابل اعلیحضرت.

ح ل: من با اجازه تان جلسه امروز را در این جا خاتمه می دهم.

ع م: خیلی ممنون.

[جلسه سوم: پنجشنبه ۲ آبان ۱۳۶۴ برابر با ۲۴ اکتبر ۱۹۸۵]

ح ل: در آخر جلسه قبل به زمانی رسیدیم که شما عهده دار مسؤولیت سازمان برنامه شدید. اگر اشتباه نکنم، این جریان در دی ماه ۱۳۵۱ [ژانویه ۱۹۷۳] اتفاق افتاد. قبل از این که آن جا را بگیریم و ادامه بدهیم، می خواهم چند واقعه مهم را که گویای شرایط سیاسی - اجتماعی آن زمان است با شما در میان بگذارم. امیدوارم ذکر این وقایع کمك کند که شما خاطرات دیگر خود را بیاد بیاورید و مطرح کنید. یکی از وقایع آن زمان جشن دو هزار و پانصد سال شاهنشاهی است که در مهرماه ۱۳۵۰ [اکتبر ۱۹۷۱] برگذار شد. در فروردین ۱۳۵۱ [مارس ۱۹۷۲] اولین گروه، به اصطلاح آن زمان، خرابکار اعدام شدند. در اردیبهشت [ماه مه] مسئله فروش سهام کارخانجات به کارگران مطرح شد. در اوایل تیر ماه [آخر ماه مه] آقای نیکسون، رئیس جمهوری آمریکا، به تهران آمد. در تیرماه [ژوئن] اعلیحضرت به سازمان بین المللی کار در ژنو رفتند و آن جا گویا بمبی در ساختمان گذاشته شده بود. چند روز بعد، صحبت از خرید هواپیماهای کنکورد از انگلیس شد. در ایران دبیر کل حزب مردم تغییر یافت. آقای کنی[۱۰۵] کنار رفت و چند ماه بعد آقای ناصر عامری[۱۰۶] سرکار آمد. در دی ماه ۱۳۵۱ [ژانویه ۱۹۷۳] آقای ریچارد هلمز سفیر آمریکا در ایران شد و یکی دو روز بعد بود

---

[۱۰۵] علینقی کنی، معاون نخست وزیر (۱۳۴۲-۱۳۴۳)، دبیرکل حزب مردم (۱۳۵۰-۱۳۵۱) و وزیر مشاورد و رئیس سازمان اوقاف (۱۳۵۷).

[۱۰۶] ناصر عامری، معاون بانك مرکزی (۱۳۴۳-۱۳۴۷)، مدیر عامل صندوق توسعه کشاورزی (۱۳۴۷-۱۳۵۳) و دبیرکل حزب مردم (۱۳۵۲-۱۳۵۳).

که برنامه پنجم توسط آقای هویدا به مجلس تقدیم گردید و شما از وزارت کار به سازمان برنامه منتقل شدید. حالا آیا این مجموعه وقایع که زیاد با هم مربوط نیست، خاطرات خاصی را به ذهن شما می آورد؟

سخنرانی شاه در کنفرانس سازمان بین المللی کار

ع م: والله، چیزی که توی این وقایع من در آن زیاد دخالت داشتم و خیلی هم جالب بود، همان تشریف فرمایی اعلیحضرت به ژنو و شرکت در جلسه سالانه کنفرانس بین المللی کار بود. من به عنوان وزیر کار این را از مدتی پیش در سازمان بین المللی کار مطرح کرده بودم. برنامه ای تنظیم کرده بودیم و ترتیب خیلی خوب داده شد برای این که اعلیحضرت بیایند آن جا و خطاب به جلسه عمومی کنفرانس بین المللی کار مطالبی بفرمایند. خوب، خیلی جریان جالب بود چون استقبال فوق العاده خوب بود. البته در شهر ژنو از یك روز قبلش پلیس از طریق سایر کانتون های سویس کمك گرفته بود و مجهز شده بود. خوب، این اعضای کنفدراسیون محصلین ایرانی و آدمهای ماجراجویی که آن موقع زیاد این کارها را می کردند، از این فرصتها استفاده می کردند برای شلوغ کردن و اعتراض و تظاهرات و غیره. خوب، مأمورین سوئیسی هم تجهیز شده بودند. در نتیجه درواقع رو در رویی - رویا رویی بین پلیس ژنو و بعضی از اینها شد. ولی چیز مهمی نبود.

تا اعلیحضرت تشریف فرما شدند و خیلی خوب از ایشان پذیرایی شد و نطق خیلی خوبی کردند. تقریباً یك ساعت سخنرانی شان طول کشید و سالن کنفرانس مملو بود از نماینده. تنها کسانی که یك واکنش مخالف نشان دادند هیئت نمایندگی

سوریه بود که وقتی که اعلیحضرت به جلسه تشریف فرما شدند، پاشدند و رفتند. عراقیها که از اول شرکت نکرده بودند، صندلی هایشان خالی بود. ولیکن نماینده سوریه، موقعی که اعلیحضرت تشریف فرما به سالن شدند، پاشد از سالن رفت بیرون - آن هم فقط رئیس هیئت نمایندگی شان. این تنها جریان - شاید چیزی - بود که در سالن اتفاق افتاد.

ولیکن در مقابل سالن ُپر ُپر، بود - چه جای نمایندگیها، چه جای تماشاچیها -ُپر و تقریباً یك ساعت سخنرانی طول کشید. نفس از کسی در نیامد. خیلی هم به دقت همه گوش دادند. نطق هم، خوب، خیلی خوب تهیه شده بود و خیلیُ پر مطلب بود - از نظر یك کشور جهان سوم که چه جور به مسائل روابط کار، مسائل اجتماعی، مسائل اقتصادی نگاه می کنند. خیلی نطق خوبی بود. بعد هم یك ناهار خیلی خوبی مدیر کل سازمان بین المللی کار آقای جنکس (Jenks) برای اعلیحضرت داد. بعداً هم تماسهایی برقرار شد. دو مرتبه هم نماینده ها آمدند حضور اعلیحضرت عرض احترام کردند. بعداً هم ناهار برگذار شد و بعد از ناهار هم یك مقدار صحبتهای خصوصی شد با مسؤولین سازمان بین المللی کار - مسائل خصوصی نه - یعنی مسائل غیر رسمی - مسائلی که در زمینه مباحث کار و روابط کار و روابط صنعتی و مسائل اقتصادی و اجتماعی یك کشور مثل ایران بود و همکاری هایی که ایران با سازمان بین المللی کار در این زمینه دارد و باید داشته باشد. خیلی جلسه خوبی بود. ساعت سه بعد از ظهر یا سه و نیم بعد از ظهر اعلیحضرت رفتند فرودگاه و تشریف بردند. خوب، این جلسه خیلی خوبی بود.

تنها مسئله ای که یك خرده اعلیحضرت را ناراحت کرد موقع ورودشان به کاخ سازمان ملل بود. آن جا جلوی در که می خواستند وارد بشوند، زنی که الجزیره ای بود و کارمند سازمان بین المللی کار هم نبود ولیکن موقتاً برای کنفرانس استخدامش کرده بودند - برای این که مواقعی که کنفرانس سالانه تشکیل می شود، کار زیاد است. به طور موقت یك کسانی را می گیرند، برای یك ماه یك ماه و نیم که کمك کنند. این [زن] از این جور آدمها بود که برای یك ماه سازمان بین المللی کار گرفته بود که برای کارهای منشی گری و ترجمه و این حرفها از او استفاده بکند - این زن به عنوان کارمند اجازه داشت در محوطه باشد. به این جهت موقعی که اعلیحضرت از ماشین پیاده شدند و خواستند وارد کاخ سازمان ملل بشوند، این زن پرید جلو و توهین کرد. یك مقداری حرفهایی زد: «آدمکش» و از این جور چیزها به اعلیحضرت خطاب کرد. پلیس فوراً گرفتش و خیلی هم بعداً از ما عذرخواهی کردند که تمام دقتها را کرده بودیم که چیزی خلاف نظم نشود، ولی متأسفانه کارمند موقت خود سازمان ملل بود و این کار را کرد.

اعلیحضرت هم خیلی ناراحت شد. حتی یادم است بعد از این که نطقشان تمام شد و رؤسای هیئتهای نمایندگی را پذیرفتند و بعداً آمدند قدری استراحت کنند قبل از این که سر ناهار بروند - آن جا که مسؤولین سازمان ملل و سازمان بین المللی کار ایستاده بودند - خیلی متأثر بودند. گفتند، «من خیلی متأسف شدم که چنین حادثه ای صبح پیش آمد. چنین جریانی پیش آمد.» و آنها هم خیلی اظهار تأسف کردند و گفتند، «خوب، این چیزها پیش می آید و آدم نمی تواند همه

چیز را کنترل بکند.» اعلیحضرت گفتند، «چرا به من چنین عنوانی داد؟ چرا به من گفت آدمکش؟ من کی را کشتم؟ [مگر] به جز این [است] که دارم یك مملکتی را اداره می کنم و مملکت ایجاب می کند که نظمی داشته باشد و قانونی داشته باشد؟ چرا این نسبت به شخص من است؟»

فرمایش اعلیحضرت این بود که حتی آدم نباید به خودش اجازه بدهد که مسئله را شخصی تلقی کند - یعنی این قدر دیدشان دید مملکتی بود. به خاطر مملکت فکر می کردند و کار می کردند. از این جهت [این] واقعه جالبی بود که آن روز اتفاق افتاد، ولی در مجموع خیلی روز خوبی بود. من تمام این برنامه را ترتیب داده بودم و از اول تا آخرش را برنامه ریزی کرده بودم و از قبل رویش کار کرده بودم.

موقعی که اعلیحضرت تشریف بردند، خیلی احساس راحتی خیال و راحتی وجدان کردم. واقعاً حضورشان، شرکتشان در این جلسه سازمان بین المللی کار این قدر موفقیت آمیز بود چون آوردن اعلیحضرت به سازمان بین المللی کار - [یعنی] دستگاهی که حداقل یك ثلثش نماینده کارگر است، تعدادی از نمایندگان دولتش مال کشورهای خیلی تندرو و افراطی هستند و چپ رو هستند و آن موقع و فضا و جوی که بعضی ها علیه ایران به وجود آورده بودند - مسؤولیت سختی بود. کار خیلی خطرناك و ریسکه (risqué) ای بود. ولی خوب، خیلی خوب برگذار شد. به طوری که خود مسؤولین سازمان بین المللی کار می گفتند، «ما کمتر یك ویزیت رئیس دولتی داشتیم که این قدر خوب باشد. این قدر مؤثر باشد و این قدر منظم و مرتب و مجلل باشد.» به هر صورت این خاطره خوشی بود که از آن دوران داشتم که شما اشاره کردید و

گفتم راجع به آن صحبت بکنم. تقریباً به جز همان شب قبلش که ایرانیها آمده بودند توی شهر و با پلیس برخوردهایی شده بود، هیچ جریان دیگری نبود. شهر ساکت بود و آن روز، می گویم، تنها واقعه نامطلوب همان حرف آن زَنَك الجزیره ای بود.

اعزام کارگر به خارج از کشور

خوب، دورانی بود که همه چیز در حال تحول بود از جمله مسائل مربوط به کارگرها و کارفرماها و منظم کردن روابط اجتماعی و روابط صنعتی و روابط کار. خوب، دوره ای بود که من خیلی درگیر بودم و خیلی مشغول بودم. فکر می کردم که در موقعی که دارد مملکت این تحول صنعتی شدن را پیدا می کند و این پیشرفت اقتصادی را دارد به عمل می آورد، لازم است که موازی آن حتماً تحولات اجتماعی باشد و الا آن توازن و تعادلی که بایست در اجتماع به وجود بیاید، به وجود نخواهد آمد. به این جهت این را وظیفه واقعاً هم ملی و میهنی خودم می دانستم، هم وظیفه شغلیم که بکوشم که وزارت کار آن نقشی را که بایست بازی کند - در یك چنین مجموعه ای - بتواند درست نقش خود را ایفا بکند. در این راه هم، خوب، کمکهای خیلی زیادی از متخصصین گرفتم، چه متخصصین اروپایی، چه متخصصین آمریکایی. آدمهای خیلی عالم و باتجربه و متخصصی را دعوت کردم به تهران که آمدند آن جا با ما روی این زمینه ها کار کردند و تبادل نظر کردیم که بتوانیم پایه و اساس روابط کارگری را محکمتر بکنیم و بهتر بکنیم. از جمله کارهایی که در آن موقع کردیم همان طوری که قبلاً اشاره کردم، ایجاد یك نوع رابطه بین این سه جناح کارگر

و کارفرما و دولت بود در قالب کنفرانس ملی کار در ایران. یعنی از سال ۱۳۴۸ به بعد هر سال ما یك کنفرانس ملی کار را ترتیب دادیم که خیلی خوب بود و خیلی روحیه، - به خصوص - کارگران و سندیکاها را بالا برد که دیدند که در سطح ملی نقشی دارند و به عنوان یك سازمان و مرجعی که صلاحیت اظهار نظر دارد در سطح ملی شناخته شدند.

عرض کنم علاوه بر آن، همان طور که قبلاً هم اشاره کردم، در زمینه کارآموزی و، به حساب، تعلیمات حرفه ای برای کارگران سازمان خاصی به وجود آوردیم در مراکز مختلف در سطح مملکت. مسئله ای که آن موقع مطرح بود که الان خیلی به نظر عجیب می آید ولی آن موقع واقعاً مسئله حاد بود از نظر ما که نشسته بودیم در وزارت کار و به مسئله از جنبه اشتغال نگاه می کردیم، [پدیده بیکاری بود]. ما براساس مطالعات آماری و دموگرافیك - به حساب مطالعات جمعیت - به این نتیجه رسیده بودیم که آن قدری که نیروی تازه نفس وارد بازار کار می شود، ما نمی توانیم ایجاد شغل بکنیم. در نتیجه ما برای این که از یك نوع پدیده بیکاری در شهرها احتراز بکنیم، بایست برای این کارگرهای اضافی که خواهیم داشت یا جویندگان کار اضافی که خواهیم داشت بازار پیدا کنیم.

آن موقع یك برنامه ای را شروع کردیم برای این که بتوانیم اینها را بفرستیم به کشورهایی مثل آلمان، مثل هلند. آن موقع صحبت از آفریقای جنوبی هم بود برای بعضی کارها. از جمله ایجاد پالایشگاهی در افریقای جنوبی [را] ترتیب دادیم که کارگران بروند آن جا کار بکنند. در هلند ترتیب دادیم [که]

کارگران ایرانی برای ساختن لوله گاز [به آنجا] بروند. به هر صورت آن دوره مسئله ای که خیلی جالب بود برای ما این بود که راه را باز کنیم برای این که ایرانی هایی که می خواهند کار داشته باشند و یا این که حداقل می خواهند کار صنعتی یاد بگیرند و در ایران امکان فراگیری برایشان به اندازه کافی نیست، بتوانند به خارج بروند. اولین مذاکره رسمی که در این زمینه شد با آلمانها شد. ما حدود دویست، سیصد نفر کارگر فرستادیم.

اولین گروه را به آلمان فرستادیم که در کارخانجات اتومبیل سازی فورد، در کارخانجات کشتی سازی و کارخانجات لاستیک سازی به کار گمارده بشوند و کار بکنند که، خوب، خیلی خوب بود. خیلی استقبال زیادی شد. چون ما دیدیم بیش از آن تعدادی که احتیاج داریم، تقاضا هست، برایشان مسابقه گذاشتیم و یک نوع انتخابی کردیم از کسانی که هم زبان تا حدی بلد هستند، هم جوان تر هستند، علاقه دارند کار یاد بگیرند. اینها را فرستادیم به آلمان. برای آفریقای جنوبی با همکاری شرکت نفت ترتیب این کار را دادیم- یعنی روی درخواست شرکت نفت بود. در مورد هلند هم با آن شرکت فرانسوی، آنتروپوز که کارهای لوله کشی گاز را در هلند می کرد، با آن طرف قرارداد شدیم. راه را باز کردیم برای این که کارگران ایرانی - یعنی جویندگان کار- بتوانند در واقع بروند، هم کار یاد بگیرند، هم به محیط اجتماعی و صنعتی کشورهای پیشرفته آشنایی پیدا بکنند که بعداً در موقع بازگشتشان به ایران بتوانند در این زمینه هایی که مورد علاقه خودشان بود و مورد علاقه وزارت کار بود فعال باشند.

ولی، خوب، بعداً توسعه اقتصادی مملکت آن چنان سریع

شد - به خصوص پس از افزایش و بالا رفتن قیمت نفت - که دیگر نه تنها کمبود شغل و جوینده کار اضافی نداشتیم بلکه کمبود نیروی کار هم داشتیم که مجبور شدیم از خارج وارد کنیم.

ریاست سازمان برنامه

ح ل: حالا بپردازیم به اولین روزی که شما برای معرفی رسمی به سازمان برنامه رفتید. حتما رئیس قبلی سازمان برنامه هم در آن جلسه حضور داشت.

ع م: بله.

ح ل: چه خاطراتی از آن روز دارید؟ از همان روزهای اول با چه گرفتاریها و مشکلاتی روبرو بودید؟ مسئله روزتان چه بود؟

ع م: چون من قبل از این که برای بار دوم به سازمان برنامه بروم چهارده سال در سطوح مختلف از پایین تا بالا در سازمان برنامه کار کرده بودم، سازمان برایم آشنا بود. احتیاج نداشت که من دومرتبه یا از نو با تشکیلات آشنا بشوم. لذا هم مسؤولین را می شناختم - که از همکاران سابق خود من بودند - هم محیط را می شناختم، هم نوع کار را می دانستم.

من دقیقاً ۱۹ دی ماه ۱۳۵۱ بود که رفتم به سازمان برنامه که می شد ۹ ژانویه ۱۹۷۳. در آن موقع سال همیشه می دانستم که مسئله بودجه سال بعد مطرح است. لذا خیلی از این جهت دوره پرغوغا و پرمشغله ای است. به هر صورت، آن روز صبح به اتفاق مرحوم هویدا که نخست وزیر بود رفتیم سازمان برنامه. خداداد فرمانفرمائیان که مدیر عامل مستعفی سازمان برنامه بود آن جا بود و بعضی مدیران سازمان برنامه [هم

حضور داشتند]. خوب، مراسم خیلی ساده برگذار شد چون قصد این که یك نوع تشریفات و مراسمی اجرا بشود نبود. فقط برای این که تشریفات رسمی صورت بگیرد و معرفی انجام بشود. خیلی جلسه دوستانه ای بود چون من و خداداد خیلی با هم دوست و رفیق بودیم. هویدا هم خداداد را دوست داشت و به او علاقه داشت. اطرافیان هم که همه دوستان مشترك بودند دیگر - از نظر من و خداداد همکاران قدیمی سازمان برنامه بودند و ضمناً هم دوستان شخصی مان. لذا محیط دوستانه خیلی خوبی بود. فقط هویدا اظهار تأسف کرد از این که خداداد نتوانست یا نخواست به کار ادامه بدهد و اظهار امیدواری کرد که من [مجیدی] چون می دانم و وارد هستم و اهل سازمان برنامه هستم، این، به حساب، تغییر و تحول راحت انجام بشود و زودتر به مسائل فوری برسیم که اول فروردین ۱۳۵۲ شروع برنامه پنجم است. بودجه اولین سال برنامه هم بایست [هر چه زودتر آماده شود]. لذا، خوب، هویدا هم در این زمینه صحبت کرد و اظهار امیدواری کرد که با آمدن من به سازمان برنامه این نگرانی ها زودتر رفع بشود و بتواند کار انجام بشود. جلسه خیلی خوبی بود.

بعد از این که هویدا رفت، خداداد از من خداحافظی کرد و مثل همیشه [مثل] دو تا دوست از هم جدا می شدیم - خیلی با هم گرم بودیم. خداداد هم گفت که اگر برای اوائل کار احتیاج به نظری، کمکی داری، من در اختیار هستم. من [هم] گفتم این جا در هر صورت محل کار تو و خانه هر دویمان است. هر موقعی تو هم مسائلی داشتی، می توانی بیایی این جا با هم صحبت بکنیم. حرف بزنیم. به هر صورت خیلی خوب بود. جلسه خوبی بود. منتهی از فردای آن روز من مواجه با مسائل عمده ای شدم

چون چند مسئله مطرح بود.

اول، تغییر مسؤولیتها و تغییر شکل سازمان برنامه. چون علت این که خداداد می رفت - همان طوری که قبلاً توضیح دادم - این بود که یك نوع تجدید سازمانی می بایست در سازمان برنامه داده می شد. وزیر دارایی که آن موقع آقای جمشید آموزگار بود اصرار داشت که این کار زودتر صورت بگیرد. پس یك تغییر تشکیلات در سازمان برنامه مطرح بود، از نظر این که امور مالی سازمان برنامه برود [به] وزارت دارایی. یك مقداری بار سازمان برنامه از نظر کارهای اجرایی سبك بشود. سازمان برنامه هر چه کار اجرایی می کند داده بشود به دستگاه های دیگر دولتی مربوط. تعداد کارمندان سازمان برنامه کم بشود. یك خرده، به حساب، جمع و جور بشود از نظر پرسنلی.

تمام این مسائل [وجود داشت] که خودش یك مقداری در داخل سازمان برنامه التهاب ایجاد می کرد، افراد را نگران کرده بود. می بایست بودجه سال آینده را تهیه بکنیم که تقریباً مانده بود و رویش تصمیم گرفته نشده بود. دو ماه و نیم هم بیشتر در پیش نداشتیم. ما می بایست ظرف مثلاً کمتر از یك ماه بودجه را آماده کنیم که تقدیم مجلس بشود. خوب، خیلی کار وحشتناکی بود از نظر سنگینی. علاوه بر آن، مقدمات برنامه پنجم، اجرای پنجم [را] هم آماده بکنیم. لذا در آن دو، سه ماه اولِ [کار] من در سازمان برنامه واقعاً حجم کار وحشتناك بود - با یك مقدار اضطراب و نگرانی و دلهره و فشارها و تحریکات مختلف.

دوره خیلی سختی را گذراندم، به خصوص که بعضی از همکاران نزدیك - چون قبلاً با خداداد کار کرده بودند و با این

تغییر شکل سازمان برنامه موافق نبودند و یك مقدار هم برنامه های شخصی خودشان را داشتند که [مثلاً] می خواستند بروند بخش خصوصی یا کار دیگری بکنند - کمك نمی دادند. یا اگر می خواستند کمك بدهند، در آن شرایط نمی توانستند.

مثلاً آقای غلامرضا مقدم[107] که قائم مقام سازمان برنامه بود همان روز اول به من گفت، «مجید، من موقتاً این جا هستم. فقط [منتظرم] آن دوره ای که از نظر مرخصی حقم است برگذار بشود، [بعد] می روم بخش خصوصی. روی من حساب نکن.» علی هزاره هم همین طور. گفت، «من از بانك مرکزی این جا آمدم برای این که در آن شرایط مهدی سمیعی از من خواسته بود. بعداً هم [چون] خداداد خواست این جا بودم، ولی حالا دیگر خسته شده ام. از نظر سلامتی هم گرفتاری دارم» - که راست هم می گفت. از نظر سلامتی گرفتاری داشت - «من می خواهم برگردم. بودجه که تمام شد و داده شد به مجلس من برمی گردم بانك مرکزی.» از این جور چیزها هم داشتیم که همکاران نزدیك[قطع کلام].

ح ل: مهندس علیرضا رادپی[108] چه طور؟ رادپی هم بود آن جا؟

ع م: رادپی هم بود. رادپی یك سال و نیم بود. بعداً او هم رفت به بخش خصوصی. به این جهت فضا [این طور] بود که هم

---

[107] غلامرضا مقدم، معاون وزارت بازرگانی (۱۳۴۰)، قائم مقام بانك مرکزی (۱۳۴۰-۴۲)، قائم مقام سازمان برنامه (۱۳۴۸-۱۳۵۱) و بنیان گذار و رئیس هیئت مدیره و مدیر عامل بانك توسعه و سرمایه گذاری ایران (۱۳۵۱-۱۳۵۸). نگاه کنید به خاطرات او در مجموعه تاریخ شفاهی ایران.

[108] علیرضا رادپی، مدیر شرکت تهران- بوستن، معاون فنی سازمان برنامه (۱۳۵۲) و مدیر عامل بانك مسکن.

می بایست یك [سلسله] کارهای فوریِ خیلی حساسی به موقع انجام بشود، هم تجدید تشکیلات بشود، هم این که یك مقدار [می بایست] به جا به جا [کردن] آدمها، بایستی به پیدا کردن آدمها و همکارانی که بتوانند کار کنند [می پرداختیم]. لذا آن ماه ها ماه های سخت و خیلی پر دردسری بود که خوشبختانه نسبتاً با موفقیت برگذار شد. کارها انجام شد که موجب خوشحالی هم مرحوم هویدا و هم اعلیحضرت فقید [گردید].

عدم آگاهی سازمان برنامه از تعهدات مالی کشور

ح ل: از این تاریخ تا وقتی که لازم شد که در برنامه پنجم تجدید نظر بشود، چه قدر طول کشید؟

ع م: عرض کنم که افزایش قیمت نفت در دسامبر ۱۹۷۳ [دی ۱۳۵۲]، اگر اشتباه نکنم، دسامبر آن سال انجام شد. یعنی هشت، نه ماه پس از شروع برنامه پنجم، قیمت نفت یك دفعه جهش کرد.[۱۰۹] البته اولین تغییر در فوریه سال ۱۹۷۱ [بهمن ۱۳۴۹] در آن جلسه معروف کنفرانس تهران بود. قبل از این که من بروم [به] سازمان برنامه [بود] که قیمت نفت از هر بشکه یك دلار و هشتاد سنت شد دو دلار و بیست سنت، یعنی قیمت هر بشکه ۳۸ سنت بالا رفت و شد دو دلار و بیست سنت. آن در سال ۱۹۷۱

[۱۰۹] در اول دی ماه ۱۳۵۲ برابر با ۲۱ دسامبر ۱۹۷۳ وزیران دارایی و نفت کشورهای حوزه خلیج فارس قیمت اعلان شده نفت سبك عربستان سعودی را به عنوان شاخص از ابتدای ژانویه ۱۹۷۴ برای هر بشکه ۱۱/۶۵۱ دلار تعیین کردند. بر اساس این رقم، قیمت نفت خام سبك ایران از هر بشکه ۵/۲۵۴ دلار به ۱۱/۸۷۵ دلار بالا برده شد. نگاه کنید به: گاهنامه پنجاه سال شاهنشاهی، ج ۵، ص ۲۲۲۹.

بود، اگر اشتباه نکنم.[۱۱۰] بله، ولی آن که یك دفعه جهش کرد و رفت به بیش از پنج دلار رسید، آن در دسامبر ۱۹۷۳ بود. سپس از اول ژانویه ۱۹۷۴ [دی ۱۳۵۲] رفت به یازده دلار و شصت سنت [رسید].

ح ل: آیا آن جهش اولی درآمد نفت در برنامه پنجم منظور شده بود؟

ع م: نه دیگر. برای این که تا [جهش درآمد نفت] شروع بشود، برنامه پنجم براساس فرضیات قبلی تهیه شده بود.

ح ل: پس قاعدتاً با پول جدید و فراوان کار بودجه نویسی برای سال اول باید کار راحتی بوده باشد چون کمبود [قطع کلام].

ع م: نه. مسئله این طور نبود. نه. مسئله این است که ما در سازمان برنامه همیشه این گرفتاری را داشتیم. با آقای اصفیاء [همین] صحبت [را] می کردیم که وقتی درآمد نفت قرار بود بالا برود، ما وحشت مان می گرفت چون همیشه بیش از آن چه عملاً درآمد اضافه بشود، تعهدات اضافه می شد - یعنی پیش از این که حتی اعلام بشود که قیمت چیست، تعهدات و، به حساب، اعتبارات لازم تقاضا شده بود. لذا ما همیشه درگیر این بودیم که چه جوری جواب تقاضاها را بدهیم. لذا درست است که درآمد اضافه می شد، ولیکن همیشه ما بدهکار بودیم و عقب بودیم از تقاضاها. فاصله اعتبارات طرحها، اعتبارات مورد درخواست با

---

[۱۱۰] در ۲۵ بهمن ۱۳۴۹ (۱۴ فوریه ۱۹۷۱) قرارداد جدید نفت بین اوپك و شرکت های بین المللی نفت از طرف وزیر دارایی ایران و وزیر نفت عربستان سعودی در کاخ وزارت دارایی امضا شد و شرکت های نفت دو اصل مربوط به افزایش قیمت نفت در خارج و افزایش فرآورده های نفتی را پذیرفتند. نگاه کنید به: گاهنامه پنجاه سال شاهنشاهی، ج ۴، ص ۱۹۸۵.

آن چه ما عملاً می توانستیم جواب بدهیم خیلی زیادتر بود. همیشه این مشکل را داشتیم دیگر. بله.

ح ل: پس شاید صحبت از خرید هواپیمای کنکورد که در ژوئن ۱۹۷۲ [۱۳۵۱] مطرح شده بود یك نمونه ای از این نوع [قطع کلام].

ع م: بله، بله. ببینید تعهداتی که ما را همیشه خیلی نگران می کرد و غافلگیر می کرد از این قبیل [بود]. چون اطلاع از این که درآمد نفت تا چه حدودی و در چه تاریخی اضافه می شود، دست ما نبود. همان طور که قبلاً توضیح [دادم] ما فقط بعد از این که همه چیز علنی می شد، متوجه می شدیم که وضع از چه قرار است. آن [هم] موقعی بود که پرداخت درآمد نفت عملاً صورت می گرفت و ما می فهمیدیم درآمدمان چه بوده است. توجه می کنید؟

ح ل: بله.

ع م: لذا ما همه اش یك مقدار در تاریکی و با حدس و پیش بینی کار می کردیم و برنامه ریزی می کردیم و تنظیم بودجه می کردیم. لذا قبل از این که ما اصلاً مطلع بشویم که درآمد نفت دارد بالا می رود، مقدار زیادی تعهدات شده بود. خوب، از قبیل همین که می گویید، مسئله خرید کنکورد، مسئله خریدهای نظامی که تعهدات خیلی عمده ای بود، چه هواپیما، چه کشتی، چه کارهای ساختمانی، چه عرض کنم نو کردن یا مدرنیزه کردن سیستم ارتباطات، کامپیوترایز کردن نیروها [چه] از نظر جریان اطلاعات و تماسها و غیره، چه از نظر مخابرات.

اینها همه یك اطلاعاتی بود و برنامه هایی بود که تصمیماتش گرفته شده بود. [بعداً] به ما ابلاغ می شد که باید

برای اینها اعتبار بگذارید. حالا این در زمینه نظامی بود. در زمینه غیر نظامی هم همین طور [بود]. تعهداتی که شده بود روی مثلاً ذوب آهن، تعهداتی که می شد از نظر پتروشیمی، تصمیماتی که روی توسعه صنعت گاز و پتروشیمی گرفته می شد، تصمیماتی که روی توسعه کارهای شرکت نفت می شد، سرمایه گذاریهای شرکت نفت، توسعه میدانهای نفتی، تزریق گاز، ساختن لوله های نفتی مختلف و اصولاً توسعه صنعت نیرو که همه هم خیلی لازم بود. ولی ما در جریان تکوینش نبودیم. متأسفانه در جریان گسترش و تصمیم گیریش نبودیم. اینها معمولاً به ما ابلاغ می شد - موقعی که یا تصمیم قطعی گرفته شده بود یا این که در شرف گرفته شدن بود یا در جریان بود به طوری که ممکن بود به این دو مرحله برسد. لذا، خوب، همیشه ما از نظر جوابگویی به تقاضاهای اعتباری گرفتار بودیم. همیشه از آن جهت عقب بودیم. لذا درآمد نفت اضافه می شد - درست است - ولیکن در مقابلش ما هم بمباران می شدیم بوسیله تقاضاهایی که از چپ و راست برای اعتبار می آمد.

ح ل: با وجود این که برنامه پنجم به تازگی تدوین شده بود، شما می فرمایید که طرحها و خرجهای زیادی بود که پیش بینی نشده بود؟

ع م: قبلاً برایتان مثال زدم. برنامه سوم را ما شروع کردیم. پنج ماه بعدش انقلاب شش بهمن صورت گرفت و شش اصل انقلاب که اصلاحات ارضی عمده ترینش بود اعلام شد. خوب، در مملکتی که می خواهد اصلاحات ارضی بشود، از شش ماه قبل، یك سال قبلش بایست حداقل از نظر بودجه ای از نظر برنامه ریزی، از نظر تأمین اعتبارات و وسایل اجرای آن

آمادگی حاصل می شد . در حالی که، خوب، برنامه تصویب شده بود. یك دفعه یك تغییر عمده در تمام شؤون به وجود آمد به وسیله اصول ششگانه انقلاب شش بهمن که بعداً هم تعداد اصول [آن] خیلی زیاد شد. به عنوان مثال دارم می گویم.

یا مثلاً سالهای بعد، برنامه های بعدی، تصمیماتی که راجع به ایجاد و توسعه نیروی اتمی در ایران گرفته شد. خوب، هیچ کدام توی برنامه پیش بینی نشده بود. وقتی که تصمیم گرفته شد، ما مجبور شدیم برنامه های تأمین نیروی برق و غیره را طوری دست کاری بکنیم که بتوانیم حداقل سال اول شروع برنامه [نیروی اتمی] را پیش بینی بکنیم. فرصت پیدا کنیم که از بقیه قسمت های [برنامه] اعتبارات کافی فراهم بکنیم. یعنی همیشه دنبال این بودیم که راه حل پیدا کنیم [که] چه جوری می شود این تقاضای اضافی را تأمین کرد؟

تصمیمات عمده نظامی به همین ترتیب هیچ وقت قبلاً پیش بینی نشده بود. وزارت جنگ نامه می نوشت که ما امسال برای برنامه هایمان این قدر اعتبار احتیاج داریم و این هم به تصویب رسیده و تقاضا داریم منظور بکنید. در مقابل عمل انجام شده قرار می گرفتیم. مگر این که برویم با آنها صحبت بکنیم و بگوییم یك مقدار بیایید تعدیل بکنید چون نمی توانیم جواب بدهیم. حضور اعلیحضرت می رفتیم. اعلیحضرت تأیید می فرمودند که این کار را بکنید، یا یك خرده دست به کارشان بکنید، طوری زمان بندی بکنید که قابل پرداخت باشد. یك مقدار تصمیمات، می گویم، گرفته می شد بدون این که تاثیر و اثر مالیش را دقیقاً سنجیده باشیم و در برنامه و بودجه پیش بینی کرده باشیم. این یك مسئله دائمی ما بود. هیچ وقت سازمان برنامه از این گرفتاری خلاصی نیافت و

نجات پیدا نکرد.

تصمیم گیری درباره بودجه سازمانهای نظامی

ح ل: اگراجازه بفرمایید، اول از بودجه نظامی شروع بکنیم و آن را بشکافیم که قاعدتاً بالاترین اولویت را داشت.

ع م: بله.

ح ل: بودجه نظامی اصولاً به چه شکل عملی می شد؟ یعنی به چه ترتیبی با سازمان برنامه مطرح می شد؟ تا چه حد جزئیات خرجها یا برنامه ها به اطلاع سازمان برنامه می رسید؟ از کجا به بعد خود دستگاه های نظامی تصمیماتش را می گرفتند؟

ع م: ببینید راجع به این مسائل نمی شود اظهار نظر صریح کرد و توضیح روشن و قطعی داد چون همه چیز در حال تحول بود - یعنی در ابتدای برنامه پنجم آن طوری که ما در آخر برنامه با نظامی ها گفت و شنود داشتیم نبود.

ح ل: اولش نبود؟

ع م: اولش [گفت و شنود] کمتر بود. بعداً بیشتر شد - یعنی همین طور که پیشرفت می کردیم، طرفین احساس می کردند که بهتر است با هم تبادل نظر بکنند. به حساب، بده و بستان اطلاعات بیشتر می شد. این روشی بود که یواش یواش جا می افتاد.

ح ل: حالا اگر آن اولش را بگیریم.

ع م: اول، اولش این [طور] بود که وزارت جنگ به ما صورتی می داد که این بودجه‌ی، به حساب، پرسنلی من است. این بودجه اداری من است. این هم بودجه های، به حساب، کارهای عملیاتی و خریدهای نظامی من است.

ح ل: چند رقم کلی.

ع م: [بله] رقم های کلی. اگر خیلی برای تمام [اقلام] بودجه وزارت جنگ اصرار می کردیم روی مواد هزینه صورتی به ما می دادند [به این ترتیب] که مواد هزینه ما این است. بودجه مان این طوری است. خوب، در ابتدا هم حجم کمتر بود، هم گرفتاریهای ما از نظر منظم کردن بودجه کمتر بود. فقط بیشتر به جنبه صوری و شکلی قضیه نگاه می کردیم تا از نظر محتوا. فکر می کردیم که اول بایست یك نوع، به حساب، گفت و شنود منطقی بین ما به وجود بیاید و پایه ریزی بشود، بعداً برویم راجع به محتوای اینها بحث بکنیم. لذا در ابتدا خیلی موشکافی نمی کردیم. اما رفته رفته حاضر شدند - یعنی حاضرشان کردیم -که اطلاعات بیشتری به ما بدهند. همین طور این جلسات و تماسها بیشتر شد. هم آنها بیشتر ما را شناختند، هم ما بیشتر با آنها کار کردیم. در نتیجه یك نوع همکاری و نزدیکی بیشتری حاصل شد - به خصوص که حجم رقم ها هم بزرگتر شده بود. یعنی حجم رقمها دیگر این نبود که ما چشممان را ببندیم و بگذاریم توی بودجه. بایست بگوییم، «آخر چرا؟ برای چه؟ برنامه اجرایی تان چیست؟» [ناگزیر بودیم که] تنظیمش بکنیم، پا شویم، برویم در محل، ببینیم. [بپرسیم که]، آقا، مثلاً، خوب، شما می گویید «فلان کار را داریم می کنیم.» این کار چیست؟ [بنا بر این] هم بازدیدهای محلی زیاد شد. هم تماس بیشتر شد. هم جلسات منظمی به وجود آمد.

ح ل: مثلاً چه جور کارهایی بود که افراد غیر نظامی می توانستند بروند و سرکشی کنند؟

ع م: کارهای ساختمانی بود. مثلاً، فرض کنید ایجاد

پایگاه‌نیروی دریایی در چاه بهار . خوب، [انجام چنین طرحی] هم ساختن فرودگاه داشت، هم ساختن منزل داشت، هم شهرسازی داشت، هم ایجاد کارخانه برق داشت. یعنی جزئیات طرح - به حساب - ترکیب اجزای آن فرق نمی کرد . مثل کارهای سیویل بود. در مجموع [اگر چه] چنین تشکیلاتی برای هدف نظامی بود ولی عملیاتش از نظر نوع عملیات کم و بیش شبیه کارهای غیر نظامی بود.

ح ل: و اکراه نداشتند از این که [قطع کلام].

ع م: نه، نه، نه. اگر روی تصمیم گیریشان می خواستیم دخالت بکنیم، بله. ولیکن ما چنین کاری نمی کردیم. حتی من یادم هست یکی دو تا از این کارهایی که [برای بازدید به محل] رفتم، آمدم حضور اعلیحضرت گزارش دادم که بعضی از این کارها به نظر من زیاده [روی است]. برای ارتش وسط بر بیابان یك مجموعه ساختمانی کرده اند. تمام خیابان بندیهای وسط محوطه آسفالت. نمی دانم، گلکاری، نمی دانم، سنگ کاری و این حرفها. برای کار نظامی، خوب، یك خرده به نظر من لوکس و تجملی آمد که رفتم گزارشش را دادم به اعلیحضرت. گفتم، اینها خرج می کنند، درست است. ولی به جای این که به حداقل خرج بکنند، حداکثر دارند خرج می کنند. برای این که کارهایی می کنند که واقعاً زائد است.

از این جور مسائل هم پیش می آمد که حتی روی مثلاً کیفیت اجرای طرحها اظهار نظر می کردیم. یا نمی دانم خرید وسائل و غیره. اگر می توانستیم یك حرف منطقی بزنیم، می زدیم.

ح ل: در مورد خرید وسائل و تجهیزات چه طور ؟ آیا در موقعیتی بودید که بررسی کنید [قطع کلام].

ع م: نه، نه، نه.

ح ل: که مثلاً به جای هواپیمای اف۱۴، اف ۱۵ بخرند؟

ع م: نه، نه، نه. آنها اصلاً دست ما نبود. تصمیم گرفته می شد. ما فقط در آن مرحله بحثی که می کردیم [در مورد] اثرات بودجه ایش بود و [برای] آن هم یك راه حلی پیدا کرده بودند که درواقع ما کشیده نمی شدیم به آن بحثها و آن جور، به حساب، ریزه کاریها، آن جور موشکافی ها. راه حلش این بود که چون دولت ایران برای خرید وسائل نظامی قراردادی با دولت آمریکا داشت، [تصمیم گیری] با خود وزارت دفاع آمریکا بود. یعنی ترتیبی که با موافقت اعلیحضرت انجام می شد این بود که آنها خریدهایی می کردند که پرداختش مثلاً ظرف پنج یا ده سال بایست انجام بشود. به هر صورت، قرارهایشان را با آنها می گذاشتند. به ما می گفتند اثر این در بودجه سال آینده چیست؟

ح ل: آها.

ع م: به این جهت ما رقمی که می بایست در سال معین در بودجه بگذاریم می فهمیدیم چیست. توجه می کنید؟ اما این به این معنی نیست که ده تا هواپیما خریدند یا بیست تا هواپیما خریدند. با خودشان بود. به ما می گفتند که شما در سال آینده بابت خریدهایی که ما می کنیم، قسطی که برای سال آینده در بودجه باید بگذارید، [فلان] مبلغ است که ما این مبلغ را می گذاشتیم توی بودجه.

ح ل: خوب، آیا این تقریباً یك عمل انجام شده بود یا این که فرصت برای این بود که بگویید مثلاً [قطع کلام].

ع م: ابداً.

ح ل: که بگوئید مثلاً ما نصف این را می توانیم بگذاریم

توی بودجه.

ع م: از نظر ما عمل انجام شده بود.

ح ل: آها.

ع م: یعنی نمی شد دیگر. وقتی اینها خرید را می کردند، آن قسط معینش را در سال می گذاشتند. نمی شد بگوییم قسط را نمی دهیم، برای این که می دانستیم که مربوط به قراردادهای خیلی محکم و [قطع کلام].

ح ل: آیا می شد بگویید که قبل از این که شما این تعهدات را بکنید، ما را هم در جریان بگذارید که بتوانیم پیش بینی بکنیم یا فلان بکنیم؟

ع م: نه، نه، نه. نه آن فکر می کنم یك مسئله ای است که مسئله دفاع مملکت است. مسئله خیلی حساسی است. اثرات تصمیمات مختلف را که نمی شود دست هر کسی داد. خوب، واقعاً هم از این جهت قابل دفاع بود.

ح ل: آها.

ع م: آنها اشکالی نداشت. ما فقط مسئله را از نقطه نظر اثرات مالی این کار در نظر می گرفتیم.

ح ل: ولی لا اقل نیازشان در چهارچوب سهمی که در کل بودجه داشتند جا می گرفت؟

ع م: خوب بله.

ح ل: یا متغیر بود؟

ع م: ما در آن حد بحث می کردیم. ما راجع به سهم کلی که به نیروهای مسلح [تعلق] می گیرد بحث می کردیم و سعی می کردیم یك مقدار فشرده کنیم. در نتیجه فشارها می آمد به آن قسمتهایی که می شد راجع به آن بحث کرد. یك قسمتی بود درواقع، آن قسمت سخت و هسته ای بود که آن را نمی شد

کاری کرد. اما قسمتهایی که می شد کاری کرد، خوب، بحث می کردیم و سعی می کردیم.

ح ل: یعنی طوری نبود که [به آنها] گفته بشود که تشکیلات نظامی فلان درصد از کل بودجه را دارد. شما هر کاریش می خواهید بکنید، ولی از آن مبلغ تجاوز نکنید که ما گرفتار می شویم؟

ع م: نه. این، به حساب، خشکی و سفت و سخت بودن وجود نداشت. مسئله این بود که ما با مسؤولین نظامی، با رئیس ستاد و با شخص تیمسار ازهاری[111] برای تهیه بودجه [علاوه بر] چند جلسه که خودمان [در سازمان برنامه] داشتیم یا در دفتر نخست وزیر داشتیم. بعداً مقدار زیادی تلفنی با هم صحبت می کردیم و یك مقدار سعی می کردیم که این [ارقام] را تعدیل کنیم - یعنی یك نوع تفاهم و همکاری وجود داشت. ولی می گویم محدود بود - یعنی من حس می کردم که همان قدر که من مشکل دارم و محدودیت دارم در دستکاری و تکان دادن این رقمها و تغییر دادن این رقمها - همان قدر هم تیمسار ازهاری که رئیس ستاد بزرگ ارتشتاران بود [مشکل] داشت.

یعنی می خواهم بگویم که تصمیم گیری در یك شکل، در یك سطحی می شد که زیاد افراد قدرت عمل راجع به آن مسائل نداشتند. یعنی ما در مجموع سعی می کردیم که یك نوع تعادل و توازنی برقرار بکنیم که در آن تندروی نباشد. اگر هم یك موقعی راجع به این مسائل نیروهای مسلح از نظر ما مسئله جدی ای مطرح می شد که تغییر قابل توجهی می بایست صورت گیرد یا تصمیم جدی بایست گرفته بشود، مسلماً

[111] ارتشبد غلامرضا ازهاری، رئیس ستاد بزرگ ارتشتاران (۱۳۵۰-۱۳۵۷) و نخست وزیر (۱۳۵۷).

می بردیم حضور اعلیحضرت. اعلیحضرت هم حرف ما را گوش می دادند و اگر لازم بود دستوراتی می دادند. خیلی موارد اتفاق افتاد که من دیدم که در شرایط عادی کاردم نمی‌برد. حرف مرا کسی نمی تواند قبول بکند. حتی با رئیس ستاد هم صحبت‌می کنم و می بینم نمی تواند [قبول بکند]. بلند می شدم می رفتم حضور اعلیحضرت. می گفتم، «قربان، این است و این است و این است. به این دلیل و به این دلیل و به این دلیل ما فکر می کنیم این جا بایست یك تجدید نظر بشود.» یا می گفتند، «نه. این را من [رسیدگی کردم]. نمی شود. بروید راه حلهای دیگر پیدا کنید.» یا [می گفتند که] در قسمت دیگری کم کنید، یا این که تغییر جای دیگری بدهید، یا این که حرف مرا قبول می کردند و می فرمودند که، خوب، شما مثلاً با فلان نظامی تماس بگیرید. من دستورات لازم را به او می دهم. وقتی ما تلفن می زدیم، می دیدیم دستورات را داده اند و مقام مربوطه می آمد و می نشست و تجدید نظر می کردیم - یعنی داور قضیه همیشه اعلیحضرت بودند.

مشکل وجود داشت. سفت و سخت بودن بعضی مسائل وجود داشت. توجه می کنید؟ ولیکن همیشه یك راه، به حساب، راه حلی از طریق خود اعلیحضرت وجود داشت.

ح ل: بعضی ها گفته اند وقتی که کار به این مرحله می رسید، اعلیحضرت اکراه داشتند شخصاً تصمیم بگیرند و می گفتند که خودتان بروید و مشکل را یك جوری حل کنید - یعنی خودشان نمی بریدند و نمی گفتند، «بله. این را بزنید. آن را اضافه کنید.» آیا این صحت دارد؟

ع م: من خیلی کم دیدم. یا شاید اصلا چنین موردی را ندیدم که من مسئله ای را به عنوان مسئله ای که خودم

نمی توانم حلش کنم یا نخست وزیر نمی تواند حلش کند، ببرم حضور اعلیحضرت و اعلیحضرت طفره بروند. بگویند که نه بروید خودتان حل کنید. من ندیدم.

ح ل: بله.

ع م: من ندیدم - یعنی به نظر من شاید اشتباه از طرف بعضی ها بوده که هر مسئله ای را می بردند پهلوی اعلیحضرت. ولی هر مسئله ای را لازم نبود ببرند پهلوی ایشان. ما هم می بایست آن قدر خودمان فرق می گذاشتیم که هر مسئله ای را نبریم -قبل از این که مطمئن بشویم واقعاً در حدی است که بایست ایشان تصمیم بگیرند. ولی خیلی چیزهایی که در شرایط عادی شاید هیچ کسی نمی برد و در حدی بود که شاید حساسیت فوق العاده ای [ایجاد می کرد]، من بردم. خیلی صمیمانه و روشن حضورشان عرض کردم و خیلی هم عکس العمل خوب و مناسبی از طرف ایشان دیدم.

ح ل: یعنی موقعی که می بایست در مورد اولویتها تصمیم بگیرند، مشکلی نداشتند و بالاخره یك جوری مسئله را [حل می کردند].

ع م: بله، بله.

ح ل: تا آن جایی که شما از دید رئیس سازمان برنامه نگاه می کردید، تا چه حد نیروهای سه گانه اطلاعات لازم را به ستاد بزرگ ارتشتاران می دادند؟ تا چه حد آنها خودشان مستقلاً کار می کردند و نتیجتاً با سازمان برنامه جدا جدا تماس می گرفتند به جای این که از طریق ستاد بیایند.

ع م: تا موقعی که تیمسار خاتم[۱۱۲] حیات داشت، نیروی

---

[۱۱۲] ارتشبد محمد امیرکیوان خاتم، افسر نیروی هوایی (خلبان شاه)، فرمانده نیروی هوایی (۱۳۳۷-۱۳۵۴) و همسر شاهدخت فاطمه پهلوی..

هوایی کاملاً مستقل بود. فقط تقاضاهایش را، رقمهایش را، اعتباراتی را که می خواست، به ستاد دیکته می کرد و ستاد می گذاشت در بودجه. با ستاد بحث درباره آنها نمی شد. به این جهت نیروی هوایی خیلی، به حساب، خود مختار و خیلی مستقل بود.

ح ل: در این مورد اگر بحثی بود، شما با کی بحث می کردید؟

ع م: با خود نیروی هوایی.

ح ل: آها.

ع م: بعدش می آمد نیروی دریایی که، خوب، خود اعلیحضرت خیلی علاقه داشتند این نیرو توسعه پیدا بکند. نیروی دریایی هم یك نیمچه استقلالی داشت. شاید همان قدر استقلال داشت. نیروی زمینی بود که بیشتر در زیر، به حساب، کنترل و تحت [نظر] ستاد بزرگ بود. لذا نیروی زمینی، هم اعتباراتش بیشتر بود، هم از نظر گسترش و تعداد افراد و غیره وسیع تر بود و هم به علت این که از قدیم وجود داشت، همه به مسائلش وارد بودند. طبعاً ستاد بزرگ ارتشتاران هم بیشتر رویش کنترل داشت. به این ترتیب می توانم بگویم که ما عملاً با این سه نیرو جداگانه تماس داشتیم - یعنی تماسمان مستقیماً با نیروی هوایی بود، مستقیم با نیروی دریایی بود، مستقیماً با نیروی زمینی بود. البته تقاضای بودجه - یعنی، به حساب آن چه در آمریکا به آن می گویند budget return یا ما می گوییم «فرمهای تقاضای بودجه» - همه از طریق ستاد می آمد. توجه می کنید؟ ولی [برای] بحث کردن راجع به آن می بایست تلفنی با مسؤول مربوطه در نیروی هوایی و سایر نیروها صحبت کنیم.

عملاً تماسمان جداگانه بود. ولی رسماً همه از طریق ستاد می آمدند. البته یك تفاوتی هم [وجود داشت که در] این جا باید توضیح بدهم [یعنی] در زمینه بودجه جاری این هماهنگی و ارتباط بین نیروها خیلی بیشتر بود تا در زمینه طرحهای عمرانی. در قسمت طرحهای عمرانی بیشتر مستقیم با ما کار می کردند و مسائل بین ما حل می شد تا در مورد بودجه جاری. بودجه جاری بیشتر متمرکز بود در وزارت جنگ و با دخالت ستاد بزرگ ارتشتاران. این توضیح را بدهم چون اسم وزارت جنگ را نبردم. رسماً تماس ما با وزارت جنگ بود - یعنی وزیر جنگ بود که تقاضای بودجه ای را برای ما می فرستاد. بودجه جاری معمولاً آن جا هماهنگ می شد - با دخالت البته ستاد بزرگ ارتشتاران. وزارت جنگ بودجه هر سه نیرو را برای ما می فرستاد. [اما] در زمینه طرحهای عمرانی بیشتر با نیروها جداگانه کار می کردیم.

ح ل: آیا داخل سازمان برنامه کسانی داشتید که به کارهای نظامی وارد باشند؟

ع م: نه.

ح ل: اصلاً افراد نظامی داشتید؟

ع م: نه، نه. ما کارشناسانی داشتیم که روی این طرحها تخصص داشتند. کارشناسی داشتیم که [روی] بودجه جاریشان کار می کرد. در قسمت عمرانی بیشتر با قسمت کارهای ساختمانی و سرمایه گذاری ثابت سر و کار داشتیم. آن جا کارشناسهای لازم را داشتیم.

ح ل: یکی از کسانی که با او مصاحبه کردیم می گفت تیمسار خاتم خودش با بعضی از خریدها و برنامه ها موافق نبود و فکر می کرد که حجم خریدها بیش از قدرت جذب نیروی

هوایی است. می گفت تیمسار خاتم گفته است اگر می خواهید بودجه کم بشود، مستقیماً به اعلیحضرت بگویید به جای مثلاً صد تا هواپیما هشتاد تا بخرند و من هم بودجه ام را به همان میزان کم می کنم. یعنی حتی نیروی هوایی که شما گفتید این قدر استقلال داشت باز تا حد زیادی مجری اوامر شاه بوده. آیا این مطلب صحت دارد؟

ع م: والله من نبودم و نمی دانم که اعلیحضرت و تیمسار امیر خاتمی (خاتم) چه جوری صحبت می کردند. البته می دیدم - حتی توی مهمانیها می دیدم - که پهلوی هم می ایستند و صحبت می کنند. ولی من گوش ندادم ببینم چه می گویند. ولی آن چه من می دانم این است که خاتم اگر مطلبی بود که بایست عمل می کرد، این امکان را داشت و این امتیاز را داشت که بتواند با اعلیحضرت مطرح بکند. بگوید این کار را بکنیم یا نکنیم. وقتی که تصمیم می گرفتند که بایست مثلاً، نمی دانم، سی تا اف ۱۴ خریداری بشود، تیمسار خاتم با جان و دل این تصمیم را تأیید کرده بود. در نتیجه اگر می گفت به من مربوط نیست و به اعلیحضرت بگویید، نقش منفی را بازی می کرده. والا تصمیمات مربوط به نیروی هوایی را هر چه گرفته شد صد در صد خاتم با آن موافق بوده و این امکان را هم داشته که به اعلیحضرت بگوید آره یا نه. یعنی در بحثی که با هم داشتند همیشه خیلی مصمم بود.

تصمیم گیری درباره بودجه سازمانهای غیر نظامی

ح ل: حالا اگر از ارتش که سوگلی بود بگذریم و به نقطه مقابل برویم، کدام وزارت خانه یا طرح بود که به خاطر عدم توجه مقامات عالیه مملکت بودجه اش زده می شد؟

ع م: این بیشتر به نظر من مسئله قدرت اجرایی این دستگاه ها بود و تخصص فنی که اینها داشتند. اعلیحضرت خیلی دلشان می خواست که مملکت نو بشود، مدرن بشود، صنعتی بشود و مکانیزه بشود. طبعاً طرحهایی که این جنبه ها در آنها رعایت می شد خیلی مورد علاقه ایشان بود و ایشان به آن اولویت لازم را می دادند. اما در عین حال هم، خوب، به مسائل اجتماعی می پرداختند - آن چه احتیاجات عمومی مردم است. ولی اصولاً دلشان می خواست زودتر ایران مدرن بشود، زودتر ایران صنعتی بشود، زودتر همه چیز مکانیزه بشود و انفورماتیزه بشود و کامپیوترایز بشود. ضمناً طرحهایی که در این زمینه ها بود اجرایش آسان تر بود. چون مسئله قدرت جذب در آن موقع ایران خیلی مسئله مهمی بود.

ما خیلی اعتبارات می گذاشتیم در اختیار بخش هایی که از نظر اجتماعی و اقتصادی اولویت داشت ولی دستگاه های اجرایی نمی توانستند جذب کنند. در نتیجه چون آن قسمتهای دیگری که می توانستند تکنیسین خارجی بیاورند، ماشین آلات از خارج بیاورند، به دست پیمانکاران طرحهای بزرگ اجرا کنند، قدرت جذبشان هم بیشتر بود. در نتیجه عملاً اعتبارات بیشتری جذب می کردند. طبعاً صنایع عمده، به حساب، صنایع پایه ای، مثل ذوب آهن، مثل پتروشیمی، مثل ماشین سازی، مثل تراکتورسازی، مثل کارخانجات ماشین سازیهای عمده، اینها، خوب، اعتبارات عمده ای می گرفتند. مس سرچشمه، معادن زغال سنگ برای ذوب آهن، اینها اعتبارات عمده ای را جذب می کردند. چرا؟ برای این که بیشترش متخصصین خارجی می آمدند و کار می کردند. یا ماشین آلات از خارج وارد می شد، نصب می شد،

ساختمان می شد، مثل آلومینیوم. اینها قدرت جذبشان بیشتر بود تا مثلاً بخش عمران روستایی. یا نمی دانم ساختن شاهراه های اصلی خیلی آسان تر بود تا ساختن راه های فرعی یا راه های بین دهات و راه های روستایی. طبیعی است آن جاهایی که از نظر اجتماعی و از نظر توزیع ثروت اولویت وجود داشت، جاهایی بود و بخش هایی بود که قدرت جذبش خیلی مشکل بود. تشکیلاتی وجود نداشت برای اداره کردن آنها. توجه می کنید؟در حالی که آن جاهایی که بخش‌ریال(sector) مدرن بود، بخش صنعتی بود یا حتی در کشاورزی بخش کشت و صنعت بود طبعاً چون با تکنیك خارجی [انجام می گرفت و] متخصصینی که از خارج می آمدند یا ایرانی هایی که در خارج تخصص پیدا کرده بودند بودند اجراکننده طرح بودند، [به سرعت] انجام می شد و پول بیشتری هم خورده می شد.

دبیرستانهای چند نوبته در تهران

ح ل: یك مثالی که مطرح شده این است: در شرایطی که امکانات فراوان مالی داشتیم دلیلی نداشت که در آن سالهای آخر بعضی از دبیرستانهای تهران دو نوبته یا سه نوبته کار بکنند. منتقدین می گویند، به جای این که فلان ساختمان غیر ضروری را بسازند، می توانستند ساختمان دبیرستان بسازند. به جای استخدام کارمند جدید برای فلان اداره، معلم بیشتری استخدام کنند و حقوق بیشتری به آنها بدهند. این ایراد تا چه حدی درست است؟

ع م: والله مسئله به نظر من این طور مطرح می شود که اگر ما توسعه اقتصادی خیلی آهسته تر و آرام تری را دنبال می کردیم طبعاً در بعضی زمینه ها خیلی نمی توانستیم

سریع پیش برویم. یا این که از امکانات بیشتر بهره گیری کنیم و این پولی که به عنوان درآمد نفت می آمد را سرمایه گذاری هایی بکنیم که از محل عایدیش در آینده بتوانیم یك توسعه مستمر مداوم داشته باشیم. بحث در انتخاب دو راه گزینش است. حالا اگر ما به این مسئله اهمیت نمی دادیم و بیشتر سعی می کردیم که اقتصاد آرامی داشته باشیم و به یك درصد، دو درصد رشد در سال قناعت می کردیم و مسائل روزمره را حل می کردیم و [به] فکر این که این درآمد نفت که دارد می آید بایست سرمایه گذاری بشود و خودش تولیدکننده درآمد بشود، نبودیم، طبعاً این مسائل حل می شد.

آدم بیشتری برای دبیرستان و دبستان استخدام می شد. اگر چه آن جا هم باز یك گرفتاری بود که آدمهایی که برای رشته معلمی تربیت می شدند محدود بودند.[۱۱۳] در آن جا هم ما محدودیت داشتیم برای این که با وجودی که به تربیت معلم اولویت داده بودیم و خیلی سعی می کردیم که سریع پیش برود، برنامه تربیت معلم هم این محدودیت را داشت. یعنی برنامه تربیت معلم هم لازمه اش این است که شما استاد کافی از نظر تعلیم و تربیت و از نظر مسائل علمی و ادبی و غیره داشته باشید که بتوانید معلم خوب تربیت بکنید. آن جا هم محدودیت داشتیم. با وجود این که تمام فشار را می آوردیم که معلم بیشتری تربیت بشود - [دانشکده] تربیت معلم در رشته های مختلف تربیت معلم در دانشگاه ها داشتیم - مع هذا آن جا هم محدودیت بود. آن هم غیر محدود که

---

[۱۱۳] کمبود نیروی انسانی متخصص و آماده برای کارهای اجتماعی و رفاهی مهم ترین تنگنای طرح های کوچك و متوسط اقتصادی و اجتماعی و به خصوص فرهنگی و رفاهی بود [ع م].

نبود. در نتیجه [از نظر] تعداد معلمی هم که ما می توانستیم تربیت بکنیم -که درست بچه ها را تدریس بکنند - در آن هم دچار مضیقه بودیم. یعنی فقط پول نبود که مسئله را حل می کرد.

ما یك بررسی کردیم برای آینده نگری بیست ساله. بزرگترین تنگنایی که در پیشرفت اقتصادی و اجتماعی ایران مطرح بود، نیروی انسانی بود. یعنی ما از نظر مالی کمبود نداشتیم. از نظر منابع ملی و منابع طبیعی زیاد محدودیت نداشتیم. در بالای لیست محدودیت هایمان و تنگناهایی که داشتیم نیروی انسانی بود. بعدش تولید انرژی بود. بعدش تولید کشاورزی بود. بعدش ارتباطات بود. توجه می کنید؟

ح ل: بله.

ع م: یعنی زیربنا. خوب، ما آدم بایست تربیت می کردیم در تمام رشته ها چه برای برق، چه برای تلفن، چه برای صنعت، چه برای تعلیم و تربیت. لذا آن جا بود که ما کمبود داشتیم. اگر مدارس چند نوبته می شد به علت این نبود که ساختمان وجود نداشت، به علت این بود که معلم به اندازه کافی وجود نداشت و به علت این بود که تشکیلاتی که می بایست درست بگردد به اندازه کافی وجود نداشت. لذا یك آدم دو دفعه حقوق می گرفت در روز. برای این که همین یك آدم بود. در دو نوبت کار می کرد که درآمدش دو برابر بشود. خوب، این اواخر نمی دانم خاطرتان هست یا نه؟ من کسانی را می شناختم که کارشان این بود که از صبح تا شب یك فولکس واگن زیر پایشان بود، از این مدرسه بروند به آن مدرسه. از این آموزشگاه بروند به آن آموزشگاه درس بدهند و پول بگیرند. حقوقشان از کارمندان دولت بیشتر بود، به علت این که چند منبر می زدند.

علتش چه بود؟ برای این که آدم به اندازه کافی نداشتیم برای تدریس.

ح ل: پس به عقیده شما اختصاص منابع عمده به بخش نظامی و طرحهای بزرگ صنعتی اثر منفی روی مسائل مربوط به آموزش و پرورش نداشت چون خودشان نمی توانستند منابع را به سرعت کافی جذب کنند.

ع م: نمی شود این جور تفسیر کرد.

ح ل: نمی شود؟

ع م: نمی شود. نه. برای این که اگر مثلاً ما به این نتیجه می رسیدیم که فرض کنیم [به] نیروی هوایی این قدر احتیاج نداشتیم، لازم نبود آن قدر خرج کنیم که خلبانهای درجه یك برای هلیکوپتر و برای هواپیمای جت و نمی دانم برای گرداندن سیستم ارتباطی و کامپیوتر [در] نیروی هوایی تربیت بکنیم. می رفتیم برای رشته دیگری تربیت می کردیم. برای این که این جور صرف اعتبارات و گسترش دادن برنامه ها از تمام قسمتها می گیرد. توجه می کنید؟ لذا آن انتخاب اصلی است [که مهم است] یعنی آن تصمیم گیری خیلی بالاست که [تعیین می کند] چه بخشهایی اولویت دارند و آنها باید در آن شرایط اول پیشرفت کنند. حالا می بینیم که وقایع بعدی نشان داد که اعلیحضرت دیدشان صحیح بود. در آن شرایط ایشان می دانستند که نیروی مسلح [باید] زودتر و با عجله مجهز بشود، تقویت بشود که مملکت بتواند موجودیت خودش را حفظ بکند.

البته مسائل دیگر هم برایشان مطرح بود که وقایع بعدی عملاً علت نگرانی ایشان را نشان داد. بعد از این انقلاب اسلامی و این جریانات ناشی از آن دیدیم که الان تمام ثروت مملکت دارد

از بین می رود - به علت این که یك حمله عراقیها را نتوانستند جلویش را بگیرند و دیگر این که جنگی که می توانست خیلی راحت اصلاً شروع نشود، پرخاشگری خمینی موجب آن شد. تمام دستاوردهای مملکت دارد از بین می رود - علاوه بر تلفاتی که از نظر نیروی انسانی داشته است.

تجدید نظر در برنامه پنجم و ایجاد تورم

ح ل: حالا خواهش می کنم یك مقداری به جلو برویم و برسیم به جلساتی که برای تجدید نظر در برنامه عمرانی پنجم تشکیل شد. اولاً مقدمه این جلسه چه بود؟ چه عواملی موجب تجدید نظر در برنامه پنجم شد. بعد اگر شما بتوانید جزئیات آن جلسات را به خاطر بیاورید چون گفته می شود طی آن جلسات شما و همکارانتان در سازمان برنامه در صدد بودید برنامه ها و خرجها را در حد امکان منطقی تر کنید ولی زورتان نرسید. در هر حال شما که در آن جلسات شرکت داشتید بفرمایید واقعیت امر چه بود؟

ع م: در این که می بایست [در] برنامه پنجم تجدید نظر می شد تردیدی وجود نداشت. برای این که با بالا رفتن درآمد نفت طبعاً پایه اصلی برنامه ای که در آمد نفت منابعش باشد یك تغییر عمده ای کرده بود. طبعاً می بایست در قسمت اعتبارات عمرانی و موارد مصرف این اعتبارات تجدید نظر می شد. یك نوع تصمیمات منطقی و صحیحی گرفته می شد که منطبق باشد با شرایط جدید از نظر منابع مالی. اما این که ما با چه مسائلی روبرو بودیم و چه جور عمل کردیم و عکس العمل ما چه بود؟ طبیعی است که در آن سالها هر وزارت خانه ای

برای خودش یك برنامه ریزی خیلی جاه طلبانه ای کرده بود. هدفهای خیلی خیلی بالایی را برای خودش معین کرده بود چون هر کدام از این بخش ها، هر کدام از این بخشها، هر کدام از این وزارت خانه ها ارتباط مستقیم داشتند و می رفتند تمام مسائلشان را به [عرض] اعلیحضرت می رساندند. همه شان سعی کرده بودند که به اعلیحضرت بگویند که اگر پول به ما بدهید ما می توانیم اجرا کنیم.

ما در سازمان برنامه گرفتاریمان چه بود؟ گرفتاریمان ایجاد آن تعادل و توازنی بود که اگر ما نمی توانستیم آن پایه های اصلی را حفظ بکنیم و متعادل و هماهنگ با هم بکنیم نتیجه ممکن بود خیلی نامطلوب دربیاید. لذا ما به آن هماهنگی و تعادل و توازنی که می بایست بین بخشها و بخشهای اقتصادی و اجتماعی وجود داشته باشد توجه می کردیم - یك نوع تعادل و توازن از نظر مجموع اقتصاد مملکت که آن را این عاملین طرحها و برنامه ها نمی دیدند و به نظرشان می آمد که ما داریم جلوی کار آنها را می گیریم.

مثلاً خوب خاطرم هست که وزیر پست و تلگراف، هدفی گذاشته بود که تا پایان برنامه پنجم تعداد مشترکین [تلفن] در ایران به دو میلیون نفر برسد که، خوب، هیچ کس بدش نمی آمد. همه دلشان می خواست که به این سرعت شبکه تلفن توسعه یابد. ولی لازمه اش این بود که یك سرمایه گذاری عظیمی می شد در ایستگاه ها و پایگاه های تلفنی و مخابراتی مملکت و شبکه خیلی وسیع به هم مرتبطی را وزارت پست و تلگراف، به وجود می آورد. از همه اینها مهم تر، تعداد قابل توجهی آدم می بایست تربیت می کرد که اصلاً در ظرف آن دوره ای که در مقابل ما بود امکان این که چندین هزار نفر آدم تربیت بشود که

بتواند با یك سیستم الكترونیكی در این حد كار بكند وجود نداشت. لذا ما سعی می كردیم تنگناها و موانع اصلی را گوشزد بكنیم در حالی كه هر بخشی برای خودش این فرض را می كرد كه این همه آدم هست. من می روم تربیتش می كنم. خرج می كنم و آدمها را تربیت می كنم. یا نمی دانم، ساختمان را فلان جور می كنم. یا این كه فلان وسایل پیشرفته مخابراتی را از خارج وارد می كنم. بخشها تك تك برای خودشان فكر می كردند. ما مجموع را می دیدیم و bottleneck ها و تنگناهایی [را] كه در مجموع برای مملكت به وجود می آمد. لذا ما دائماً برخورد داشتیم با متقاضیان اعتبارات و اجراكنندگان طرحها. با مجریان هم ما این گرفتاری را داشتیم. طبعاً در موقعی كه تجدید نظر برنامه [پنجم] مطرح شد، اینها یك دفعه هر كدامشان یك برنامه سرسام آوری برای خودشان پیش بینی كردند.

من خوب خاطرم هست كه كل برنامه پنجم، قسمت اول، بخش دولتیش، در موقعی كه من رفتم به سازمان برنامه هزار و پانصد و شصت میلیارد ریال بود ولی تقاضاهایی كه به ما برای تجدید نظر برنامه رسیده بود از چهار هزار و هشتصد میلیارد ریال تجاوز می كرد. می دانید اصلاً غیرقابل تصور بود كه یك برنامه ای در این حد بتواند توسعه پیدا كند و درست اجرا بشود - به خصوص در ظرف مدت كوتاهی كه برای ما باقی مانده بود و تازه یك سال و نیم اول برنامه هم رفته بود.

ما در تابستان سال ۱۳۵۳ شروع كردیم به بحث راجع به تجدید نظر [در] برنامه كه در نتیجه سه سال و نیم جلویمان بود و با این حجم اعتبارات وحشتناك. خوب، طبعاً ما ناچار بودیم كه مبارزه بكنیم و حرفهایمان را بزنیم. البته، خوب، مجریان

طرحها اصلاً گوششان بدهکار نبود. بعضی از وزرای دیگر هم که در واقع مجری طرح نبودند و مجری برنامه نبودند و در قسمت، به حساب، ستادی نخست وزیر بودند، آنها هم متأسفانه آن طوری که باید و شاید ما را تأیید نمی کردند، حمایت نمی کردند. در نتیجه نخست وزیر هم چاره نداشت جز این که بگوید که تجدید نظر برنامه را ببریم حضور اعلیحضرت در رامسر بحث کنیم.

جلسه گاجره به این صورت خاتمه پیدا کرد که ما تقریباً سه تا راه حل در آوردیم. یکی آن چه خودمان می گفتیم. یکی آن چه وزارت خانه ها درخواست می کردند. یکی هم بینابینش که آن را بالاخره بردیم حضور اعلیحضرت.

ح ل: ارقام این سه راه حل چه بود؟

ع م: الان رقمهایش درست یادم نمی آید. یادم هست مثلاً دو هزار و ششصد، هفتصد میلیارد ریال یا دقیقاً نمی دانم، ولی چنین حدودی بود که ما پیشنهاد می کردیم. برنامه ای که وزارت خانه ها می خواستند چهار هزار و هشتصد میلیارد ریال بود. بینابینش هم یك چیزی در حدود سه هزار و چند صد میلیارد ریال فرض کنیم که، دقیقا نمی دانم. من از روی حافظه دارم می گویم.

ح ل: آیا آن زمان توی روزنامه ها منتشر شد؟

ع م: بله، بله، به این جهت موقعی که رفتیم رامسر پس از بحثهای زیاد اعلیحضرت آن راه حل سازمان برنامه را تصویب فرمودند.

ح ل: عجب!

ع م: بله، راه حل سازمان برنامه را تصویب فرمودند که تازه راه حل سازمان برنامه هم خودش تقریباً یك چیزی شبیه

به دو برابر اعتبارات اصلی برنامه پنجم بود. حالا می گویم رقمها درست یادم نیست، دو هزار و ششصد، هشتصد میلیارد، دقیقاً نمی دانم، ولی به هر صورت یك همچو حدودی بود که تازه آن هم اجرایش خیلی گرفتاری ایجاد می کرد. ولی، خوب، برای این بود که ما مواجه بودیم با یك مقدار تعهداتی که نمی شد کاریش کرد. قطعی شده بود و به حساب، متعهد بودیم.

ح ل: یعنی ظرف این مدتی که برنامه پنجم مورد تجدید نظر قرار می گرفت کلی تعهدات به وجود آمده بود؟

ع م: بله. ما سعی ای که کردیم این بود که بین آن تعهداتی که به وجود آمده بود و بقیه مسائل یك نوع توازن و تعادل به وجود بیاوریم - مثلاً به بخش آموزش به اندازه کافی برسانیم، به بخش عمران روستایی به اندازه کافی برسانیم، به آن جایی که بهداشتی است و درمانگاه ها و بهداشت روستایی و غیره و این حرفها به آنها به اندازه کافی برسانیم. یك نوع تعادل و توازن برقرار بشود. به هر صورت، تمرین خیلی مشکل و سختی بود، ولی در مجموع من فکر می کنم که موفق شدیم که، به حساب، آن پیام اصلی را برسانیم و اعلیحضرت آن [نکته] اصلی ما را گرفتند.

اگرچه یك مقدار در اجراییات باز بی توجهی شد به آن چه تصویب شده بود و آن چه برنامه اصلی شد. دستگاه ها اصولاً خودشان را زیاد در چهارچوب برنامه نمی دانستند. به این جهت، خوب، یك مقدار زیادی از حدود و آن محدودیتهای موجود تجاوز شد، ولی در مجموع تجدید نظر برنامه نسبتاً بهتر از آن چیزی بود که می توانست باشد - یعنی، معذرت می خواهم، بهتر از آن چیزی بود که دستگاه ها درخواست داشتند. اگرچه بهتر از آن چه می توانست باشد نبود، ولیکن مقدار زیادی از

خطراتی که ما می دیدیم جلویش گرفته شد.

ح ل: من تصور کرده بودم که نظرات سازمان برنامه مورد تصویب قرار نگرفته بوده و آن چه نتیجه جلسات شد راه حلهایی بود که وزارت خانه ها می خواستند و به این ترتیب سازمان برنامه تسلیم شده بود.

ع م: خوب، بله. خوب، درست همین طور است. همینی است که دارم می گویم.

ح ل: ولی شما می گویید که پیشنهاد سازمان برنامه مورد تصویب قرار گرفت.

ع م: نه، چیزی که می خواهم بگویم [که تصویب نشد] پیشنهادی است که می تواند پیشنهاد ایده آل باشد که سازمان برنامه داشته باشد [پیشنهادی که بر اساس آن] همه چیز در نظم پیش برود. بالانس (balance) [تعادل] وجود داشته باشد. تعادل وجود داشته باشد. توازن وجود داشته باشد. آن که اصلاً نمی شد. برای این که می گویم تعهداتی شده بود که کاریش نمی شد کرد. تعهداتی هم داشت انجام می شد که ما زورمان به آن نمی رسید. توجه می کنید؟

ح ل: پس آن بحثی را که شما و الکس مجلومیان[۱۱۴] و اینها توی آن جلسات می کردید راجع به چه بوده است؟

ع م: در مورد این بود که بگوییم که این حرفهایی که دستگاه ها دارند می زنند عملی نیست و پرت و پلاست. برای این که می گویم همه روی حداکثر فشار آورده بودند. همه چیز می خواستند. به این جهت لازم بود که به آنها بگوییم که آقا این عملی نیست. نمی تواند بشود. یك مقدار هم موفق شدیم.

---

[۱۱۴] الکس مجلومیان، معاون امور اقتصادی سازمان برنامه.

نمی شود گفت که هر چه ما گفتیم کسی گوش نداد. نه. چرا، موفق شدیم. اما فرق هست بین آن چه شما فارغ از هر نوع اجبار و تکلیف و تنگنایی می توانید تنظیم بکنید تا آن چه می گویید، خیلی خوب. این را که نمی شود کاری کرد. آن را که نمی شود کاریش کرد. این که تصمیم گرفته شده. این که در حال اجراست. بیاییم سعی کنیم که یك نوع توازنی بین اینها به وجود بیاوریم. در آن حد سازمان برنامه، به نظر من، آن چه به عنوان تجدید نظر برنامه به تصویب رسید، در آن حد موفق شد. نمی شد گفت که موفق نشد. توجه می کنید؟ ولیکن البته آن چیزی که کاملاً بشود از نظر منطقی و علمی صحه زیرش گذاشت نبود. اما تازه همین هم که تصویب شد در عمل رعایت نشد. در عمل خیلی از آن تجاوز شد. برای این که، می گویم، هیچ کس خودش را در آن چهارچوب مقید نمی دانست.

ح ل: پس حالا بپردازیم به ارتباط افزایش بودجه و آن تورم خیلی شدیدی که به وجود آمد، مسئله بالا رفتن قیمتها، برخورد با مغازه داران و اصناف و رفتاری که با، به اصطلاح، گران فروشها شد - آن چه بعداً، به غلط یا صحیح، یکی از عوامل نارضایتی مردم و علل انقلاب مطرح شد. اشکال کار از کجا بود؟

ع م: ببینید. مسئله این است که همان طوری که قبلاً هم صحبت کردیم [یك] برخورد صحیح با مسئله وجود نداشت. سعی می شد راه حلها از طریقی پیدا بشود که خیلی قابل توجیه نبود. به عنوان مثال به شما بگویم، همین مسئله تورم قیمتها، بحثی که ما داشتیم که خیلی ایجاد ناراحتی هم کرد، خیلی هم عصبانیت ایجاد کرد، این بود که من به عنوان مسؤول سازمان برنامه می گفتم که آقا اگر شما می خواهید قیمتها بالا نرود باید جلوی تورم را بگیرید. بایست دولت کمتر خرج کند. توجه

می کنید؟

ح ل: بله.

ع م: آن جایی است که دولت دیگر پول می ریزد توی بازار و در نتیجه قیمتها می رود بالا. اگر شما واقعاً نگران بالا رفتن قیمتها هستید، دولت نباید این قدر پول بریزد توی بازار. در نتیجه با آمار هم نشان می دادم که حجم مصرف عمومی، مصرف دولتی، چه قدر سریع رشد کرده و در نتیجه تولید و عرضه کردن کالاها و خدمات چه قدر محدودیت داشته و در نتیجه چرا این قدر قیمتها بالا رفته و تورم ایجاد شده. این بحث را متأسفانه کسی گوش نمی داد و به دعوا و به بغض و به ناراحتی کشیده می شد. برای این که لازمه اش این بود که از بعضی از طرحهای عمرانی یك خرده جلوگیری می شد. یا این که بعضی بودجه های جاری وزارت خانه ها می بایست محدود می شد، یا این که بعضی از برنامه هایی که دستگاه های دولتی داشتند بایست یك مقدار تعدیل می شد. چون نمی خواستند بکنند، در نتیجه می رفتند دنبال راه حل دیگر. می گفتند، «نخیر. این که باز [دارد] تئوری اقتصادی برای ما می گوید. می شود رفت کسی که گران فروشی می کند را گرفت انداخت توی زندان. یا مأمورین کنترل قیمت بگذاریم که اینها این قدر گران نفروشند به مردم.»

این مسائل و این گرفتاری از آن جا ناشی می شد که ما می گفتیم که این برنامه عمرانی با این حجم و این نحوه خرج کردن بودجه جاری تاثیرش از نظر اقتصاد مملکت و اثرش روی قیمتها چیست. کسی این بحث منطقی را قبول نمی کرد چون لازمه اش این بود که برنامه ها یك خرده محدود می شد. اعتبارات کمتر خرج می شد که این هم یك عده را ناراضی

می کرد. بحث ما در این حد بود. حالا روی سایر مسائل هم تقریباً گرفتاریهای ما از این قبیل بود. مثلاً آن جایی که صحبت از این می شد که بنادر کشش ندارد، نمی دانم، دویست تا کشتی معطل شده، ما می رفتیم می گفتیم، «باباجان، شما بایست به نسبتی جنس وارد بکنید که ظرفیت ورودی کالاها در مملکت اجازه می دهد. اگر شما در مجموع بیش از یك میلیون تن نمی توانید از بنادر جنوب وارد بکنید، بیشتر نخرید» - که آن را هم کسی گوش نمی داد. باز می رفتند جنس سفارش می دادند.

نقص بنیادی حکومت

ح ل: چه طور این استدلال منطقی شما، این حرف ساده شما را کسی گوش نمی کرد؟ الان که این همه سال از آن ماجرا گذشته است، نمی توان تصور کرد که چه گونه آن آدمهای معقول و فهمیده و درس خوانده که دور میز هیئت وزیران نشسته بودند به این استدلال ساده اقتصادی توجه نمی کردند. الان که شما به عقب برمی گردید، چه فکر می کنید؟ توی آن مغزها چه می گذشت که یك حرف منطقی به این ترتیب را گوش نمی کردند؟ به آن آمار توجه نمی کردند؟

ع م: جواب دادن به این سؤال شما آسان نیست برای این که خیلی مسائل دیگر را مطرح می کند. ببینید. همین الان در خیلی از کشورها مسائلی شبیه به مسائل ما وجود دارد. آنهایی موفق می شوند که بتوانند به مردم بقبولانند که این سیاست سخت گیری، یا سیاست دوران سخت، دوران خودداری و امساك را تحمل بکنند. آن دولتهایی که می توانند به مردم این را تحمیل بکنند، می توانند وضعشان را هم منظم بکنند. ما

احتیاج به این داشتیم که دولت بتواند به مردم بگوید، آقا، امسال به اندازه [کافی] فلان کالا را نداریم. فرض کنید که، چی مثال بزنم، میوه به اندازه کافی نداریم. موز نداریم، یا نمی دانم، پرتقال و نارنگی نداریم. امسال باید یك قدری کمتر مصرف کنید یا قیمت بالاتری بپردازید برای این که کم است. یا این که مثلاً برنج به اندازه کافی تولید نمی شود و نمی توانیم هم بیشتر وارد کنیم. شکایت نکنید. یا شکر، نمی دانم، فلان جور. یا سیمان به اندازه کافی نداریم. باید کمتر ساختمان بکنیم. متأسفانه این یا وجود نداشت یا این که یك عده نفعشان در این بود که بازار کمبودی به این ترتیب به وجود بیاورند که استفاده ببرند. مثلاً کمبود سیمان مقدار زیادیش در اثر بدی توزیع بود، در اثر کمبود مطلق نبود. بد توزیع می شد و در نتیجه قیمتها رفت بالا به طرز وحشتناکی که بازار سیاه بی معنایی به وجود آمد برای سیمان. نمی گویم تقاضا وجود نداشت. تقاضا وجود داشت، ولی آن قدر تقاضا بالا نبود که موجب بالا رفتن قیمت و بازار سیاه بشود. عواملی دست اندر کار بودند که این کار را می کردند. یا نمی دانم، وارد کردن گوشت. وارد کردن گوشت اگر منظم انجام می شد و اگر به مردم درست توضیح داده می شد و یك سیاست کنترل مصرفی وجود می داشت که مسئله ای نبود. اما چون به مردم نمی توانستیم بگوییم که آقا کمتر مصرف کنید. نمی توانستیم بگوییم، نمی خواستیم بگوییم قیمت بالاتری بپردازید، در نتیجه چشم روی هم گذاشته می شد که یك عده قاچاق بکنند. یك عده قلابی وارد بکنند. یك عده نمی دانم، چنین و چنان بکنند. اگر در بعضی مواقع هم کمبود به وجود می آمد که سر و صدای مردم در می آمد.

ببینید، مسئله این است که شما در صورتی می توانید یك سیاست منطقی داشته باشید و تصمیمات درست و صحیح و منطقی بگیرید که این قدرت را هم داشته باشید که به مردم بگویید که حقیقت این است و چاره ندارید جز این که این را قبول بکنید. ما نه به مردم آن طوری که باید و شاید می رفتیم حقیقت را می گفتیم، نه این که به خودمان اجازه می دادیم که به مردم فشار بیاوریم. همه اش دلمان می خواست مردم راضی باشند. تأمین رضایت روزمره مردم لازمه اش یك مقدار کارهای بی معنی کردن بود که می کردیم.

ح ل: در هر حال یکی از نتایج [قطع کلام].

ع م: بله، معذرت می خواهم این جنبه، به حساب، مردمیش، در ارتباط با موضوع مردم بود. مسئله دیگر هم مسئله عدم هماهنگی در سطح دولت و دستگاه اجرایی بود. اگر فرض کنید نخست وزیر مملکت - کسی که، به حساب، رئیس قوه مجریه است - مسؤولیت داشت و جوابگو بود که این کارها باید هماهنگ بشود و حرفش را دستگاه ها می خواندند، خیلی کارها منظم تر انجام می شد. تا این که نخست وزیر اسماً نخست وزیر باشد، [ولی] عملاً تمام تصمیمات در سطح بالاتری گرفته بشود و عملاً سطح بالاتر غیر مسؤول باشد. می بینید نمی شود - یعنی ما یك گرفتاری، به حساب، بنیادی داشتیم.

ح ل: اسماً غیر مسؤول یا مسؤول بودن چه فرقی می کرد ؟ در هر حال که تصمیمات [نزد] اعلیحضرت می رفت و ایشان تصمیم می گرفتند. اگر ایشان می گفتند، «بله، مجیدی درست می گوید و دولت بایست خرجش را کم کند،» آیا قیمتها یك مقداری متعادل نمی شد و مسئله تا حدی حل نمی شد ؟

ع م: می دانم. اولاً در اجرای برنامه های دولت، در اداره کردن یك مملکت به هر صورت بالا و پایین وجود دارد. هیچ کس نمی تواند تضمین بکند که همیشه همه چیز منظم [می ماند]. این بالا و پایین رفتن ها موجب می شود که در یك موقع یك مسؤولینی بروند کنار و مسؤولین دیگری بیایند [سر کار] که یك مقدار هم از نظر سیاسی مردم قانع شده باشند، هم از نظر اجرایی مجریان جدید بتوانند راه حلهایی به کار ببرند که قبلی ها نتوانستند.

خوب، این که وجود نداشت. تمام امور بستگی به شخص اعلیحضرت پیدا می کرد. در نتیجه یك جایی که، یك وقتی ترکی حاصل می شد، یك شکافی حاصل می شد، یك شکستی حاصل می شد، تمام برمی گشت روی شخص شاه. در نتیجه این [امر] همه چیز به هم ریخت. برای چه؟ برای همین که آن انعطافی که می بایست وجود داشته باشد، [وجود نداشت]. یك مسؤولینی زورشان را بزنند، کارشان را بکنند، اگر موفق نشدند، بروند. گروه دیگری بیاید روی کار که آنها سعی کنند که کار را درست بکنند. این انعطاف از بین رفت و تبدیل شد به یك نوع خشکی و سختی و یك نوع rigidity چه بایست بگویم فارسیش را؟

ح ل: خوب، این تغییر کابینه که صورت گرفت. دولت هویدا رفت کنار و آموزگار آمد. آیا این تغییر کافی نبود؟

ع م: آموزگار سیزده سال وزیر کابینه هویدا بود. بعداً هم یك کابینه ای درست کرد که پنجاه درصد [آن] اعضای کابینه هویدا بودند. تغییر نبود که، دستکاری کوچکی بود در قالب همان سیستم قبلی.

ح ل: عکس العمل اعلیحضرت راجع به این بحث شما چه

بود؟ راجع به همین مسئله اقتصادی و به اصطلاح محدود نگه داشتن خرج دولت.

ع م: در بعضی مواقع، در بعضی موارد خیلی تأیید می کردند و قبول می کردند. بعضی مواقع یك عکس العملهای مخالف و ناراحتی نشان می دادند. خوب، آن هم بیشتر بسته به این بود که وضع مملکت چه جور بود و مسائلی که ایشان با آن مواجه بودند چه جور بود. تا چه حد اطمینان داشتند به آن مطالبی که من به عرضشان می رساندم؛ آیا این مطالب را فقط از جنبه اجرایی نگاه می کردند یا فکر می کردند که یك نوع دیدی را -یا یك نوع سیاستی را - می خواهم مطرح بکنم یا این که ابتکار یك کاری را در دست بگیرم. به این جهت عکس العملهایشان متفاوت بود. ولی خیلی خوب تصمیم می گرفتند و خیلی منطقی مطالبی را که به عرضشان رسانده می شد قبول می کردند. در بعضی موارد نه، برعکس، خیلی سریع از رویش رد می شدند. می گفتند، «نخیر. این است و جز این نیست.»

یك مقدار هم بستگی به این داشت که این صحبتها مربوط به چه بخش می شود. توجه به چه بخشی می شود. مربوط به چه وزارت خانه ای می شود. مربوط به چه دستگاهی می شود. بعضی دستگاه ها را ایشان به علت این که زیاد به کارش وارد بودند و زیاد از نزدیك دنبال می کردند یك نوع تعهدی هم نسبت به آن پیدا کرده بودند. مثلاً بحث راجع به شرکت نفت که می شد یا برنامه های نفتی - این جور باید بشود یا جور دیگر باید بشود - موضع ایشان خیلی محکم [بود] و معلوم بود قبلاً تصمیماتشان را گرفته اند. خیلی cristallisé [شفاف] مسائل را نگاه می کردند و با آن برخورد می کردند. بعضی

بخشهای دیگر را نه. توجه می کنید؟

بسته به این بود که مطالبی که به عرضشان رسانده می شود مربوط به چه بخش باشد و از نظر مسائلی که در آن قسمت مطرح است تا چه حد و در چه حالتی باشند. و به طور کلی چه قدر حرف ما را منطقی تشخیص می دادند و قبول می کردند. به این جهت نمی شود گفت که عکس العملشان این بود یا این نبود. بستگی به مورد داشت. بستگی به این فاکتورها و این عوامل داشت.

ح ل: آیا آن نظر قبلی که راجع به سازمان برنامه داشتند که کارمندانش منفی هستند و ترمز هستند، هنوز وجود داشت؟

ع م: بله، بله، بله. آن را داشتند و دو سه مورد پیش آمد. یك موردش که خیلی شدید فرمودند که سازمان برنامه پر از کمونیست است و هر کاری که ایراد پیدا می کند تقصیر من می گذارند و سعی می کنند که همه این تصمیمات را به من ارتباط دهند و خیلی اظهار ناراحتی کردند از این جهت.

ح ل: روز شمار تاریخ را که نگاه می کنیم می بینیم که حدود یك سال پس از تجدید نظر در برنامه پنجم صحبت از عدم تعادل در آمد و هزینه می شود. در تابستان ۱۳۵۴ [۱۹۷۵] صحبت از این است که چهار میلیارد دلار عدم تعادل [قطع کلام].

ع م: ارزی.

ح ل: ارزی وجود دارد. الان که به گذشته نگاه می کنیم عجیب به نظر می رسد که طی مدتی کوتاه از وضعی که نمی دانستیم با این همه پول چه کار بکنیم به بی پولی برسیم.

ع م: هیچ وقت این مسئله مطرح نشد که ما این قدر [زیاد]

پول داریم که نمی [دانیم] با آن [چه] کار کنیم . هیچ وقت. در مورد ایران که من هیچ وقت خاطرم نمی آید . ما همیشه گرفتاری کسر بودجه را داشتیم و حتی من یادم هست که در سال ۱۳۵۴ بود. یعنی می شود ۱۹۷۵، مخبر [مجله] نیوزویك آمد با من مصاحبه کرد و صحبت می کرد، «خوب، با این درآمد نفت که این قدر بالا رفته، شما خیلی وضعتان خوب است.» من به او جواب دادم، «شما اشتباه می کنید . ما کمتر از سه سال از این تاریخ برای قرض کردن به capital market، به بازار سرمایه پول خواهیم آمد.»

این را نیوزویك به عنوان خبر مهم گذاشته بود که اعلیحضرت از آن خیلی هم عصبانی شده بودند. هویدا هم عصبانی شد [و گفت] «این چه حرفی است زدی؟» گفتم، «قربان، من این جا نشستم پشت این میز و اطلاعات در دست من است.» [من به مخبر نیوزویك گفتم] «ما کمتر از سه سال دیگر احتیاج به استقراض داریم. ما پول زیادی نداریم. کم داریم.» این حرفی بود، که می گویم، مدرك هم هست دیگر. الان می شود رفت نیوزویك را نگاه کرد. ببینید من چه گفتم و نیوزویك چه نوشته است.

به این جهت ما هیچ وقت پول زیادی نداشتیم. ما همیشه تعهداتمان خیلی بیشتر از آن چیزی بود که امکاناتمان به ما اجازه می داد و در عمل هم همیشه از نظر خزانه دولت کمبود داشتیم. ممکن است در مجموع جریان داد و ستد ارزی مملکت طوری بود که ذخیره ارزی مان زیادتر می شد . توجه می کنید ؟ پولی که به مملکت می آمد ، پولی که از مملکت خارج می شد طوری بود که، به حساب، تفاوتش مثبت بود. روی هم گذاشته می شد مازاد درآمدهای ارزی. ولی از نظر هزینه های دولت و

از نظر اقتصاد داخلی و داد و ستد داخلی ما همیشه گرفتاری داشتیم.

ح ل: این وامهایی که به فرانسه و انگلیس و مصر و اینها داده شد و سرمایه گذاری هایی که در بعضی از شرکتها مثل کروپ (Krupp) و یکی دو جای دیگر شد، اینها تا چه حدی تصمیمات سیاسی بود؟ چه مقدارش تصمیمات اقتصادی بود؟

ع م: والله، یك مقداریش سیاسی بود مثل مورد مصر، طبعاً. برای این که مذاکرات و این جور چیزها بین نخست وزیر مملکت مربوطه یا رئیس جمهور مملکت مربوطه و اعلیحضرت خیلی در سطح بالا [انجام] می شد - توجه می کنید؟ - به این جهت چیزهای کلی، تفاهم های کلی در آن سطح انجام می شد. ولی اجرا و عمل کردنش بیشتر در دست وزارت دارایی و امور اقتصادی بود. آن دو مورد فرانسه و انگلیس [در سطح] دستگاه دولت مربوطه یا دستگاه مربوطه بود. تمام این کارهای سرمایه گذاری در کروپ، در دویچه بابکاك (Deuche Babcock)، در معادن اورانیوم نامیبیا (Namibia)، اینها، همه را وزیر امور اقتصادی و دارایی شخصاً - با کمك برادرش که مشاور این کار [و] مذاکره کننده و نماینده بود انجام می داد.[۱۱۵] وام انگلیس مربوط به برق و Electicity Board لندن بود. مال فرانسه هم کمك به اوراتم (Euratom) بود که با کمیسیون انرژی اتمی فرانسه مذاکره کرده بود. این دولت بود که مذاکره کرد در سطح دولت با دولت.

ح ل: نه، سؤال این است که آیا این تصمیمات به خاطر این گرفته شد که اثرات مطلوب اقتصادی برای ایران داشت؟ یعنی

---

[۱۱۵] منظور هوشنگ انصاری، وزیر دارایی و امور اقتصادی و برادرش، سیروس انصاری است.

پول اضافه ای بود و این بهترین نحوه سرمایه گذاری آن بود؟

ع م: هم آن بود و هم [به منظور] کمک کردن به این کشورهایی [بود] که به علت بالا رفتن درآمد نفت یك مقدار گرفتاری پیدا کرده بودند. کمبودهای مالی داشتند. بله، هر دویشان [دلایل سیاسی و اقتصادی] مثل کمك به بعضی کشورهای عربی و سرمایه گذاری در هند و یا کمك به پاکستان.

تشکیل کمیسیون شاهنشاهی

ح ل: اواخر دولت هویدا بود که جلسات کمیسیون شاهنشاهی به ریاست آقای معینیان[۱۱۶] و حضور تیمسار فردوست[۱۱۷] تشکیل و جریان آن از تلویزیون پخش می شد. وزیران یکی یکی می آمدند و ایرادات کار خود را توضیح می دادند. شما در این مورد چه خاطراتی دارید؟

ع م: والله، من [این] خاطره [را] دارم که اولین باری که هویدا گفت که یك چنین فکری اعلیحضرت دارند، ما سعی کردیم از طریقی به هویدا بفهمانیم که کار صحیحی نیست و حتی ممکن است اثرات نامطلوبی برای مملکت و دستگاه داشته باشد. یك بار دیگر هم من یادم هست که هویدا - شبی که منزل والاحضرت فاطمه[۱۱۸] مهمان بودیم - آمد و گفت که تصمیم [به

---

[۱۱۶] نصرت الله معینیان، معاون نخست وزیر و سرپرست تبلیغات (۱۳۳۸-۱۳۴۱)، وزیر راه (۱۳۴۱-۱۳۴۲)، وزیر اطلاعات (۱۳۴۲-۱۳۴۳) و رئیس دفتر مخصوص (۱۳۴۵-۱۳۵۷).

[۱۱۷] ارتشبد حسین فردوست، همکلاس محمد رضا شاه، رئیس دفتر ویژه، قائم مقام سازمان اطلاعات و امنیت کشور و رئیس بازرسی شاهنشاهی.

[۱۱۸] شاهدخت فاطمه پهلوی، کوچکترین دختر رضا شاه و ملکه عصمت که ابتدا با وینسنت هیلر (Vincent Hillayer) شهروند آمریکایی و بعد با

تشکیل] «کمیسیون رسیدگی» گرفته شده و خودتان را آماده جوابگویی بکنید. من باز به او گفتم، «آقای هویدا، ما حاضریم بیاییم جوابگو بشویم برای کارهایی که کرده ایم، ولیکن این کاریست - در واقع پوست خربزه ای است - که زیر پای شماست. من اگر جای شما باشم، این را باید درك بکنم به عنوان یك علامت که شما دیگر مطلوب نیستید. استعفا بدهید. بروید.»

طبعاً این طور می خواهم بگویم که از اول برداشت شخص من این بود که این تشکیل کمیسیون شاهنشاهی و به محاکمه کشیدن وزرا و مسؤولین یك نوع منحرف کردن افکار از مسائل دیگر است و فدا کردن یك [عده] آدمها به خاطر این که نارضایتی ها آرام بشود. لذا من شخصاً از اول خیلی بی اعتقاد بودم و الان بیشتر برایم مسلم شده. مسلم است که این اشتباه بزرگی بود. یکی از علل عمده ای که انقلاب اسلامی را به وجود آورد، همین تشکیل کمیسیون شاهنشاهی بود. برای این که [نتیجه] این کمیسیون درواقع بی حیثیت کردن دولتی بود که سیزده سال سر کار بود. مفتضح کردن سیستمی بود که این سیستم را اعلیحضرت به وجود آورده بودند و قبولش داشتند.

اگر وزیری اشتباه کرده، اگر قصور کرده، خوب، برود. نخست وزیر را مرخص کنید. یك گروه دیگری بیایند. اما این که با آبروریزی اینها بروند، بزرگترین لطمه ای بود که می شد دستگاه به خودش بزند. به این جهت من همیشه مخالف بودم، هم قبلش، هم [بعد] چند بار این مطلب را به مرحوم هویدا تذکر دادم . در جلسات هم که رفتم فقط نشستم. هیچ حرف نزدم. حتی جایی که حمله به سازمان برنامه می کردند، من جواب

ارتشبد محمد خاتم، فرمانده نیروی هوایی، ازدواج کرد.

ندادم. برای این که اصلاً آن جلسه و آن آدمهایی [را] که ما را مورد خطاب قرار می دادند صالح نمی دانستم که جواب بدهم. من می دانستم آدمهای صالحی نیستند. بعضی هایشان حتی نادرست هستند. بعضی هایشان اصلاً عاجزند، در کارشان ناتوان بودند. حالا آمده اند آن جا دور آقای معینیان و آقای فردوست نشسته اند و دارند دولت را محاکمه می کنند. آخر این خیلی غلط بود. این یکی از بزرگترین اشتباهات بود.

ح ل: آیا این وظیفه ای بود که قاعدتاً سازمان برنامه باید انجام می داد: رسیدگی به وضع طرحها و برنامه ها؟

ع م: ببینید. حالا که این صحبت شد من چیزهایی می گویم که آن روز برایتان صحبت کردم. به نظر من انقلاب اجتماعی یا انفجار اجتماعی یا انقلاب اسلامی، هر چه اسمش را بگذاریم که در ایران به وجود آمد، یکی دو تا دلیل نداشت.[119] چندین و چند دلیل داشت، ولی چند تایش به نظر من خیلی برجسته بود. یکی از دلایل و علل عمده همین تشکیل کمیسیون شاهنشاهی بود. یکیش تشکیل حزب رستاخیز بود. یکیش، بعد از این که هویدا رفت، روی کار آمدن دولت آموزگار بود برای این که به نظر من همان دولت بود با یك خرده تغییر شکل و کار فوق العاده ای هم نکرد. برعکس، در این موقع حساسِ مملکت در واقع دولت غیر موجودی بود - یعنی دولت اظهار وجودی نمی توانست بکند. به نظر من می بایست بعد از رفتن هویدا بکلی یك گروه دیگری می آمد روی کار و یك مقداری سعی می کردند که، به حساب، راه جدیدی را باز بکنند، یا اصلاح بکنند کارهای قبلی را. اینها به نظر من اشتباهات اساسی این دو سال آخر بود.

---

[119] نگاه کنید به: ص ۱۳۹.

ارزیابی از دوران نخست وزیری هویدا

ح ل: ارزیابی شما از سیزده سال نخست وزیری آقای هویدا چیست؟

ع م: [ارزیابیش] مشکل است برای این که، خوب، یك دوره ای است که کارهای فوق العاده انجام شد. چون من معتقدم که معجزه اقتصادی ایران بین سال ۱۹۶۳ و ۱۹۷۳ [۱۳۴۲و ۱۳۵۲] صورت گرفت - یعنی قبل از بالا رفتن درآمد نفت که ما واقعاً یك رشد فوق العاده ای کردیم. اگر خاطرم باشد، رشد سالانه - به معنی واقعی کلمه یعنی real growth یا growth in real terms در ظرف این ده سال یعنی بین ۱۹۶۳ و ۱۹۷۳ یازده و دو دهم درصد بود. در حالی که در این دوره تورم به طور متوسط در سال یك و یك چهارم در صد بود. توجه می کنید ؟

ح ل: بله.

ع م: که این واقعاً یك موفقیت و یك نوع اجرای خیلی درخشانی بود و ارزشیابی خیلی خوبی می شد از آن دوره کرد. لذا، خوب، این قسمت عمده اش مربوط به همان دوره حکومت هویدا می شود. منتهی با افزایش درآمد نفت، تمام نظم هایی که با صبر و حوصله و با خون دل ظرف سالها گذاشته شده بود از هم پاشید. من درست یادم هست. یك سال قبل از این که حکومت هویدا برود، جلسه ای حضور اعلیحضرت تشکیل دادیم که در آن جلسه اعلیحضرت بودند و هویدا بود. اصفیاء، وزیر مشاور بود و هوشنگ انصاری، وزیر امور اقتصادی و دارایی، بود و حسنعلی مهران،[۱۲۰] رئیس بانك مرکزی، بود و من بودم که

---

[۱۲۰] حسنعلی مهران، معاون وزارت اقتصاد (۱۳۵۰-۱۳۵۳)، معاون وزارت امور اقتصادی و دارایی (۱۳۵۳-۱۳۵۴)، رئیس بانك مرکزی (۱۳۵۴-۱۳۵۷)، وزیر مشاور و رئیس سازمان برنامه و بودجه (۱۳۵۷) و وزیر امور

وزیر مشاور و رئیس سازمان برنامه و بودجه بودم.

مشکلات دیگر رو آمده بود. گرفتاریهای واقعاً سخت و لاینحلی به وجود آمده بود. خیلی اعلیحضرت مغموم و افسرده بودند. خیلی روحیه دلتنگی داشتند. فرمودند، «چه طور شد یك دفعه به این وضعیت افتادیم؟» خوب، آقایان همه ساکت بودند. من گفتم، «قربان اجازه بفرمایید به عرضتان برسانم. ما درست وضع مردمی را داشتیم که در دهی زندگی می کردند و زندگی خوشی داشتند و منتهی، خوب، گرفتاری این را داشتند که خشکسالی شده بود و آب کم داشتند و آن قدر آب نداشتند که بتوانند کشاورزی خوبی بکنند. خوب، هی آرزو می کردند که باران بیاید و باران بیاید. یك وقت سیل آمد. آن قدر باران آمد که سیل آمد. زد تمام این خانه ها و زندگی و زمین های مزروعی اینها همه را خراب کرد. آدمها خوشبختانه زنده ماندند و توانستند جانشان را به در ببرند. ولی زندگیشان از همدیگر پاشید و اصلاً معیشت شان به هم ریخت. ما هم درست همین وضع را داریم. ما مملکتی بودیم که داشتیم به خوشی زندگی می کردیم. خوب، پول بیشتری دلمان می خواست. درآمد بیشتری دلمان می خواست که مملکت را بسازیم. یك دفعه این درآمد نفت که آمد مثل سیلی بود که تمام زندگی ما را شست و رفت.»

[اعلیحضرت] خیلی هم از این حرف من خوششان نیامد و ناراحت شدند و پا شدند و جلسه را تمام کردند و رفتند بیرون. همه هم به من اعتراض کردند که این چه حرفی بود زدی؟ گفتم، «آقایان، این واقعیت است. بایست به اعلیحضرت بگوییم. این درآمد نفت است که پدر ما را در آورد.» ببینید. حتی می گوی،

اقتصادی و دارایی (۱۳۵۷).

بحثهای این طوری هم داشتیم دیگر. توجه می کنید ؟

ح ل: بله.

ع م: به هر صورت این را می خواهم بگویم که گرفتاری ما این بود. گرفتاری ما این بود که نهاد های مملکت درست کار نمی کرد - بنیادها، حکومت مشروطه، درست کار نمی کرد یعنی مجلس یك مجلس واقعی که طبق قانون اساسی عمل بکند نبود. دادگستری مان یك دادگستری ای که آن طور که - به اصطلاح قانون اساسی - مستقلاً و با قدرت عمل بکند نبود. دولت مان که قوه مجریه بود آن طوری که باید و شاید، قدرت اجرایی نداشت. توجه می کنید ؟ این ساختار سیاسی، این نهادی که می بایست درست عمل بکند و در نتیجه آن حالت اعتماد و گردش منطقی امور را به دنبال خودش داشته باشد، وجود نداشت. در نتیجه آن تغییر گروهی که در دولت باید وجود داشته باشد - گاه گداری یك گروهی بروند، گروه دیگری بیایند - وجود نداشت. آن اعتمادی که مردم بایست به دستگاه ها داشته باشند - که وقتی وکیل مجلس صحبت می کند حرف مردم را دارد می زند - وجود نداشت. آن جایی که پرونده شخصی می رفت به دادگستری، می بایست اعتماد داشته باشد که قاضی با بی طرفی قضاوت می کند، این اعتقاد وجود نداشت. در نتیجه، خوب، در طول زمان، تمام کوشش در این بود که از نظر مادی و از نظر رفاهی وضع مردم بهتر بشود.

و بهتر هم شد. موفقیت فوق العاده ای هم در این زمینه داشتیم که از نظر تغییر مادی، از نظر تغییر شکل زندگی، از نظر مدرنیزه شدن، از نظر توسعه آموزش مدرن خیلی پیش برویم. وضع زندگی مردم از نظر رفاهی خیلی بهتر شد. غذای بهتری می خوردند، زندگی بهتری داشتند، خانه های بهتری

داشتند. ولیکن آن چه می بایست اینها را به هم متحد می کرد و به آنها این تکلیف را می داد که از دستگاه حمایت بکنند، از رژیمشان، از مملکتشان، از سیستمشان دفاع بکنند - به علت این که آن اعتقاد در آنها وجود نداشت - نکردند. یعنی در جایی که می بایست آن گروه - به خصوص طبقه متوسط که از تمام این پیشرفتها بهره گیری حداکثر کرد، می ایستاد هم از خودش دفاع می کرد، هم از منافع خودش دفاع می کرد، هم از منافع مملکت، هم سیستم را حفظ می کرد، وا زد. گذاشتند و در رفتند. یا این که آن جا [در ایران] همراه آخوندها شدند. همراه مخالفین شدند.

کمیته اقدام

ح ل: حالا می خواهم این چند دقیقه ای که از نوار مانده راجع به همین ماه های آخر رژیم سابق صحبت بکنیم. همان طوری که خودتان می دانید، به عللی که برای من روشن نیست، اسم شما را با آن کمیته انتقام [قطع کلام].

ع م: بله. اقدام ملی. نه، نه، انتقام نبود.

ح ل: خلاصه، چند نفر گفته اند کمیته ای که زیر نظر آقای مجیدی بود داخل خانه عده ای بمب گذاشته است. برای روشن شدن تاریخ این سؤال را مطرح می کنم.

ع م: من در روز دوازدهم فروردین سال ۱۳۵۷ به مشهد رفتم و آن جا دیدم که روز قبلش تظاهرات و چهلم شهدایی بوده است، به دنبال همین موجی که راه افتاده بود بعد از [مکث].

ح ل: قم.

ع م: بعد از قم و تبریز. مشهد هم یك چهلمی گرفت. گویا

خیلی وضع ناجوری بود. استاندار که آن موقع آقای ولیان[۱۲۱] بود خیلی نگران بود از وضع. می گفت، «من دیروز وقتی فهمیدم که اینها چنین تظاهراتی می خواهند راه بیندازند - بیایند توی خیابان - تلفن کردم به رئیس شهربانی. رئیس شهربانی یا نبود یا این که به من جواب درستی نداد. تلفن کردم به وزیر کشور. وزیر کشور را پیدایش نکردم. تلفن کردم به نخست وزیر که آن موقع جمشید آموزگار بود. نخست وزیر هم رفته بود به جزیره خارك برای تعطیلات نوروزی و او هم به من جواب درستی نداد. در نتیجه من مجبور شدم به اعلیحضرت که در جزیره کیش بودند تلفن بکنم و بگویم که یك چنین مسئله ای هست. من چه کار بکنم؟ بگذارم مردم تظاهرات بکنند، یا نکنند؟ اعلیحضرت گفته بودند که بگذارید، ولیکن تیراندازی و خشونت نشود. نظم را هم رعایت بکنید که اینها آرام تظاهر بکنند. [ولیان ادامه داد] خوب، من بالاخره مجبور شدم از اعلیحضرت در ساعت هشت شب یا نه شب، یك چنین دستوری بگیرم. هیچ کسی احساس مسؤولیت نمی کند و من که این جا نماینده شخص شاه و دولت در مشهد هستم، کسی به داد من نمی رسد - آن هم در چنین موقع حساسی.»

خوب، من این صحبتها را شنیدم و آمدم به تهران. آن شب خیلی نگران بودم که اگر وضعیت این طوری است که همین طور تظاهرات می شود و این حرفها، هیچ کس هم به داد این مسؤول مربوطه در استان نمی رسد، بایست یك فکری کرد. خیلی فکر کردم. به این نتیجه رسیدم که، خوب، باید به مردم گفت، «آقا،

---

[۱۲۱] عبدالعظیم ولیان، وزیر اصلاحات ارضی (۱۳۴۶-۱۳۵۰)، وزیر تعاون و امور روستاها (۱۳۵۰-۱۳۵۳) و استاندار خراسان و نایب التولیه آستان قدس رضوی (۱۳۵۳-۱۳۵۷).

مردم، این منفعت خودتان است که آرامش برقرار بشود و کارها بهتر بشود و مسائل اصلاح بشود. خودتان باید بجنبید و نظم را رعایت بکنید. آن هم فقط این است که هر محله ای را خود مردم محله اداره بکنند. جلوی تظاهرات ناجور را بگیرند. جلوی بستن مدرسه را بگیرند که بچه هایشان بتوانند مدرسه بروند. جلوی بستن، نمی دانم، درمانگاه ها را بگیرند که بتوانند از درمانگاه استفاده بکنند.»

به این جهت این فکر به نظر من آمد که یك ندایی بدهم به مردم که آقا، مردم اگر از این تظاهرات، از این ناراحتیها، از این آدمکشیها، آتش زدنها و این حرفها نگران هستید، خودتان سعی کنید نظم را حفظ بکنید و محله خودتان را اداره بکنید. در هر محله ای هم خودتان می توانید دور هم جمع بشوید و برای هر محله یك کمیته ای به وجود بیاید که این کار را به عهده بگیرد. و گفتم ما هم حاضریم پشتیبانی تان کنیم و حمایت تان بکنیم.

ح ل: شما تحت چه عنوان صحبت می کردید ؟

ع م: من آن موقع در دولت نبودم، ولی هماهنگ کننده جناح پیشرو در حزب رستاخیز بودم. گفتم که جناح پیشرو حاضر است پشت سر شما بیاید و هر نوع کمکی لازم است به شما بدهد و بین شما و دستگاه های انتظامی و شهری ارتباطات لازم را برقرار بکند و کمك بکند. این را من رسماً اعلام کردم. این را گویا، خوب، بعضی ها نپسندیدند. موقعی بود که ساواك دیگر آن نقش قبلیش را عوض کرده بود و نقش دیگری بازی می کرد - برای این که سابوتاژ بکند [در] این حرفی که من زدم. چون استقبال خیلی خوب از آن شده بود. [یعنی] به محضی که این را اعلام کردم از همه جا به من تلگراف رسید و

اظهار آمادگی کردند و این حرفها و، خوب، کسانی هم که در حزب رستاخیز در جناح پیشرو بودند خیلی خوششان آمد و تقویت کردند. از استاندارهای مختلف هم تلفن داشتم که آقا زودتر بیایید یك چنین کاری هم این جا بکنید. خیلی چیز مفیدی است. اگر مردم بیایند در حفظ امنیت و آرامش همکاری بکنند، خیلی خوب می شود.

ما این کارها را کردیم. یك روزی شنیدیم که بمب گذاشتند و بمب منفجر شد پشت در خانه بازرگان،[۱۲۲] پشت در خانه رحمت مقدم[۱۲۳] و پشت در خانه هدایت متین دفتری[۱۲۴] و آن یکی دیگر هم دکتر سامی[۱۲۵] بود که بعداً وزیر بهداری همین انقلابیون شد. به هرصورت، چهار تا بمب در پشت در خانه آنها گذاشتند که به هیچ کسی هم آسیبی نرسید فقط یك سروصدایی کرد و نمی دانم، مثلاً بمبی بود که [اگر] در خانه یك کسی [منفجر می شد] ممکن [بود] لطمه بزنند. بعداً مقداری تراکت پخش کرده بودند که من [مجیدی] بودم که دستور داده ام این بمب را بگذارند که مسلماً به نظر من کار خود ساواك بود. یا خود ساواك این کار را کرده بود، یا این که همین گروه های

[۱۲۲] مهدی بازرگان، بنیان گذار نهضت آزادی ایران و نخست وزیر (۱۳۵۷).

[۱۲۳] رحمت الله مقدم مراغه ای، نماینده دوره ۲۰ مجلس شورای ملی از میاندوآب، رهبر حزب رادیکال، استاندار آذربایجان شرقی و عضو مجلس خبرگان (۱۳۵۸). نگاه کنید به خاطرات او در مجموعه تاریخ شفاهی ایران.

[۱۲۴] هدایت الله متین دفتری، نوه مصدق، وکیل دادگستری و مؤسس جبهه دموکراتیك ملی. نگاه کنید به خاطرات او در مجموعه تاریخ شفاهی ایران.

[۱۲۵] دکتر کاظم سامی، رهبر گروه سیاسی «جاما»، سردبیر روزنامه جاما و وزیر بهداری (۱۳۵۷–۱۳۵۸)، در اوایل دهه ۱۳۶۰ در تهران به قتل رسید.

انقلابیون فکر کرده بودند که این ندایی که من دادم ممکن است بساط آنها را لنگ بکند. آنها کردند - یعنی حدس من این است که یا همین گروه انقلابیون [و] آخوندها این کار را کرده بودند، یا ساواک کرده بود برای این که کار مرا تخطئه بکند. به هر صورت، یك چنین جریانی پیش آمد که من فوراً در روزنامه اطلاعات و کیهان اعلام کردم که با هر نوع خشونتی مخالفم و اصولاً جناح پیشرو به هیچ وجه این صحبتها را نمی کند. حرفی هم که ما زدیم این بود که مردم بیایند در حفظ امنیت مشارکت بکنند و در هر محله ای یك کمیته به وجود بیاید که آرامش را حفظ بکند. همین فکر [را] هم - حالا یا از من گرفتند یا از جای دیگر گرفتند - همین انقلابیون گرفتند که کمیته های عکسش را درست کردند. کمیته هایی که پدر مردم را در بیاورند درست کردند. نه، از این جور چیزها هست.

مثلاً در کتابی دیدم نوشته اند که من در پشت سر آیت الله طالقانی در راه پیمایی شرکت می کردم -که دیگر در همان سال بنده [که] اولش بمب گذار بودم، در آخرش پشت سر آیت الله طالقانی در راه پیمایی عاشورا راه رفته ام. از این حرفها می زنند دیگر. برای هر کسی یك لکه ای سعی می کردند به وجود بیاورند. به من لکه دزدی و خیانت و بی عرضه گی و بی سوادی نمی توانستند بچسبانند. گفتند چه کار بکنیم؟ این را بگوییم: بمب گذاشته، یا این که بگوییم که همدست آخوندها بوده و علیه شاه راه پیمایی کرده. از این حرفها می زنند.[۱۲۶]

---

[۱۲۶] در حالی که تا آخرین روزی که آزاد بودم من دبیر کل بنیاد شهبانو فرح بودم، چه طور ممکن است که با چنین عنوان و مسئولیتی در راه پیمایی شرکت کنم [ع م].

بازداشت امیر عباس هویدا

ح ل: در پاییز ۱۳۵۷ یك عده از وزیران سابق به همراه نخست وزیر سابق، آقای هویدا، بازداشت شدند. شما در آن موقع کجا بودید و عکس العمل تان نسبت به این اقدام چه بود؟

ع م: والله، خوب، طبعاً خیلی ناراحت شدم از این که دیدم که دارند عده ای را می گیرند و هیچ اساسی هم وجود ندارد که چرا ایکس را می گیرند؟ چرا ایگرك را نمی گیرند؟ و به [اتهام] حیف و میل آدمی را می گیرند که اصلاً به او چنین لکه ای نمی چسبد. در حالی که مثلاً کس دیگری را می گیرند برای اتهاماتی که اگر هم به او اتهامی وارد بشود از جهت دیگری باید به او اتهام وارد بشود. به هر صورت، من دیدم که اصلاً شروع کرده اند به گرفتن عده ای از همکاران من که همه شان - آنهایی که من می شناختم و با آنها دوست بودم - آدمهای منزه و پاکی بودند. واقعاً زحمت کشیده بودند. در حالی که کسانی که به آنها ایراد وارد بود، یا از مملکت رفته بودند بیرون، یا این که همین جور راه می رفتند و کسی با آنها کار نداشت.

همان شبی که هویدا را گرفتند، من رفتم پهلویش تا قبل از این که بگیرندش با او، به اصطلاح، دیداری بکنم. [آن شب هویدا] به من فهماند که سروقت من [هم] می آیند. بیرون [منزل هویدا] هم آن نظامی ای که آمده بود بازداشتش بکند، با من سلام و علیك کرد و گفت که سر وقت تو هم خواهند آمد. به این جهت من می دانستم - از آن روزی که هویدا را گرفتند می دانستم - که دنبال من خواهند آمد. ولی، خوب، من هیچ چاره دیگری نداشتم. من نمی توانستم فرار بکنم چون به خودم ایرادی نمی دیدم. گفتم برای چه من فرار بکنم.

نمی توانستم قایم بشوم. چرا قایم بشوم؟ کسی از من ایرادی نگرفته. بیخودی عسس مرا بگیر می شود. تنها کاری که کردم این بود که مرتب بروم سر کارم و خیلی منظم کار بکنم. ببینم چه پیش می آید. تا این که[قطع کلام].

ح ل: ببخشید. آن شبی که منزل آقای هویدا بودید، آیا اطلاع داشتید که می خواهند ایشان را بگیرند؟

ع م: بله.

ح ل: می توانید جزئیاتش را بگویید؟

ع م: یك روز در آبان ماه ۱۳۵۷ من منزل رفتم. من آن موقع دبیر کل بنیاد شهبانو فرح بودم. جلسه ای گذاشته بودم برای روز یکشنبه که هیئت امنای بنیاد جمع بشوند و یك مقدار مسائلی بود که [لازم بود] راجع به آنها تصمیم گیری بشود. چون هویدا هم جزو هیئت امنای بنیاد شهبانو فرح بود، به او گفته بودند که روز یکشنبه در جلسه از ساعت ده منتظرشان هستیم. آن روز، اگر اشتباه نکنم، چهارشنبه بود. ساعت شش بعد از ظهر تلفن زنگ زد. هویدا گفت، «من خواستم بگویم به آن جلسه ای که روز یکشنبه برای هیئت امنای بنیاد شهبانو فرح گذاشتی، من نمی توانم بیایم. شما جلسه را بدون من تشکیل بدهید و برای یك مدت هم نمی توانم بیایم.» من گفتم، «چرا؟ چه طور؟ مگر خبری هست؟» چون دو روز قبلش به من تلفن کرده بودند که هویدا را بازداشت کرده اند و من بلافاصله به هویدا تلفن کرده بودم. [هویدا گفته بود]، «نه، نه.» گفته [بودم]، «توی شهر شایع است که شما را بازداشت کرده اند.» [گفته بود]، «نه، تا الان که کسی نیامده سراغ من. من منزل هستم.»

وقتی هویدا این حرف را زد که برای مدتی نمی توانم به جلسه هیئت امنا بیایم، همان روز چهارشنبه عصر، من گفتم،

«مگر آن داستان بازداشت دارد عملی می شود؟» گفت، «بله.» گفتم، «کی؟» گفت، «همین امشب.» گفتم، «کی؟ شما دارید الان می روید؟» گفت، «نه، قرار است هفت و نیم بیایند عقب من. مرا ببرند.» گفتم، «پس من می توانم بیایم شما را ببینم؟» گفت، «بله. پس زود بیا.» من بلند شدم سوار ماشین شدم و خانه ام هم تا آن جا ده دقیقه، یك ربع بیشتر راه نبود.

رفتم و دیدم هویدا نشسته و خانم سابقش، لیلا امامی،[۱۲۷] هم پهلویش است. چند نفر از دوستان دیگر هم آن جا بودند، همکاران سابق و دوستان. خوب، هویدا خیلی سعی کرد موضوع را کم اهمیت جلوه دهد. گفت، بله. بعد از ظهر اعلیحضرت به من تلفن زدند و گفتند، «ما موافقت کردیم که شما را بازداشت بکنند و این بیشتر به نفع خودتان است. برای این که اگر بازداشت نشوید، ممکن است به جانتان لطمه بزنند. به این جهت می آیند امروز شما را بازداشت بکنند، ولیکن، خوب، این بیشتر در این جهت است که خود شما حفظ بشوید.» [هویدا] گفت، «من به اعلیحضرت گفتم که من سرباز اعلیحضرت هستم. بعدا هم اصلاح کردم گفتم، نه من چون آخرین درجه ام ستوان بوده، ستوان یکم اعلیحضرت هستم. هر دستوری که فرمانده به من بدهند من اجرا می کنم، با کمال میل و آماده ام. [سپس اعلیحضرت] فرمودند که گفتم که با ترتیبات و تشریفات خاصی بیایند عقبتان.»

ما یك نیم ساعت، سه ربعی نشستیم با همدیگر صحبت کردیم. آن جا بود که [هویدا] به من خیلی قوت قلب داد و گفت، «ناراحت نباش. اگرچه ممکن است سروقتت بیایند، ولیکن

---

[۱۲۷] لیلا امامی، نوه وثوق الدوله، همسر سابق امیر عباس هویدا و خواهر زن حسنعلی منصور.

بالاخره این هم جزو زندگی سیاسی و کاری ماست. این را هم بایست تحمل بکنیم.»

ح ل: یعنی فکر می کرد واقعاً یك چیز موقتی است و [قطع کلام].

ع م: مسلم است. هیچ کس فکر نمی کرد که این جور همه چیز به هم بریزد. تصمیمات یکشنبه شب گرفته [شده بود]. دوشنبه صبح ازهاری شد نخست وزیر. چهارشنبه شب یعنی سه روز است که ازهاری نخست وزیر است. هنوز خیلی مانده تا انقلاب. [هویدا] فکر می کرد که، خوب، بالاخره این کار را دارند می کنند برای این که یك مقداری، به حساب، بلا گردان وجود داشته باشد - تقصیر را به گردن دیگران بیاندازند تا این که این مرحله بحرانی بگذرد. بعداً، خوب، همه چیز درست می شود. این طور حدس می زد، فکر می کنم. به هر صورت، من خداحافظی کردم و از منزل ایشان آمدم بیرون.

ح ل: آیا آن شب آقای هویدا یك مقدار دلتنگی و تلخی نداشت؟

ع م: خوب، تلخی که می توانست داشته باشد، ولی سعی می کرد که شوخی بکند و بخندد و غیظ نداشته باشد. به حساب، زیاد خودش را ناراحت نشان ندهد. ولی، خوب، مسلم است قیافه شان برافروخته بود. معلوم بود که ته دلش نگرانی هست، ولی نشان نمی داد.

روزهای قبل و بعد از بازداشت

بعداً آمدم بیرون. دم در که داشتم می آمدم بیرون تیمسار

سپهبد موسی رحیمی لاریجانی آمد که معاون اویسی[۱۲۸] و معاون فرمانداری نظامی بود. گفتم، «خوب، آمدید بازداشت کنید؟» گفت، «آمدیم هویدا را ببریم، ولیکن به تو بگویم برای تو من نمی آیم. یك سروان یا سرگرد می فرستم.» یك چنین چیزی، گفت، «من برای تو نمی آیم.» گفتم، «پس سروقت من می آیید؟» گفت، «بله.»

دیگر من می دانستم که مرا می گیرند. خوب، هیچی. رفتم خانه و خوب، شب ناراحت کننده ای بود. ولی فردا صبحش بلند شدم باز رفتم سر کار و همین جور ادامه دادم تا روزی که خمینی برگشت.

ح ل: خوب، شما با توجه به سمتی که داشتید آیا با شهبانو راجع به این مسئله صحبت کردید؟

ع م: چرا، چرا. برای این که هویدا [از] آن جایی که بازداشت بود گاه گاهی شبها تلفن می زد و با من صحبت می کرد. یك شبی تلفن زد گفت، «مجید، هفته آینده اعلیحضرت و علیاحضرت دارند می روند و تو این جا بودنت خیلی خطرناك است. اگر می توانی، حتماً این کار را بکن. برو حضور علیاحضرت و به هر ترتیبی شده از مملکت برو بیرون برای این که خیلی وضع ناجور است.»

ح ل: ایشان از داخل بازداشتگاه خبر دار بود؟

ع م: آره.

ح ل: عجب، عجب!

ع م: آره، برای این که می گفت که هفته ای یك مرتبه آن

---

[۱۲۸] ارتشبد غلامعلی اویسی، فرمانده ژاندارمری (۱۳۴۴-۱۳۵۱)، فرمانده نیروی زمینی (۱۳۵۱-۱۳۵۷)، فرمانده نظامی تهران (۱۳۵۷) و وزیر کار و امور اجتماعی (۱۳۵۷)، در اوایل دهه ۱۳۶۰ در پاریس به قتل رسید.

تیمسار می رود دیدنش. البته اسم نمی برد، ولیکن اشاره می کرد که من بفهمم کیست. می گفت، «آن تیمسار می آید هر هفته یك مرتبه دیدن من.»

ح ل: ناصر مقدم؟

ع م: مقدم. آره. مقدم می رفت سروقتش و مقدم در جریان می گذاشتش که جریان چیست. به این جهت مثل این که مقدم به او گفته بود که اعلیحضرتین دارند هفته دیگر می روند. [هویدا هم] به من تلفن کرد، گفت، «برو و اقدام بکن.» من هم طبق توصیه ای که هویدا کرده بود رفتم حضور علیاحضرت و گفتم، «یونسکو سمپوزیومی درست کرده و از من خواسته که بروم در این سمپوزیوم شرکت بکنم - یك بهانه ایست که من فعلاً بروم. هم در آن جا شرکت بکنم، هم ببینیم که وضع چه جوری می شود. هر موقعی که شما [گفتید]، برمی گردم این جا. یا این که یك مدتی صبر می کنم، بعداً بر می گردم. یا مرا مستعفی ام کنید، بنده را از این کار بردارید که مسؤول نباشم.» علیاحضرت گفتند، «من خیلی نگران شما هستم و نمی دانم چه کار بکنم.» من گفتم، «قربان، بگویید اجازه خروج به من بدهند. من بروم به خارج از ایران.» [علیاحضرت] تلفن کردند به وزیر خارجه که آن موقع میرفندرسکی[۱۲۹] بود. میرفندرسکی گفت من بروم پهلویش. رفتم پهلویش[قطع کلام].

ح ل: در آن زمان بختیار سر کار بود.

ع م: بختیار سر کار بود. [میرفندرسکی] گفت، «این

---

[۱۲۹] احمد میرفندرسکی، معاون وزارت خارجه (۱۳۴۳)، سفیر ایران در اتحاد جماهیر شوروی، قائم مقام وزارت خارجه (۱۳۵۰) و وزیر امور خارجه (۱۳۵۷). نگاه کنید به خاطرات او در مجموعه تاریخ شفاهی ایران.

تصمیم با بختیار است. من این کار را خواهم کرد، ولی تصمیم با بختیار است.» بعد از دو، سه روز هم که مرا معطل کردند و جواب سربالا به من دادند، گفتند که بختیار می گوید، «نه. اگر همه بروند، من تنهایی چه کار کنم؟» این مطلب را علیاحضرت هم فرمودند. گفتم، «قربان، یعنی بنده بمانم - یعنی [بختیار] می خواهد یك بلایی سرم بیاید دیگر. و الا، بنده کمك دیگری به آقای بختیار نمی توانم بکنم.»

هیچی دیگر. علیاحضرت و اعلیحضرت رفتند. دیگر من می دانستم که هر روز ممکن است بیایند سروقت من. به این جهت همین طور باز دو مرتبه می رفتم سر کار و زندگی عادیم را ادامه می دادم تا این که خمینی برگشت. باز شنبه اش رفتم سر کار و تا غروب سر کارم بودم. به خصوص چون خیلی موزه ها و مراکز مربوط به بنیاد شهبانو فرح دارای اشیاء قیمتی بود که خیلی ارزش داشت و هی تظاهرات و شلوغی بود، مرتب می رفتم سر می زدم که اینها را در جاهای محفوظ بگذارند. توی زیرزمینها بگذارند. قفلش کنند که اگر احیاناً ریختند توی این اماکن، توی این موزه ها، اقلاً چیزهای قیمتی از بین نرود.

این کارها را می کردم تا این که دو روز بعد از این که خمینی آمده بود، آمدند سر وقت من و مرا بازداشت کردند. برای یك هفته در جمشیدیه - در درمانگاه جمشیدیه - ما را نگه داشتند - یعنی نقاهت خانه جمشیدیه. در نقاهت خانه جمشیدیه بنده بازداشت بودم تا آن شب معروف انقلاب [مکث].

ح ل: خوب در آن مدتی که در جمشیدیه بودید، کدام یك از همکاران آنجا بودند و تحت چه شرایطی به سر می بردند؟

ع م: توی آن اطاقی که من بودم هوشنگ نهاوندی بود.

غلامرضا کیانپور[۱۳۰] بود و دو نفر از این مهندسین وزارت پست و تلگراف،. اسمهایشان یادم رفته. مدیر کل های وزارت پست و تلگراف، بودند که این کار تلکس و این حرفها را برای خمینی درست کرده بودند و بختیار اینها را بازداشت کرده بود. ما پنج نفر بودیم.

خوب، از ما پذیرایی نسبتاً خوبی می کردند. خیلی احترام می گذاشتند. غذای سربازی البته به ما می دادند- همان غذایی که، به حساب، توی جمشیدیه برای افسرها و نمی دانم، درجه دارها و اینها بود. از همان می آوردند - همان غذای معمولی - ولی خیلی محترمانه با ما رفتار می کردند.

ح ل: بقیه بازداشت شدگان را هم می دیدید؟

ع م: چرا. بقیه را هم می دیدیم. جمشید بزرگمهر را زیاد می دیدیم چون مرتب ورزش می کردیم - به هر صورت روزی یك ساعت. جمشید بزرگمهر را می دیدم. ولیان را می دیدم. منصور روحانی[۱۳۱] را - خدا بیامرزد - می دیدم. آن جا بازداشتگاهی بود مال خود نظامی ها که پر [شده] بود چون بعضی [از بازداشت شدگان] تا پنج ماه بود که آن جا بودند. مثلاً دکتر شیخ الاسلام زاده اولین کسی بود که گرفته بودند. پنج ماه بود که آن تو بود. فریدون مهدوی[۱۳۲] همین طور. منصور

[۱۳۰] غلامرضا کیانپور، وزیر اطلاعات و جهانگردی (۱۳۵۳-۱۳۵۵) و وزیر دادگستری (۱۳۵۵-۱۳۵۷). وی در زمان شاه زندانی و در سال ۱۳۵۸ توسط جمهوری اسلامی اعدام گردید.

[۱۳۱] منصور روحانی، وزیر آب و برق (۱۳۴۲-۱۳۵۰) و وزیر کشاورزی و منابع طبیعی (۱۳۵۰-۱۳۵۶)، در شهریور ۱۳۵۷ در دوران کابینه شریف امامی بازداشت شد و در سال ۱۳۵۸ توسط جمهوری اسلامی اعدام گردید.

[۱۳۲] فریدون مهدوی، قائم مقام بانك توسعه صنعتی و معدنی ایران (۱۳۵۰-۱۳۵۳)، وزیر بازرگانی (۱۳۵۳-۱۳۵۴) و وزیر مشاور و قائم مقام

روحانی همین طور. آنها را زمان شریف امامی[۱۳۳] گرفتند. بعداً آن گروهی که زمان ازهاری گرفتند به آنها اضافه شده بود. در نتیجه آن قسمت پر بود. ما را که زمان بختیار گرفته بودند، چون دیگر جا نبود. ما را بردند توی نقاهت خانه. طبقه زیر یك اطاق بود که تیمسار نصیری[۱۳۴] آن جا بود. بعداً آن روز معروف انقلاب[قطع کلام].

ح ل: عکس العمل شماها، صحبتی هایی که با هم می کردید چه بود؟

ع م: بله، خیلی نگران، خیلی ناراحت بودیم. احساس این [را داشتیم] که فدای هیچ داریم می شویم. برای این که واقعاً اگر کسی قرار بود گرفته بشود و محاکمه بشود شاید ما نفر آخر بودیم. آن عده ای که آن جا بودند کاری نکرده بودند جز زحمت کشیدن و خون دل خوردن و کار کردن. حالا بعضی هایشان یك مسائلی ممکن است در موردشان بود ولی باز مسئله در آن حدی نبود که در چنین موقع حساسی به عنوان سمبل اشتباهات گذشته اینها را بگیرند. نخیر بسیار غلط بود. این [مکث].

حزب رستاخیز (۱۳۵۴)، در شهریور ۱۳۵۷ در دوران کابینه شریف امامی بازداشت شد و در روزهای اول انقلاب از زندان فرار کرد و به خارج کشور رفت. نگاه کنید به خاطرات او در مجموعه تاریخ شفاهی ایران.

[۱۳۳] جعفر شریف امامی، وزیر راه (۱۳۲۸-۱۳۲۹)، وزیر صنایع و معادن (۱۳۳۶-۱۳۳۹)، نخست وزیر (۱۳۳۹-۱۳۴۰) و (۱۳۵۷)، نماینده دوره های ۲-۷ مجلس سنا، رئیس مجلس سنا، نایب التولیه بنیاد پهلوی و رئیس اتاق بازرگانی، صنایع و معادن ایران. نگاه کنید به خاطرات او در مجموعه تاریخ شفاهی ایران.

[۱۳۴] ارتشبد نعمت الله نصیری، رئیس شهربانی (۱۳۳۹-۱۳۴۴)، رئیس سازمان اطلاعات و امنیت (۱۳۴۳-۱۳۵۷)، سفیر ایران در پاکستان، توسط حکومت ازهاری بازداشت شد (۱۵ آبان ۱۳۵۷) و پس از انقلاب اعدام گردید.

ح ل: پس این صحبت بین خودتان می شد؟

ع م: بله. مسلم است. مسلماً باز یکی از کارهای غلطی که در آن به خصوص سال آخر صورت گرفت همین گرفتن [این افراد بود]. بالاخره، حالا ممکن است در فلسفه کار بحث بشود که این فلسفه درست بود یا نبود. ولی در آن سیستم، در آن شکل کار، در آن ترتیباتی که آن موقع بود، این عده ای که آن جا توی زندان بودند، بهترین خادمین بودند. آدمهایی بودند که همه جور سعی شان را کرده بودند و با شرافت و با حسن نیت. می گویم همه شان در یك سطح نبودند. بالاخره بعضی هایشان ممکن است ایراداتی به آنها وارد بود. بعضی ها ممکن است اشتباهاتی کرده بودند. [به] بعضی ها از نظر مالی ممکن است ایراداتی وارد بود. ولیکن در مجموع این جور محکوم کردن رژیم به دست خودش کار بسیار غلطی بود.

بله. خلاصه این داستان قسمت خیلی دردناکی است از گذشته که توی قصه زندگی ما به هر صورت بود. دیگر این واقعیت بود. بله.

ح ل: خیلی ممنونم از وقت مجددی که صرف کردید. امیدوارم کسانی که در آینده به این خاطرات گوش می دهند و یا متن آن را می خوانند، بتوانند قضاوت روشنتر و کاملتری از گذشته بکنند.

ع م: بله. به هر صورت می گویم، مرحله خیلی دردناك و تلخی است برای مملکت مان، برای مردم مان، برای گروهی که جانشان را از دست دادند، گروهی که صدمه خوردند، به روزگار خیلی بدی افتادند. امروز هست دیگر. ولی، خوب دیگر. اینها همه اش جزو تجربیات یك ملت است. تجربیات تاریخی است که برای همیشه می ماند. من الان ترجیح می دادم که واقعاً

سؤالاتتان را قبلاً می دانستم که مقداری اطلاعات و رقمهای صحیح تری می دادم، یك خرده ارگانیزه تر (organisé) و منظم تر فکر می کردم. ولیکن، خوب، این جوری شاید طبیعی تر است. این طوری بهتر است تا این که [همه چیز] قبلاً آماده می شد.

پیوست شماره ۱
طرح تاریخ شفاهی ایران

کلیات

طرح تاریخ شفاهی ایران در شهریور ۱۳۶۰ (سپتامبر ۱۹۸۱) در مرکز مطالعات خاور میانه دانشگاه هاروارد کار خود را آغاز کرد.[۱۳۵]

هدف اصلی این طرح ضبط، گردآوری و حفظ خاطرات شخصیت هایی بود که یا در تصمیم گیری های خطیر و رویدادهای مهم سیاسی ایران شرکت داشته و یا از نزدیك شاهد آنها بوده اند.

در آغاز، فهرستی مقدماتی از نام کسانی که برای انجام مصاحبه در نظر گرفته بودیم تهیه شد. در این فهرست که نزدیك به ۳۵۰ نام را در بر می گرفت، نام اعضای خاندان پهلوی، همه نخست وزیران پیشین، اعضای مهم هیئت دولت و قوه مقننه و دستگاه قضایی، دست اندرکاران رسانه های گروهی، مدیران بخش خصوصی، سران عشایر و ایلات، رهبران احزاب و گروه های‌سیاسی، شخصیتهای مخالف رژیم پیشین که بعضی از آنان در ایجاد یا تحکیم جمهوری اسلامی نقش داشتند، افسران عالی رتبه، مأموران بلندپایه ساواك و رهبران و دیپلمات های خارجی که در رویدادهای سیاسی ایران دست داشتند، منظور شده بود.

اما، از آن جا که مصاحبه با همه این کسان نه ممکن بود و نه

[۱۳۵] برای مطالعه شرح کامل طرح تاریخ شفاهی ایران نگاه کنید به: خاطرات علی امینی، ص ۱-۱۴.

مفید، پس، از میان آنان تدریجاً ۱۳۲ نفر را بر گزیدیم. پیوست شماره ۲ فهرست نهایی نام این افراد را نشان می ده.

استفاده از خاطرات

بخش اصلی طرح تاریخ شفاهی ایران در سال ۱۳۶۷ به پایان رسید. حاصل این کوشش حدود ۸۳۶ساعت نوار و ۱۸ هزار صفحه متن ماشین شده است که در کتابخانه های دانشگاه هاروارد و دانشگاه آکسفورد (انگلستان) نگه داری می شود. همچنین میکروفیش این خاطرات در چند کتابخانه آمریکایی و اروپایی موجود است. (اسامی این کتابخانه ها در پیوست شماره ۳ آمده است.) خاطراتی که انتشار و استفاده آنها محدودیت زمانی ندارد و آنهایی که زمان محدودیتشان به پایان رسیده است هم اکنون در دسترس پژوهندگان می باشد.

برنامه نشر شماری ازخاطرات

دانشگاه هاروارد در نظر دارد هر سال شماری از خاطرات موجود در مجموعه تاریخ شفاهی ایران را منتشر کند. این برنامه با نشر خاطرات علی امینی آغاز گردید و با انتشار خاطرات عبدالمجید مجیدی ادامه می یابد. صورت خاطرات منتشر شده در پشت جلد این کتاب چاپ شده است.

در پی انتشار جلدهای پیشین این مجموعه، بعضی خوانندگان خواندن آنها را دشوار یافته و خواستار حك و اصلاح کامل متون شدند. به نظر آنان، وفاداری ویراستار این مجموعه به شکل گفت و گوها، از روانی زبان متن می کاهد.

در این باره باید توضیح داد که روش ویرایش این مجموعه را متناسب با هدف تاریخ های شفاهی برگزیده ایم. معمولاً

منابع و مآخذ مورد استفاده پژوهشگران برای تدوین و تألیف مقاله ها، رساله ها و کتابها بر دو نوع است:

۱) منابع اصلی (primary sources) که شامل اسناد دست اول مانند مکاتبه ها، گزارش های خصوصی و رسمی داخلی، گزارش های سیاسی سفارت خانه های خارجی، آمارها، مصاحبه های اختصاصی که توسط خود پژوهشگران انجام گرفته، روزنامه های زمان مورد بررسی و امثال آن است.

۲) منابع جنبی (secondary sources) که مقاله ها، رساله ها و کتابهایی را که دیگران درباره موضوع مورد بررسی نوشته اند، در بر می گیرد.

هدف طرح تاریخ شفاهی ایران، ایجاد یك منبع اصلی جدید برای تحقیق در تاریخ معاصر ایران از طریق ضبط خاطرات افراد بر روی نوار است. شك نیست که اگر پژوهشگر می توانست پرسش های خود را شخصاً با روایت کنندگان طرح تاریخ شفاهی ایران در میان گذارد، به بهترین نتیجه ممکن دست می یافت. زیرا علاوه بر این که پرسش های مورد نظر پژوهشگر طرح می شد و پاسخها روشنگری بیشتری می داشت ، همچنین به وی امکان می داد تا نه فقط از طریق گفته ها و «زبان قال»، بلکه از طریق آن چه به آن زبان «حال» می گویند - مانند لحن صدا، نوع نگاه، حرکات دست و سر و صورت، سکوتها، خنده ها و غیره - که تنها در گفت و گوهای حضوری دست یافتنی است، پاسخ ها را دریابد و ارزیابی کند.

متاسفانه، نه تنها پژوهشگران امکان ندارند که شخصاً با همه کسانی که منبع اصلی شمرده می شوند، مصاحبه کنند، بلکه بعضی از این منابع درگذشته اند. پس، به صلاح نزدیك تر

آن بود که شخص دیگری (مثلاً مصاحبه گر طرح تاریخ شفاهی) پرسش های مورد نظر پژوهشگر را در اختیار می داشت و آنها را به جای او با شخصیت مورد نظر در میان می گذاشت و آن مصاحبه را بر نوار ویدیو (video tape) ضبط می کرد.

روشن است که ما نه به همه این پژوهشگران دسترسی داشتیم تا از پرسشهای آنان با خبر شویم - که اصولاً چنین امری ناممکن است - و نه امکانات مالی و فنی لازم برای ضبط مصاحبه ها بر روی نوار ویدیو را در اختیار داشتیم.

از این رو با توجه به امکانات موجود، بر آن شدیم تا مصاحبه ها را در دو مرحله انجام دهیم. در مرحله اول از روایت کنندگان خواستیم تا به انتخاب و خواست خود، شرح حال سیاسی خود را نقل کنند و ما آن را بر نوار صوتی ضبط کنیم - روشن است که با این کار فایده بصری از دست می رفت. در مرحله دوم، بر اساس و با توجه به گفته های روایت گران، پرسشهای عام تری را که به گمان ما می توانست مورد علاقه بسیاری از پژوهشگران، در حال و آینده، قرار گیرد، در میان نهیم.

گوش دادن به اصل نوار به پژوهشگران کمك می کند که علاوه بر شنیدن سخنان روایت گر، به ویژگی های شخصیتی و فردی او نیز پی ببرد و با توجه به لحن صدا، سکوت ها، مکث ها، گریه، خنده، «اشتباهات لپی»[۱۳۶] (Freudian slip)، تکرار بعضی کلمات یا تاکید بر کلمات دیگر، به نکات ناگفته دیگری نیز دست یابند.

تجربه مراکز تاریخ شفاهی مانند کتابخانه های کندی و

[۱۳۶] اشتباه می تواند گویای عدم اطلاع، عدم دقت، یا کبر سن نیز باشد.

جانسون نشان داده است که اصولاً شمار اندکی از پژوهشگران وقت آن دارند که به نوار گوش دهند. پس، برای دسترس پذیری و سودمندی بیشتر، مناسب دیدیم که متن نوارها را بر کاغذ پیاده کنیم و برای رعایت بیشترین میزان شباهتِ متن نوشته به نوار ضبط شده، کوشیدیم سخنان روایت کننده را عیناً و بی کم و کاست بر کاغذ منتقل کنیم. حتی مکث ها، تکرارها، خنده ها، گریه ها و سرفه های روایت کنندگان در متن خاطرات منعکس گردید. نوارها و متون ماشین شده از روی نوارها برای استفاده پژوهشگران و علاقه مندان در کتابخانه های دانشگاه هاروارد و آکسفورد نگه داری می شود.

برای دسترس پذیری بیشتر، از یك سو میکروفیش این مجموعه در اختیار تعدادی از مراکز علمی دنیا قرار گرفت - که اسامی آنها در پیوست شماره ۳ آمده است - و از سوی دیگر، دانشگاه هاروارد بر آن شد تا این متون را چاپ و منتشر سازد. در این جا به دو راهی تازه ای رسیدیم: آیا متون ماشین شده را عیناً و بدون حك و اصلاح چاپ کنیم؟ - که در این صورت، تنها به کار پژوهشگران خواهد آمد. چرا که خواندن خاطرات ناویراسته و دست نخورده با انبوهی از مطالب گنگ و کلمات اضافی و تکراری، برای خوانندگان عادی کاری دشوار و نا خوشایند است - و یا آن که متون پیاده شده را بازنویسی و ویرایش کنیم تا خواندن آن روان و مطبوع گردد؟ -که در این حالت اصالت منابع از دست می رفت. چرا که سلیقه و کلام و تعبیرها و ارزشهای ویراستار بر آن تحمیل می گردید و خوانندگان دیگر نمی توانستند نسبت به میزان تسلط روایت کننده به زبان فارسی و حافظه او قضاوت کنند.

با توجه به جوانب فوق، تصمیم گرفته شد این خاطرات در

درجه اول برای استفاده پژوهشگران منتشر شود. در عین حال قرار شد کوشش کنیم این خاطرات حتی الامکان برای خوانندگان غیر متخصص هم قابل استفاده گردد - بدون این که اصالت خود را از دست بدهد. بدین منظور برای روشن شدن مطلب، پانویس هایی به آن اضافه گردید و در برخی موارد بعضی از کلمات جا به جا و برخی از جملات تکمیل شده است. البته نهایت کوشش به کار رفته تا این اصلاحات معنی جملات را تغییر ندهد و هیچ مطلبی به اظهارات روایت کننده اضافه نشده و هیچ مطلبی هم کم نگردد.

روشن است کسانی که علاقه مندند اظهارات روایت کننده را عیناً بشنوند یا بخوانند، می توانند به کتابخانه هایی که مجموعه تاریخ شفاهی ایران در آنها موجود است مراجعه کنند.

روش ضبط نام روایت کنندگان

در مورد کسانی که چند مقام داشته اند، مقام بالاتر را آورده ایم. در مورد کسانی که عضو سازمانهای سیاسی هم بوده اند، مقام دولتی و سازمان سیاسی هر دو ذکر شده است. در مورد نام زنان شوهردار، نام خانوادگی شوهر پس از نام خانوادگی پدری و درون پرانتز قرار گرفته است، مگر این که روایت گر ترتیب دیگری را خواسته باشد. همچنین از ذکر درجات تحصیلی چون دکتر و مهندس خودداری کرده و تنها در مورد پزشکان کلمه دکتر را به کار برده ایم. القاب نظامی و روحانی نیز حفظ شده اند.

پیوست شماره ۲

فهرست روایت کنندگان[۱۳۷]

الف

آبادیان، بهمن، رئیس دفتر اقتصادی سازمان برنامه

ابتهاج، ابوالحسن، رئیس سازمان برنامه[۱۳۸]

آتابای، بدری، نگاه کنید به کامروز (آتابای)، بدری

آدمیت، تهمورس، سفیر ایران در مسکو

آذر، مهدی (دکتر)، وزیر فرهنگ کابینه مصدق و از رهبران جبهه ملی ایران

آزموده، حسین (سپهبد)، دادستان ارتش در محاکمه مصدق

آشتیانی زاده، محمد رضا، نماینده دوره های ۱۵-۱۶ مجلس شورای ملی

اصفهانی، موسی، نوه آیت الله سید ابوالحسن اصفهانی، نماینده دوره ۲۰ مجلس شورای ملی و استاد دانشگاه بغداد

افشار قاسملو، امیر خسرو، وزیر امور خارجه

آقایان، شاهین، وکیل دادگستری

آقایان، فلیکس، نماینده ارامنه در دوره های ۱۹-۲۱ مجلس شورای ملی و نماینده دوره های ۵-۶ مجلس سنا

اقبال، خسرو، وکیل دادگستری

---

[۱۳۷] با تشکر از آقای حسین جعفری که اصلاحات مفیدی را جهت بهبود این پیوست پیشنهاد نمودند.

[۱۳۸] نگاه کنید به: ابوالحسن ابتهاج، خاطرات ابوالحسن ابتهاج (لندن: ابوالحسن ابتهاج، ۱۳۷۰). قسمت عمده این کتاب بر اساس خاطرات ضبط شده طرح تاریخ شفاهی ایران نوشته شده است.

الموتی، مصطفی، روزنامه نگار و نماینده دوره های ۲۰-۲۴ مجلس شورای ملی
امیرتیمورکلالی (سردار نصرت)، محمد ابراهیم، رئیس ایل، وزیر کار و کشور کابینه مصدق
امیرعزیزی، صادق (سپهبد)، وزیر کشور
امیرکیوان، امیر، نماینده کارگران و نماینده دوره ۲۰ مجلس شورای ملی
امینی، علی، نخست وزیر
امینی، نصرت الله، شهردار تهران و وکیل مصدق
انشا (رضوی)، فرشته (دکتر)، پزشک و خویشاوند امیر عباس هویدا، نخست وزیر
ایزدی، علی، رئیس دفتر شاهدخت اشرف پهلوی

ب
باهری، محمد، وزیر دادگستری و معاون وزارت دربار
بختیار، شاپور، نخست وزیر و رهبر نهضت مقاومت ملی ایران
برومند، عبدالرحمان، قائم مقام نهضت مقاومت ملی ایران
بقایی کرمانی، مظفر، رهبر حزب زحمتکشان و نماینده دوره های ۱۵-۱۷ مجلس شورای ملی
بنی احمد، احمد، نماینده دوره ۲۴ مجلس شورای ملی
بنی صدر، ابوالحسن، رئیس جمهور، جمهوری اسلامی ایران
بهنیا، ابوالحسن، وزیر راه

پ
پاکدامن، ناصر، استاد دانشگاه تهران
پاکروان، فاطمه، همسر سرلشکر حسن پاکروان

پدرام، محمد، وزارت امور خارجه

پزشکپور، محسن، رهبر حزب پان ایرانیست و نماینده دوره های ۲۲ و ۲۴ مجلس شورای ملی

پژمان، عیسی (سرهنگ)، مدیر کل سازمان اطلاعات و امنیت کشور (ساواک)

پیراسته، مهدی، وزیر کشور

پیشداد، امیر (دکتر)، جامعه سوسیالیست های نهضت ملی

ج

شمس الدین جزایری، وزیر فرهنگ

جفرودی، کاظم، نماینده دوره ۵ مجلس سنا، از رهبران نهضت مقاومت ملی ایران

جم، فریدون (ارتشبد)، رئیس ستاد بزرگ ارتشتاران

ح

حائری یزدی، مهدی، فرزند آیت الله عبدالکریم حائری یزدی و استاد دانشگاه تهران

حاج سید جوادی، علی اصغر، سر دبیر روزنامه اطلاعات و نویسنده معترض

حارنی، دزموند، دیپلمات انگلیسی

حبیب الهی، کمال (دریاسالار)، فرمانده نیروی دریایی

خ

خانبابا تهرانی، مهدی، از رهبران کنفدراسیون دانشجویان و سازمان انقلابی حزب توده ایران

خانلری، مولود، از رهبران نهضت مقاومت ملی ایران

خردجو، ابوالقاسم، مدیر عامل بانک توسعه صنعتی و معدنی ایران

خسروانی، پرویز (سپهبد)، فرمانده ژاندارمری تهران و رئیس باشگاه تاج

خسروانی، عطأالله، وزیر کار و امور اجتماعی و دبیر کل حزب ایران نوین

خرسندی، هادی، طنز پرداز و ناشر نشریه اصغرآقا

د

درخشش، محمد، وزیر فرهنگ

دفتری، محمد (سرلشکر)، رئیس شهربانی (دوران مصدق و زاهدی).

دولتشاهی، مهرانگیز، نماینده دوره های ۲۱-۲۳ مجلس شورای ملی و سفیر ایران در دانمارک

ر

راک ول، استوارت (Stewart Rockwell)، کاردار سفارت آمریکا در ایران

رامبد، هلاکو، نماینده دوره های ۱۹-۲۴ مجلس شورای ملی و رئیس فراکسیون حزب مردم در مجلس

رامزباتوم، پیتر (Peter Ramsbotham)، سفیر انگلستان در ایران

رایت، دنیس (Denis Wright)، سفیر انگلستان در ایران

رجایی خراسانی، سعید، سفیر جمهوری اسلامی ایران در سازمان ملل متحد

رجوی، مسعود، رهبر سازمان مجاهدین خلق ایران

رضوی، فرشته (دکتر)، نگاه کنید به: انشا (رضوی)، فرشته
روحانی، پروین، همسر منصور روحانی، وزیر کشاورزی

ز

زاهدی، اردشیر، وزیر امور خارجه و سفیر ایران در آمریکا
زیرک زاده، احمد، نماینده دوره ۱۷ مجلس شورای ملی و از رهبران جبهه ملی ایران

س

ساعدی، غلامحسین (دکتر)، روانپزشك و نویسنده معترض
سلامتیان، احمد، معاون وزارت امور خارجه جمهوری اسلامی ایران و نماینده اولین دوره مجلس شورای اسلامی
سمیعی، محمد مهدی، رئیس بانك مرکزی و رئیس سازمان برنامه
سنجابی، کریم،[۱۳۹] وزیر فرهنگ کابینه مصدق و رئیس هیئت اجرایی جبهه ملی ایران

ش

شاکری، خسرو، نویسنده معترض و از رهبران کنفدراسیون دانشجویان
شانه چی، محمد، نهضت آزادی و رئیس دفتر آیت الله محمود طالقانی
شریف امامی، جعفر، نخست وزیر و رئیس مجلس سنا

---

[۱۳۹] نگاه کنید به: کریم سنجابی، امیدها و نا امیدی ها: خاطرات دکتر کریم سنجابی (لندن: جبهه ملیون، ۱۳۶۷). این کتاب بر اساس خاطرات ضبط شده طرح تاریخ شفاهی ایران نوشته شده است.

ض

ضرغامی، مهدی، رئیس دانشگاه آریامهر

ط

طوفانیان، حسن (ارتشبد)، معاون وزارت جنگ

ع

عالیخانی، علینقی، وزیر اقتصاد و رئیس دانشگاه تهران

عباس عطایی،[۱۴۰] رمزی (دریادار)، فرمانده نیروی دریایی

عدل (نفیسی)، عظمی، مدیر کل وزارت کار

عضد قاجار، ابونصر، معاون اتاق بازرگانی، صنایع و معادن ایران

علوی کیا، حسن (سرلشکر)، قائم مقام سازمان اطلاعات و امنیت کشور (ساواک)

ف

فرای، ریچارد (Richard Frye)، استاد ایران شناس دانشگاه هاروارد و رئیس مؤسسه آسیای دانشگاه پهلوی.

فرتاش، عباس (سرتیپ)، افسر گارد شاهنشاهی

فردوست، طلا، همسر ارتشبد حسین فردوست

فرمانفرمائیان، خداداد، رئیس سازمان برنامه و بودجه

فروغی، محمود، سفیر ایران در آمریکا

فریور، غلامعلی، بنیان گذار حزب ایران و وزیر صنایع و معادن

فیروز، مظفر، وزیر کار و تبلیغات

---

[۱۴۰] طبق اظهار خودشان، نام خانوادگی صحیح ایشان «عباس عطائی» است.

فیروز، صفیه، نگاه کنید به: نمازی، (فیروز)، صفیه

ق

قاجار، حمید (سلطان)، فرزند آخرین ولیعهد سلسله قاجار

قریب، هرمز، رئیس کل تشریفات دربار شاهنشاهی

قریشی، احمد، رئیس دانشگاه ملی

قشقایی، محمد ناصر، رئیس ایل قشقایی، نماینده دوره ۱ مجلس سنا

ک

کاتوزیان، محمد علی همایون، استاد دانشگاه و نویسنده معترض

کاشانی، کامران، استادیار مرکز مطالعات مدیریت ایران

کامروز (آتابای)، بدری، رئیس کتابخانه سلطنتی

کشاورز، فریدون (دکتر)، وزیر فرهنگ و از رهبران حزب توده ایران

کلالی، منوچهر، دبیرکل حزب ایران نوین

کیا، حاجعلی (سپهبد)، رئیس اداره دوم ستاد بزرگ ارتشتاران

ل

لاجوردی، قاسم، نماینده دوره ۷ مجلس سنا و معاون اتاق بازرگانی، صنایع و معادن ایران

لاجوردیان، اکبر، معاون اتاق بازرگانی، صنایع و معادن تهران

لاهیجی، عبدالکریم، وکیل دادگستری و رئیس جمعیت دفاع از حقوق بشر در ایران

لباسچی، ابوالقاسم، نماینده بازار در جبهه ملی ایران

لنکرانی، مصطفی، حزب توده ایران

م

مبشری، اسدالله، وزیر دادگستری جمهوری اسلامی ایران
مبصر، محسن (سپهبد)، رئیس شهربانی کل کشور
متین دفتری، هدایت الله، بنیان گذار جبهه دموکراتیک ملی ایران
محفوظی، علیرضا، از رهبران سازمان چریکهای فدایی خلق ایران
مصدق، غلامحسین (دکتر)، پزشك و فرزند محمد مصدق
معتمدی، مهدی، خزانه دار اتاق بازرگانی، صنایع و معادن ایران
مقدم، غلامرضا، قائم مقام سازمان برنامه و بودجه
مقدم مراغه ای، رحمت الله، رهبر حزب رادیکال و نماینده مجلس خبرگان جمهوری اسلامی ایران
محوی، ابوالفتح، مدیر واحدهای بازرگانی و صنعتی
مجتهدی محمد علی، رئیس دبیرستان البرز
مجیدی، عبدالمجید، رئیس سازمان برنامه و بودجه
مدنی، احمد (دریادار)، وزیر دفاع جمهوری اسلامی ایران
ملك، حسین، نویسنده، جامعه شناس
مهبد، احمد، مشاور محمد رضا شاه در امور نفتی
مهتدی، علی اکبر (سرهنگ)، معاون نخست وزیر (رزم آرا)
مهدوی، ابراهیم، وزیر کشاورزی
مهدوی، فریدون، وزیر بازرگانی و قائم مقام دبیر کل حزب رستاخیز
مهر، فرهنگ، رئیس دانشگاه پهلوی شیراز

میدلتون، جورج (George Middleton)، کاردار سفارت انگلستان در ایران
میرزازاده (م. آزرم)، نعمت الله، شاعر
میرفندرسکی، احمد، وزیر امور خارجه
میلر، ویلیام (William Miller)، دیپلمات آمریکایی در ایران
مینا، پرویز، مدیر شرکت ملی نفت ایران
مین باشیان، فتح الله (ارتشبد)، فرمانده نیروی زمینی

ن

ناطق، هما، استاد دانشگاه تهران
نمازی، (فیروز)، صفیه، از رهبران نهضت زنان (دوران رضاشاه)
نزیه، حسن، رئیس کانون وکلا و رئیس شرکت ملی نفت ایران (دوران جمهوری اسلامی ایران)
نفیسی، حبیب، معاون وزارت کار
نفیسی، عظمی، نگاه کنید به: عدل (نفیسی)، عظمی
نهاوندی، هوشنگ، رئیس دانشگاه تهران

ه

هاشمی، منوچهر (سرتیپ)، رئیس اداره ضد اطلاعات سازمان اطلاعات و امنیت کشور (ساواک)
هاشمی نژاد، محسن (سپهبد)، فرمانده گارد شاهنشاهی
هزارخانی، منوچهر (دکتر)، نویسنده و عضو شورای ملی مقاومت ایران
همایون، داریوش، روزنامه نگار و وزیر اطلاعات
همایونی، فضل الله (سرلشکر)، فرمانده ارتش در کردستان

ی

یگانه، محمد، رئیس بانک مرکزی و وزیر دارایی و امور اقتصادی

نام چند روایت کننده، که استفاده از خاطرات خود را برای مدتی ممنوع کرده اند، در این صورت ذکر نشده است.

پیوست شماره ۳
اسامی کتابخانه هایی که
مجموعه تاریخ شفاهی ایران را در اختیار دارند

کتابخانه هایی که دارای نوار و متن ماشین شده هستند:

بوستن

Houghton Library
Harvard University
Cambridge, MA 02138

آکسفورد

Department of Oriental Books
Bodleian Library
University of Oxford
Broad Street
Oxford OX1 3BG, England

کتابخانه هایی که دارای میکروفیش مجموعه هستند:

شیکاگو

Middle East Department
Rengenstein Library
University of Chicago
1100 East 57th Street
Chicago, IL 60637

واشنگتن

Middle East Section
Library of Congress
Washington, DC 20540

نیویورک

E. H. Bobst Library
New York University
70 Washington Square South
New York, NY 10012

کالیفرنیا

University of California, San Diego
Central Library
La Jolla, California 92093-0175

انگلستان

School of Orienal Studies
University of London
Russell Square
London, England

The John Rylands University Library
University of Manchester
Oxford Road
Manchester, England

فرانسه

Bibliothèque Nationale
2, rue Vivienne
75084 Paris Cedex 02, France

آلمان

University of Bamberg
Postfach 1549
D-8600 Bamberg, Germany

University of Tübingen
Wilhemstrasse 32 , Postfach 2620
D 7400 Tübingen 1, Germany

فهرست راهنما

الف

پ

ح

خ

د

ش

ی